6 pièces

a Celle ce livre appartînt,
auparavant qu'ille parvînt.

LE THEATRE D'ALEXANDRE HARDY PARISIEN.

TOME TROISIESME.

Dedié à Monseigneur le Premier.

A PARIS,
Chez IACQVES QVESNEL, ruë S. Iacques aux Colombes, pres S. Benoist.

M. DC. XXVI.

Auec Priuilege du Roy.

A

MONSEIGNEVR LE PREMIER.

MONSEIGNEVR,

Ainsy que le Soleil ne choisit dans le Ciel que douze signes pour en faire ses Palais ordinaires, la prudence des Rois ne disperse leurs faueurs, qu'aux sujets qui le meritent, plustost par vne excellence de vertu, que par vn benefice de fortune: encor osé-je dire apres toute la France, que ce grand Soleil des Monarques de l'Europe, qui s'est si iuste-

ment aquis le titre de IVSTE, vous oblige plus, MONSEIGNEVR, aux éfets de sa Justice, qu'aux presents de sa faueur, comme celuy qu'vne singuliere modération d'esprit, vne conoissance de soy-méme, vne ieunesse mure, & vieille en ses sages actions, mettent au dessus de la calomnie, & de l'enuie: comme celuy qui ne pouuoit plus esperer que ce qu'il a, ne plus auoir que ce qu'il merite. Or à l'imitation de ces mauuais ioüeurs de lut, qui font beaucoup pour eux, de ne toucher que quelques simples acors, qu'ils sçauent passablement mal: J'ayme mieux n'entrer plus auant en vos loüanges, que de me perdre dans leur Dédale, & en dire peu auec la verité, que beaucoup auec la flaterie. Mon intention n'est icy que de vous offrir pour arres d'vne humble affection, ce recüeil de Tragedies, qui passe hardiment au iour, sous la lumiere d'vn nouuel Astre de la France. Le stile Tragique vn peu rude, offence ordinairement ces delicats esprits de Cour, qui desirent voir vne Tragedie, aussy polie qu'vne Ode, où quelque Elegie; mais aucune Loy n'oblige à l'impossible, & la carriere des Muses ouuerte à tout le monde, permet de mieux faire à qui pourra. Il me suffit que ce simple present découure la sincerité du courage d'vn pauure esclaue qui se iette MONSEIGNEVR, *en la franchise de vo-*

stre autel, & se sentira toujours trop honoré de l'aueu de

Vostre plus humble, & affectioné seruiteur.

A. HARDY.

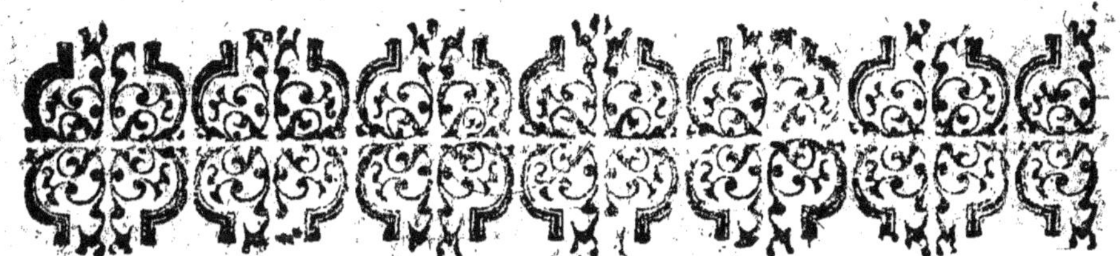

Au Lecteur.

L'Honneur & la verité, m'obligent d'auertir le Lecteur par forme d'Apologie, que l'Oracle de ce grand Ronſard, dans vne ſienne Elegie à Greuin, s'acomplit de nos iours, & que la Poeſie paſſe deſormais chez quelque autre nation plus iudicieuſe, & moins ingrate que la noſtre : car l'aparence de retenir dauantage les Muſes chez nous, apres les auoir dépoüillées, & réduites à telle pauureté, qu'à peine ſe peuuent elles ſeruir de quelques paroles affectées, qui paſſent à la pluralité des voix, par le ſuffrage de l'ignorance, pour déplorer noſtre folie, & leur miſere. L'excellence des Poëtes d'auiourdhuy, conſiſte en la profeſſion que faiſoit Socrate, (mais plus à propos qu'eux) de ne rien ſçauoir; qu'ainſy ne ſoit, examinons la tyrãnique reformation, que les principaux d'entr'eux veulent faire, & que des Arbitres ſans paſſion, iugent apres, s'il eſt licite de détruire les principes d'vne Sçience pour la réformer en perfection: Leur premiere cenſure condâne entierement les fictions, ainſy que ſuperflües, au lieu qu'vne infinité de belles conceptions s'y r'aportent, & ſe fortifient en leur apuy: les Epitetes, les Patronimiques, la recherche des mots plus ſignificatifs, & propres à l'expreſſió d'vne choſe, tout cela ne leur ſent que ſa pédanterie: les rithmes pour leſquelles ils font tãt de bruit, ce ſont eux qui les obſeruent le moins, auſſi ſe veulent elles puiſer dans vne ſource plus profonde. Si bien que noſtre langue, pauure d'elle-même, deuient totalemét gueuſe en paſſant par leur friperie, & par l'alembic de ces tymbres félez. I'aprouue fort vne grande douceur au vers, vne liaiſon ſans iour, vn choix de rares conceptions, exprimées en bons termes, & sans force, telles qu'on les admire dans les chef-d'œuures du sieur de Malherbe; mais de vouloir restreindre vne Tragedie dans les bornes d'vne Ode, où d'vne Elegie; cela ne se peut ny ne se doit, non plus que se rendre passioné partisan de Montagne, pour mettre en vsage ces mots de proprete, politesse, & autres, plutost que suiure l'autorité d'Amiot qui dit, polissûre, & proprieté, de meilleure grace. Nos champignons de rimeurs, trouuẽt étrãge aussy, qu'en Poëmes si laborieux, & de longue étenduë que les Dramatiques, ie face dire aux personages, exclus, perclus, expulsez, sans pouuoir au demeurant trouuer vne seule rime licencieuse, où forcée: mais lors que ces venerables cẽseurs aurõt pû mettre au iour cinq cens Poemes de ce genre, ie croy qu'on y trouuera bien autrement à reprendre, non que la qualité ne soit icy préferable à la quantité, & que ie face gloire du nombre qui me déplaît; au contraire, & à ma volonté, que telle abondance défectueuse, se pût restreindre dans les bornes de la perfection. La force de leur calomnie m'a cõtraint de prendre ce bouclier plus quesuffisant d'en rabatre les coups: quiconque au surplus s'imagine que la simple inclinatiõ dépouruûe de sçience puisse faire vn bon Poete, il a le iugement de trauers, & croiroit à vn besoin que le corps pût subsister sans âme, attendu que la Poesie s'anime des plus rares secrets de toutes les sçiences, comme les œuures d'Homere, & de Virgile en font foy, esquelles plus on admire, plus on trouue à admirer, ce qui n'apartient qu'aux esprits solides, & capables d'assoir vn iugement diffinitif, sur la controuerse de laquelle, il s'agit icy.

SVR LES TRAGEDIES DE MONSIEVR HARDY.

STANCES.

SCauans, & merueilleux esprits,
Qui par mille diuins escrits,
Vous rendez assûrez de pouuoir toujours viure:
Venez voir d'Apollon le plus grand heritier,
Et ne refusez pas d'adorer dans ce liure
Un des Dieux de vostre métier.

Ses vers si doux, & si puissans,
Ont mille charmes rauissans,
Qui forcent les rochers de suiure leur cadance:
Il n'est point de beaux trais qui n'y soiët familiers,
Et chacun s'imagine à voir leur abondance,
Qu'il les enfante par milliers.

S'il découure vne ieune ardeur,
Où s'il exprime vne pudeur,
Sa veine est toute douce, où bien toute inocente;
Mais lors que le sujet l'oblige à s'irriter,

On trouue que ſa Sçene eſt auſſy menaçante
Que les foudres de Iupiter.

Apres ces trauaux glorieux,
HARDY ne crains point l'enuieux,
Il ne peut mettre icy ſa dent enuenimée,
Sans vn aueuglement qui n'a point de pareil;
On ne ſçauroit voir d'ombre, en vne renommée
Auſſy claire que le Soleil.

TRISTAN.

A MONSIEVR HARDY.

ODE.

HARDY dez que tu pris naissance,
Apollon, & les doctes Sœurs,
Te comblérent de leurs douceurs,
Pour faire éclater leur puissance.
Leurs tresors te furent ouuers,
Et pour faire la Tragedie,
Ta veine féconde & hardie
Y puisa mille, & mille vers.
Les meilleurs esprits de la France
Voyant ce grand flus, & reflus,
Ne sçauent qu'admirer le plus
Où la doctrine, où l'abondance.
Ils demeurent tout étonez,
Et semblent pris par les oreilles,
A l'aspect de tant de merueilles
Qui tiennent leurs sens enchaisnez;
Et voyant dessur les Theâtres
Ta Muse en superbe appareil,
Y reluire comme vn Soleil,

Ils en deuiennent idolâtres.

Mais c'est asseZ sur ce sujet,
Mets à part la Scene Tragique,
Et pren le Poëme heroïque,
Pour unique, & plus digne objet.

LOVIS le plus grand des Monarques,
Puissant en armes, & en Lois,
Parmy ses valeureux explois
Laisse d'asseZ notables marques.

C'est la (mon HARDY) que tu peux,
Dedans la suite de l'Histoire,
Sacrer son Nom à la memoire
De tous nos arriere-neueux.

C'est là, que tu feras paroistre
Ton esprit fort, & vigoureux,
Escriuant ses faits genereux,
Que tout le monde doit conoistre.

Ce labeur est digne de toy,
Car dedans le siecle où nous sommes
Tu es seul entre tous les hommes
Capable de loüer vn Roy.

DE S. IACQVES.
Aduocat en Parlement.

ARGUMENT.

PLuton par l'entremiſe de Mercure, obtient de Iupiter Proſerpine à femme, mais à condition de rauir en perſone à viue force, cette ieune Déeſſe, que la mere tenoit cachée dans certain lieu de plaiſance de la Sicile, comme ſe défiant d'vn malheur inéuitable: Vénus contribuë ſa peine au rauiſſement de la Vierge, qu'elle attire dans l'embuſcade de cét Amant infernal. Céres éclaircie ſur la verité du fait, en forme ſa plainte deuant Iupiter, & la Cour Celeſte, qui cite Pluton à comparoir perſonellement; & apres vn plaidoyé de part & d'autre, ordone pour Arreſt definitif; que Proſerpine feroit chaque année deux ſemeſtres, l'vn chez ſon épous, & l'autre chez ſa mere. Claudian premier inuenteur du ſujet, n'y auoit rien obmis que le coturne qu'il emprunte chez nous, & que le Lecteur ſans paſſion, n'oſeroit nier qu'il ne meritaſt bien.

LES ACTEURS.

CVPIDON.
PLVTON.
TISIPHONE.
LACHESE.
MERCVRE.
CERES.
PROSERPINE.
IVPITER.
VENVS.
PALLAS.
DIANE.
L'OMB. DE PROSERPINE.
ELECTRE.
ACHELOIS.
NERE'E.
PAN.
I. PAYSAN.
II. PAYSAN.
ARETHVSE.
THEMIS.
MOME.
ASCALAPE.

LE RAVISSEMENT DE PROSERPINE PAR PLVTON.

ACTE I.

SCENE I.

CVPIDON.

RAVY d'aise ie vien publier ma
victoire
Sur l'auare Tyran de la cohorte
noire,
Sur ce fils de Saturne, à qui l'vnique sort
Fit en partage eschoir le sceptre de la mort,

Sur l'ennemy commun de la mere nature,
Que l'Olympe croyoit exempt de ma torture,
Inuincible, émousser le trenchant de mes dars
Redoutez de Iupin, de Neptune, & de Mars.
Vous suffise mortels que Cupidon retourne
Du manoir où l'horreur eternelle sejourne,
Qu'induit par un reproche ordinaire des Dieux,
Il a franchy l'obscur de ce Regne odieux,
Prosterné de frayeur l'implacable Cerbere,
Mis en fuite Alecton, Tysiphone, & Megere,
Les trois Iuges transis dés le premier aspect,
Leur siege abandonnãs d'honneur & de respect;
Combien de legions d'ames espouuentées,
Que ma blesseure auoit au monde tourmentées,
Tachoient de se trouuer un Baratre nouueau,
Douteuses des desseins que i'auois au cerueau?
Ou celles qui iadis de moy fauorisées,
Viuent heureusement aux plaines Elisées,
Que la Parque ne pût seuere desunir,
Chacune se voulant au deuoir preuenir,
Qui croiroit d'une voix l'alegresse épanduë?
Qui croiroit une grace à la foule renduë?
Pluton dans son Palais de ce bruit alarmé,
A l'instant deuers moy s'auance tout armé,

Qui louche de fureur plustost qu'il ne m'auise
Reçoit l'vn de mes traits en la poitrine éprise,
Vn de ceux qu'afinez ie trempe au desespoir,
Vn de ceux-là qui font la rage conceuoir,
Eclater en soûpirs vne ame desolée,
Puis vaincueur icy haut ie reprens ma volée,
Trompette du plus beau de mes braues explois ;
Car si ce los d'autruy attendre ie voulois ;
L'enuie n'a laißé aux Cieux ny dans la terre
Aucun qui dessous main ne me liure la guerre,
Mes bienfaicts oubliez s'écoulent au plaisir :
Où la moindre rigueur se remarque à loisir :
Iupiter n'a pour moy qu'iniustice cruelle,
Vers vn enfant sa haine accroist perpetuelle,
Encore qu'à mon ayde il cueille tous les iours
Au desceu de Iunon les fruicts de ses amours:
Mais que d'oresnauãt l'vne & l'autre Machine
Liguée auec vn tiers conspire ma ruïne,
Cela n'empeschera ma main d'auoir domté
Tout ce qui me tomboit dedans la volonté,
Tout ce qui me sembloit vser de resistance :
Or ie crains, tardãt trop, que ma mere me tance,
Ie luy vay de ce pas la victoire annoncer,
Apres ie m'iray seul és cauernes musser,

Des Champs Tenareens, afin que là ie voye
Nostre nouuel amant se ruer sur la proye
Ainsi que le Lyon qui s'eslance affamé
Dessus le col puissant d'vn cerf au front ramé;
Ainsi que le Lanier volant à fleur de terre,
Attrape la perdrix, ou le lieure qui erre.
Or i'apperçoy desia ce felon rauisseur
Emporter vne Nymphe en l'aueugle noirceur,
Nymphe qu'il trouuera pachée au sein de Flore,
Du surplus le destin ne le reuele encore:
I'attendray de pied coy qu'il arriue en son tems
Mis d'embuscade au lieu commode au passetems.

SCENE II.

PLVTON, TISIPHONE, LACHESE, MERCVRE, PLVTON.

Pluton.

SOus quelle inique loy souffriray-ie timide,
Qu'vn frere dans le throsne Olympique preside?
Qu'il possede orgueilleux des Palais estoilez,
Que souuerain depuis tant de siecles roulez

Tout l'Uniuers fremisse à sa voix colerée,
Que son los plus puiſsāt que des deux fils de Rhée,
L'vn content de brider le liquide Element,
Et moy de commander aux ombres seulement,
Et moy qui tiens vn regne où n'entre la lumiere,
Estre encore forclos de la torche nopciere?
Ne respirer non plus les douceurs de l'amour,
Que ie fais la clarté desirable du iour?
O outrage! ô affront! ô tort irreprochable!
Seul ainsi de tout poinct ie seray miserable,
Seul ainsi ie seray tenu comme bastart,
D'vn si grand heritage ayant si peu de part;
Luy se baigne à souhait, iusques au col se plonge
Au fleuue de plaisir, & ie n'en ay qu'vn songe:
Espris de sa germaine, admirable en beauté,
Laisse-il de courir apres la nouueauté?
Laisse-il de chercher dans les couches mortelles
Des poinctes d'appetit, auec mille cautelles?
O creuecœur! ô honte, ô lasche que ie suis!
Sus! qu'vn couroux vangeur donne trefue aux ennuis,
Quiconque m'aymera, quiconque fauorise
Ma querelle equitable, & ma haute entreprise:
Quiconque s'animant de gloire à mon secours

Veut qu'un Laurier son chef enuirõne toujours,
Rangé sous mon enseigne à ce besoin paroisse,
Que fidelle touché du fiel de mon angoisse,
Son courage à present tesmoigné par la voix,
Il face de soldats un conuenable choix.

Tisiphone.

L'office nous est deu, sans que tu te trauailles,
A mes Sæurs, & à moy d'amasser tes batailles,
Laisse-nous, laisse-nous, Monarque glorieux,
Dresser un appareil requis contre les Cieux,
Laisse-nous composer ta vangeresse armée
D'un mõde de guerriers boüillans de renommée,
Ton Empire ne peut desormais les tenir,
Du reuolte seroit à craindre à l'auenir,
Gaignez d'oisiueté, peste aussi dangereuse,
Que la guerre promet son entreprise heureuse:
Veux-tu qu'en un clin d'œil ie te face icy voir
Quelles forces tu peux en tes sujects auoir?
Combien de millions d'ames à qui la vie
Ez orages de Mars fut brauement rauie?
Combien de millions de Chefs que Iupiter
De crainte t'enuoya, qu'ils l'allassent domter,
I'obmets les Terriens, les enfans de la nuë;
Les Lapithes de qui la vaillance connuë,

Capable suffiroit de te vanger soudain,
Le Sceptre paternel te remettre en la main,
Eux en viendront à bout, chose plus que certaine;
Mais au cas qu'il te pleust seruir de Capitaine,
Influer la victoire aux tiens de ton aspect,
Et conjoindre l'ardeur de bien faire au respect,
Imagine qu'alors tes Germains volontaires
Offriront à l'enuy leurs Sceptres tributaires,
Qu'vne triple Thiare honorera ton front,
Reste de te resoudre auantureux & pront.

Pluton.

Tes robustes raisons redoublent mon courage;
Va souffler dãs leur sãg les meurtres & la rage,
Va m'enroller tous ceux, que tu m'as remarquez
Ne démordre iamais du combat attaquez,
Que Bellonne a nourry de sang par les alarmes,
Qui n'ayment que le feu, la discorde, les armes.
Va, dépêche, il me plaist, ie le veux, ie l'ay dit,
Rien ne reuoquera d'orenauant l'Edit.

Lachese.

Ha! suprême Recteur des ombres sepulcrales,
Pour qui nous deuidons les quenoüilles fatales,
Roy des profondes nuicts, qui prestes aux viuans
Dequoy se reparer pour les aages suiuans,

Amateur de la paix, du repos, du silence,
Reprime les fureurs de ceste violence,
Ne croy la paßion flateuse qui te ment,
Qui te veut éblouïr les yeux du iugement,
Infractaire ne romps l'aliance gardée
Sur le fantasque object d'une amoureuse idée :
Oncques guerre entreprise indiscrette & à tort
Ne donne à ses autheurs l'aßistance du sort.
Demande à Iupiter au nom de l'hymenée
Une femme, außi tost ie la pleige donnée,
„ L'amiable douceur doit premiere marcher,
Refusé tu aurois lors dequoy te fascher.

Pluton.

Cõme un vẽt orageux qui tourmẽtoit les plaines,
Dessous un peu de pluye appaise ses haleines,
Tombe à coup abatu : ny plus ny moins ie sens
Ta sage opinion de ses charmes puissans
Amortir le flambeau de ma rancune éprise,
I'approuue cét auis que la foy m'authorise,
MandeZ viste Mercure, afin que deputé,
Le crime d'agresseur ne me soit imputé,
Qu'on voye que de gré nos pacts ie ne viole,
Qu'il porte Ambassadeur au Tonnãt ma parole:
Ha! le voicy déja: facond nepueu d'Atlas,

Qui pitoyable sers aux mourans de soulas,
Interprete des Dieux, dont la bonne fortune
Rend au Ciel & ça bas la Deité commune,
Fen le vent, fen les airs, & loyal messager
Oy l'affaire duquel ie t'ay voulu charger,
Rapportant ces propos au Maistre du tonnerre:
Ton Germain relegué aux gouffres de la terre,
Demande à quel suject tu pretens de vouloir
D'vn bon-heur absolu sur luy te preualoir,
L'estimer comparé moins que le plus infime,
Moins qu'issu de Saturne enfant illegitime,
Iusques à le priuer d'vne espouse moitié,
Luy enuier les fruicts d'vne chaste amitié,
Contre la paction qu'il iura solemnelle
Quand l'orgueilleux obtint la place paternelle;
Sçache si son audace vn fondement a pris
Sur ce qu'il ne me croit regir que des esprits
Dépoüillez de vigueur, de courage & de force,
En la diuision de leur pesante escorce:
Si logé dans l'aZur des Palais Etherez,
Que ceint vn Zodiaque, & ses Astres doreZ,
Que Phœbus chaque iour honore de sa ronde,
Qui fait vn marchepied de la machine ronde,
Si confit dans le miel des moles voluptez,

Rauisseur coutumier des plus rares beautez,
Outre le lict iugal de sa propre Germaine,
Tantost glissé fuitif au sein de la Thebaine,
(Ta mere ie ne veux du nombre diffamer)
Maintenant chez Thetis qui domine la mer,
Chez la blonde Ceres, des humains nourriciere,
D'enfans au demeurant la douce pepiniere,
A couronné ses vœux, & pour le dire bien,
En l'Empire des morts ie ne possede rien,
Et mon Thrône abysmé dãs la nuit des tenebres,
Ie n'auray de plaisir que les plaintes funebres
Des Manes qui chez moy se purgẽt des forfaicts,
Comme égoust de misere, en l'autre monde faicts:
Et parmy ces trauaux de nature infinie,
Encore il m'ôtera l'amoureuse armonie
De deux corps animez d'vn' ame & d'vn desir?
Il me tiendra forclos de l'vnique plaisir?
Va, dy-luy que si tost l'offense on ne repare,
Vne guerre & aux siens mortelle ie declare;
Dy-luy, si le passé n'amende son erreur,
Ma longue patience attirée en fureur,
Que la nuict du Cahos derechef épanduë,
A Saturne, aux Titans la liberté renduë,
I'armeray l'Acheron, les Parques & la Mort,

Plustost que de souffrir dauantage ce tort.

Mercure.

Souuerain de l'Erebe, à ce couroux extréme,
Il me semble, confus, que tu n'es plus toy-mesme,
Que Pluton, vray miroir d'vn Prince moderé,
Immuable de soy, l'estre consideré
Change de qualité, s'altere de nature,
Sans subject exposant sa gloire à l'auenture,
Certain que l'equité de ta petition
S'adresse à Iupiter, & sans intention,
Doute-tu qu'il retinst, & sa promesse enfraigne?
Ains que de l'accomplir Themis ne le contraigne,
Nullement, nullement, en ce cas ie promets
Ta querelle espouser contre luy desormais,
Tirer de ton party la cohorte Celeste;
Que ce soin superflu doncques ne te moleste.

Pluton.

L'attente infructueuse, & la pointe plus viue
D'vn sentimẽt d'amour impourueu qui m'arriue,
Forcent ma volonté de se montrer au iour,
D'épesche, mes desseins preuiennent ton retour.

Mercure.

Neutre ie traitteray de bon cœur l'ambassade,
Au-moins, s'il m'est permis de m'vsurper ce grade,

Voire de mon deuoir ie m'ose tant fier
Que soudain ce discord ie vay pacifier.

SCENE III.

CERES, PROSERPINE.

Ceres.

ESCoute mon espoir, la raison qui t'ameine
Habiter en secret vne terre loingtaine,
Qui rechange aux splendeurs de ta Celeste Cour
L'horreur accompagnant vn champestre seiour:
L'origine mon œil veritable procede
D'vn mal qui surprẽdroit ton hõneur sans reme- [de,
Ores que ta ieunesse a sa plus belle fleur,
Helas! ie redoutois trop vn coup de malheur,
Trop l'impudicité qui l'Olympe macule,
Qui va rendre aux mortels nostre droict ridicule.
L'exemple de son chef tout le corps a gasté,
Et n'eusse-ie donc pas ta recousse hasté?
Eusse-ie veu l'aguet de leur troupe infidelle
Vers ma tendre brebis, & ne veiller pour elle?
Sous le voile d'Hymen, sous ce pretexte beau

Chacun me preſentoit un hommage nouueau,
S'efforçoit de gagner en la mienne ta grace:
Mais ainſi le poiſſon s'attire dans la naſſe,
Ainſi vient le ſerpent tapy deſſous les fleurs,
Imprimer au ruſtic ſes mortelles douleurs:
L'aſſaut continuel à la parfin emporte,
Et demeure vainqueur de la place plus forte.
Moy abſente il falloit te perdre, ou t'emmener,
Abſente, car ie vais les honneurs moiſſonner,
Que cent peuples me font en humbles ſacrifices,
Records de ma puiſſance, & de mes benefices:
Demeure donc tranquille au ſejour que tu vois,
Du miniſtere uſant des Nymphes de ces bois,
Donne à ta chaſteté, donne à ta gloire encore
La demeure d'un lieu tel que Diane adore,
Mon retour ſera brief, ie reuerray tes yeux
Premier que trois Soleils chaſſẽt l'õbre des Cieux.

Proſerpine.

O de qui i'ay receu la vitale lumiere,
Deité de clemence enuers tous ſinguliere,
Combien vous dois-ie plus de l'honneur garanty?
Combien plus de faueurs ay-ie là reſſenty,
Qu'a trainer immortelle une immortelle honte,
Eſclaue du vainqueur ocieux que ie domte,

Par vostre preuoyance, ains vostre pieté,
Mon azile fatal, mon port de seureté!
CommandeZ que i'habite vne roche deserte,
Au giron de Thetis de tempestes couuerte,
Qu'vn antre frequenté des Serpens & des Ours,
Voye, s'il peut, la fin de mes pudiques iours,
Deuote i'y courray de pareille alegresse
Que le vainqueur apres sa Palme vainqueresse.

Ceres.

O prudente responce; ô insigne vertu!
Et ce rare tresor ne conserueras-tu,
Bien-heureuse Cibelle? heureuse en la gesine
De l'ornement des Cieux que me donna Lucine,
Vien, mõ Ame, suy-moy, viens voir le lieu sacré,
Lieu fidelle, à qui i'ay ta garde consacré,
Qui ne craint des Hyuers la poignante froidure,
Qui se couure en tout temps de fleurs & de verdure,
Qui ne t'espargnera les ébats souhaitez,
Tant que prompte i'auray mes Autels visitez:
Pren donc le sainct depost de ma flame commise,
Terre Sicilienne à mes bien-faits acquise.
Pren ce precieux gage en ta protection,
Garde en luy mon courage & mon affection,

Sauf en mes mains rendu, par le Stix ie te iure,
Que coustre ny rateau ne te feront iniure,
Qu'à l'enuy tes guerets mes presens germeront,
Que tes arbres de miel roussoyant couleront,
Bref, que tu passeras en ta richesse rare,
L'Hesperide verger, l'Hymete, & le Gargare.
Adieu, mon Cœur, voila mes dragons attelez,
Qui sistent de courir, orés appareillez.

Proserpine.

Ha! la voix me defaut, de tristesse abatuë,
Si courte qu'elle soit, ceste absence me tuë,
Entrons, portõs nos pleurs en ce nouueau Palais,
Auspice neanmoins qui me semble mauuais.

ACTE II.

SCENE I.

IVPITER, VENVS, MERCVRE, PLVTON, PALLAS, DIANE, PROSERPINE.

Iupiter.

D'Un aueugle soucy mon Ame deuorée
T'appelle à son secours, aimable Cytherée,
Tu me peux & me dois, ce secret reuelé,

La tourmente accoiser de l'esprit martelé,
Enten l'occasion fort facile à comprendre.
Pluton que chacun sçait de mon tige descendre,
Se plaint formellement, & selon l'equité,
Qu'apres m'auoir son droict de l'Olympe quitté,
Heritant du refus de nous trois en partage,
On luy differe encor les douceurs du nopçage:
D'ailleurs ton fils luy a n'aguere ambitieux,
Emply tout l'estomach d'vn venin furieux;
Mais le pauure insensé s'abuse trop de croire,
Que ie porte iamais d'enuie à vostre gloire;
Au contraire ioyeux de la voir triompher
Sur ce qui luy restoit au Monarque d'Enfer:
Soit, reprenons le cours du discours qui me laisse,
Des Parques d'vne part l'ordonnance me presse,
D'autre la conscience esmeuë de son droit:
Hé! qui contre ces deux rebeller se voudroit?
Que dis-ie, si Themis, la foy, la parentelle
M'enioignent d'assoupir la naissante querelle.

Venus.

Monarque Olympien, iuste arbitre de tous,
Tu luy peux retrancher ce suject de couroux,
Le pouruoir d'vn party de sa grandeur capable,
Et reparant le tort de ma race coulpable,

M'em-

M'employer où tu sçais que mes arts sont requis,
Pere vse librement de mon seruice acquis.

Iupiter.

D'espouse les destins dés long temps ont choisie
Entre celles du Ciel qui goustent l'ambrosie,
L'vnique de Ceres dont la tendre beauté
Ne merite rien moins que telle cruauté,
Que d'aller où l'horreur eternelle domine:
Or faut-il qu'à l'effet pourtant on s'achemine,
Sa mere redoutant de semblables liens,
L'estime bien cachée aux champs Siciliens,
Estime que le creux d'vne cauerne obscure
Conseruera l'objet de sa plus chere cure,
Iusqu'au proche retour: toy donques cautement
Ainsi que la trouuant là fortuitement,
Diane auec Pallas prises de compagnie:
Car, à la verité, chacun te calomnie,
Chacun te tient suspecte, & pour telle raison,
Sur l'oportunité des lieux, de la saison,
Tu persuaderas l'innocente pucelle
D'aller cueillir des fleurs parmy l'herbe nouuelle,
Pluton, que i'auray fait par Mercure auertir,
Viendra hors des caueaux Æthneans à sortir
Vis à vis où ce mont les Enfers auoisine,

Et presse du Geant la sourcilleuse échine,
Il saillira dessus licite rauisseur,
Veu qu'il ne pourroit onc l'obtenir de douceur,
Veu qu'Atrope a filé son Hymen de la sorte,
Qu'amẽne apres du rapt perpetré, ne m'importe,
L'inuiolable Loy de la fatalité
Me dispense du blâme autrement merité,
N'obeïras-tu pas, ma Diane cherie?
C'est moy, c'est Iupiter ton pere qui t'en prie.

Venus.

O doux commandement, mon suprême bon-heur!
Qui nostre Empire accroist, & le cõble d'hõneur,
Ingrate mille fois, mille fois criminelle,
Ie ne t'embrasseroy du plus pur de mon Zele;
Iamais Paphe, iamais le Gnidien seiour,
Non tous les lieux sacrez à la Mere d'Amour,
Ne m'ont rauy chez eux de pareille alegresse,
Que ie vais délier le soucy qui te presse,
Que ce tien mandement ie promets accomplir,
Et des fatales Sœurs la volonté remplir.

Iupiter.

Va, douceur des humains, Mere de la nature,
Tandis ie renuoiray d'ambassade Mercure:
Hola, Cilenien:

Mercure.

Mon Pere me voicy.

Iupiter.

Aproche, viens querir tes dépêches icy,
Entre-suy moy, qu'instruit de bouche dauantage,
Tu portes à mon frere vn desiré message.
Tu ailles vne paix stable ratifier,
Et des objections ma foy iustifier.

SCENE II.

PLVTON, MERCVRE.

Mercure.

L'Outrageux arrogant persiste en sa malice,
Se delecte de voir qu'vn amoureux suplice
Dérobe mon repos au milieu du repos,
Que le souphre alumé forcene dans mes os,
Cupide d'acorder ma demande equitable,
Se rendre pacifique à la raison traitable:
Mercure n'auroit tant son retour differé,
Du desespoir dépend le remede esperé,
La force donnera ce que la douceur nie,

Secoüons, secoüons vn ioug de tyrannie,
Preparez-vous Guerriers, que la gloire conceut,
Pluton sans recompense onc faueur ne receut,
Ie hay l'ingratitude, & quant à moy l'estime
Redoubler en vn Roy la grandeur de son crime,
Et des siens émousser le vertueux desir:
„ Car quiconque en a fait merite du plaisir.
Acquitez du deuoir Soldats, ou Capitaines,
Ie les acquiteray vers Minos de leurs peines,
Tous tous mis en franchise és champs Elisiens,
Ils possedent heureux toute sorte de biens;
L'exploit aparoistra fâcheux de prime face;
Mais qu'est-il qu'vn courage inuincible ne face?
Les Titans qui ne sont qu'vn ombrage de nous,
Sans l'erreur precipit d'vn aueugle courroux
Venoient iadis à chef de la mesme entreprise;
Mais voicy son Heraut remandé que i'auise,
Que nous aporte-tu? les armes, ou la paix?
Parle, & plus mon esprit de fourbes ne repais.

Mercure.

Ennemy du discord, tesmoin ce Caducée,
La chose a reüssi comme ie l'ay pensée,
Qui pourtant ne permet, secrete à plus de deux
Ores communiquer ses effects hazardeux.

Pluton.

Retirez-vous esprits disposez de courage,
Mon signal entendu, de poursuiure l'ouurage;
Sus, expose ta charge en pure verité,
Ne la déguise afin de me plaire irrité.

Mercure.

Menteur, ie me soumets de subir les tortures
Qu'à tes plus criminels tu decernes plus dures,
Iupiter a ta plainte abatu de pitié,
Outre vn instinct du sang réueillant l'amitié:
Que mon frere (dit-il) appaise sa rancune,
Il n'a point de douleur qui ne nous soit commune;
I'ay veillé soucieux pour son contentement,
Pour le rēdre en sa couche heureux parfaitemēt,
Pour y faire tomber vne vierge Celeste,
Qu'au defaut de Iunon i'éliroy, ie proteste,
Vn Phenix, vn Soleil de beauté gracieux,
Que Ceres défiante a sequestré des Cieux,
Que nourrit pres de soy ceste idolátre mere
Es antres de Sicile, ainsi que prisonniere;
Se pretendre iamais de douceur l'emporter,
Nullement, ce seroit l'impossible tenter,
Qu'il y procede donc auec sa force ouuerte,
Qu'il me l'aille rauir sur la Campagne verte,

Qu'il dépoüille là bas sa virginale fleur,
I'aideray l'entreprise, & regret, ny douleur,
Ny plainte que la mere oposera contraire,
Ne feront que le coup fait soit encor à faire:
I'approuueray la chose en ne la reprouuant,
Paisible possesseur laissé d'oresnauant,
Nostre amitié selon nos pacts entretenuë.
Voila sa volonté que ie declare nuë;
Accepte ce party digne de ta grandeur,
Et digne d'apaiser ton amoureuse ardeur.

Pluton.

La procedure semble estrange, qu'il me faille
Une femme acquerir comme en cham de bataille,
Planter mon amitié frauduleux, violent,
Ce scrupule me va de nouueau martelant;
Les fruits d'vn tel amour qui passēt la coûtume,
Doiuent, à mon auis, estre pleins d'amertume;
L'amorce du plaisir au contraire en amours,
Est la difficulté en ces petis détours:
D'ailleurs la Majesté de ton front redoutable,
A ce Sexe te rend vn peu moins acceptable,
Senty plûtost que veu tu l'apriuoiseras,
Et vn siecle à poursuiure ainsi t'espargneras.

Pluton.

Tu dis vray, ie n'auois tes raisons digerées,
Ces Nopces me feroient remourir differées,
Parauant qu'vne mere, & les siens courtiser,
I'auray peu de mes droits en mariage vser,
I'auray peu détremper les fureurs de ma flâme,
L'Hymenée acomply me liberant de blâme,
Son voile specieux d'illicite n'a rien
Sous le consentement du Pere Olympien ;
Mais ne me flate point, ceste Nymphe diuine
At-elle vne beauté qui perce la poitrine ?
Qui merite la peine ?

Mercure.

Ha ; dur resouuenir !

Pluton.

Comment, tu ne pourrois riual te contenir ?

Mercure.

Moy, i'ay trop de respect, seulement te suffise
Qu'elle eut dessus Venus la pome d'or acquise,
Confrontée iadis par l'Idean Berger,
Ie ne te diray pas le continu danger.

Pluton.

I'enten qui luy pendoit du costé de mon frere.

Mercure.

Tu as, la possedant, des beautez la premiere.

Pluton.

O nouuelle agreable! ô que ie suis content!
O quel heur en ce sein, ce sein chaste m'attent!
Demeure Iupiter paisible en son Empire,
Ie luy cede mes droits, plus outre ie n'aspire,
Ennemy capital de tous ses ennemis,
Qu'il s'asseure d'vn frere en sa grace remis:
A quoy plus de discours? autre afaire m'apelle,
Mãdez là force esprits, que mon char on atelle,
Amenez mes coursiers des bords de Phlegeton,
Orphnée *auec* Nyctée, *Alastor, & Æton:*
Viste, viste, ie veux qu'elle mesme le guide:
Moy ie fondray du char comme vn Aigle rapide
Sur la tendre pucelle. Adieu Mercure, Adieu,
Ie recompenseray la peine en temps & lieu.

Mercure.

Souuien-toy d'adoucir l'éfroy de ce visage,
Sourd, de ses autres sens il a perdu l'vsage,
Amour seul y domine, y forcene enragé.
Dieux! comment à ce Rapt il marche encouragé!
I'aimeroy mieux trouuer vn camp nombreux en teste,

Que deuoir soustenir les coups de sa tempeste,
Qu'aux assauts d'vn amant aduersaire m'offrir.
Hé Cieux! que tu auras, pauure Vierge, à
souffrir!

SCENE III.

VENVS, PALLAS, DIANE, PROSERPINE, PLVTON.

Venus.

VOus iugerez, mes Sœurs, qu'en ce petit
espace
Nature le commun de ses œuures surpasse,
Sis au milieu d'vn val enuironné d'vn bois,
Les Campagnes d'autour, fecondes chaque mois,
Raportent à Ceres leur Deesse adorée,
D'épis crus sans labeur, vne moisson dorée,
Vn Printemps au bocage, és plaines vn Esté
Y sont, & de tout temps semblent auoir esté.
Mille ruisseaux bordez d'vn odoreux fleurage,
Et d'autant d'oisillons le different ramage,
Mainte grote sauuage embellissent ces lieux

Qui rauissent l'esprit atiré par les yeux,
Ide le Fontenier, le val de Thessalie,
Cythere mon sejour, les forests d'Idalie,
Ne l'égalent non plus qu'vn buisson les Cyprés:
Pourquoy veux-tu vanter dauantage si prés,
Que l'œil à plain d'icy aysément le remarque,
Capable de tenir le Celeste Monarque.
Allons-nous y baigner en passetems diuers:
Allons voir l'abregé du beau de l'Uniuers.

Pallas.

L'apas delicieux de ceste pourmenade
Ne trouueront-il rien de honteuse embuscade,
Docte à tromper tu es, sujecte à caution,
„ Souuent vn beau parler ment à l'intention.

Venus.

Ouy, puis qu'il plait ainsi aux lãgues médisãtes,
Qui déchirẽt mon nom de leurs pointes cuisantes,
Iaçoit que l'innocence ait son ferme rempart,
Malgré les vains aguets demeurent de ma part.

Diane.

Tãt qu'vn arc & des traits durerõt en ma dextre,
Tant que ce bras sera de décocher adextre,
Que i'auray le carquois de sagettes muny,
Aucun n'atentera de me nuire impuny;

Ne t'estonne au surplus des voluptez ministre,
Si la pudicité tremble au bruit de ce titre,
Si la mere & le fils elle craint d'aprocher,
Veu leur contagion qui se gagne au toucher.

Venus.

Empruntez le renom de chastes, de sacrées,
Credules, subornez des Vierges consacrées,
Tost ou tard l'aiguillon de nature ietté.

Pallas.

Fuyons ma Sœur, fuyons ce discours infecté,
Fuyons-le de bonne heure, vne infame hantise
Les feux dans la vertu des voluptez attise.

Diane.

Ce sera le plus seur,

Venus.

De grace ne bougez ;
Premieres au combat vous-mesmes m'engagez,
Premieres vous auez vne guêpe incitée,
Qui pourtant, de respect, ne se vange, arrestée.
Sus, reprenons d'acord l'erre de nos deuis,
Et du present manoir me dites vôtre auis.

Pallas.

Certes, ie ne croy pas que demeure plus belle,
L'Olympe reserué pût allecher Cibelle,

I'entre d'vne merueille en l'autre à son aspect,
Où certain accident me trauaille suspect,
Dont là haut n'est encor la cause publiée,
Et tu nous en pourrois éclaircir, supliée.

Venus.

Tres-volõtiers, à quoy vous tiendray-ie la main?
Quel doute de moy sceu vous agite incertain?

Pallas.

L'occasion qui meut Ceres à nous distraire
Sa fille depuis peu,

Diane.

Rien qu'vn sale exemplaire
Pullulé dans les Cieux ie ne diray depuis.

Venus.

Voila comment tousiours dessus les rangs ie suis,
Tousiours de vos brocards sourdement lacerée.

Pallas.

Elle ne te l'a dit que par jeu Cytherée,
Ne laisse de m'oster le scrupule entamé.

Venus.

De ceux de son mestier on est souuent blamé,
Ses brocards à loüange indifferents i'estime,
Au regard du soucy curieux qui vous lime;
D'asseurance la mere a craintiue caché

L'espoir de ses vieux ans, crainte qu'il fust taché,
Qu'vn agreable amant ne preuint l'hymenée,
Où possible en ce lieu l'a-elle confinée,
Possible l'alons-nous rencontrer de hazart,
Qui d'enfantins ébats se repaist à l'escart.

Diane.

O trois & quatre fois delicieuse vie!
O saincte ambition! ô vertueuse enuie!
Puissiez-vous persister en vos chastes desseins,
Que vos Temples d'honneurs & d'offrandes soient pleins,
Compagnes qui voulez ressusciter au monde
L'âge du bon Saturne en vertus si feconde,
Combien cela m'accroist le desir de vous voir?

Pallas.

Il me semble quelqu'vn là bas apperceuoir,
Sortir hors d'vne grote: ha! ie croy que c'est elle,
Ouy, sans doute, voila la fille de Cibelle,
Courons l'embrasser,

Venus.

Non, surprise à l'impourueu,
Faisons-luy plustost peur par maniere de jeu,

Pallas.

Ie le veux bien:

Diane.

Et moy,

Venus.

Sus, chacune d'emblée,
Auec vne clameur la saisisse troublée,

Proserpine.

Aimable solitude: ha! qu'ores ie te doy,
Que ta coûtume passe en vne douce loy!
Premier que te goûter tu m'étois ennemie,
Maintenant ie n'ay point de plus fidelle amie,
Maintenant ie reçoy loin des trompeurs apas,
Par qui la volupté met l'honneur au trépas,
Les fruits de ta pieuse & sage preuoyance:
Ma mere, mon bon-heur, ma solide fiance,
L'ennuy que ie craignois seule me deuorer,
Un moment qui deuoit vn siecle me durer,
Produisent des effets contraires à l'atente,
L'ame de mille objets par ces lieux se contente:
Aussi ce beau seiour de miracle parfait
Ne manque en rien qui puisse arriuer au souhait,
Veut-on voir vn verger émaillé de parterres?
Des ormeaûx verdoyans mariez aux lierres?
Ouyr de Philomelle vn concert gracieux?

Mais quel bruit importun, ie ſuis perduë, ô Cieux!
Ou fuiray-ie?

Les trois Deeſſes.

Ren-toy, ren-toy, ren-toy, demeure;

Proſerpine.

Au ſecours, au ſecours;

Pallas.

Tu es priſe;

Diane.

Ie meure,
Si ie me ſçaurois plus de rire contenir,

Venus.

Ny moy pareillement:

Pallas.

Laiſſez-la reuenir,
Tranſie de frayeur, pâle, défigurée
Ainſi que qui l'auroit n'agueres déterrée.

Proſerpine.

Miſericorde: helas! hé, que me voulez-vous?

Diane.

Ne t'eſpouuante point, belle Nymphe, c'eſt nous,

Proſerpine.

Qui,

Pallas.

Tes Sœurs, vois-tu pas ? tes compagnes aimées,

Proserpine.

L'extrême peur m'auoit les paupieres charmées,
Deesses, rejetez sur elle ce defaut,
Referez vn acueil indigne à tel assaut,

Venus.

Nostre offense du moins merite ceste peine,

Proserpine.

Ne me vueillez celer qui vers moy vous ameine,

Pallas.

La curiosité de visiter ce lieu
Où Cypris exalté n'obserue de milieu,
Ioint vn autre desir de plus viue pointure,
Pour sçauoir quelle estoit ta douteuse auenture,

Proserpine.

L'incomparable honneur ne nous apartenoit.

Diane.

Ton esprit de pensers heureux s'entretenoit,
Que nous interrompons de priuauté trop grande.

Venus.

Hola ; de terminer à toutes ie commande,
Vne ceremonie ennuyeuse & sans fin,
Songez que nous venons icy pour autre fin.

Pallas.

Pallas.

Vraiment elle a raiſon, meine-nous, ie te prie,
Où tu ſçais qu'il fait beau, ſoit bocage, ou prairie.

Proſerpine.

Choiſiſſez, ie le veux,

Diane.

Il n'importe du chois:

Venus.

Flore aura mon ſufrage au moins à céte fois:
Regardez ſon émail bigarré par ces plaines,
Que Zephire courtiſe à petites aleines;
Contemplez la beauté d'vn million de fleurs:
Qui ſe ſeruent de luſtre en diuerſes couleurs.

Pallas.

I'incline à ton party du ſpectacle gaignée,

Diane.

Iamais du commun but ie ne tire éloignée,
Transportons-nous y donc,

Proſerpine.

Ne le prenez pas là,
Ce lieu n'a d'auantage eminent que cela,
Sa beauté principale en ce ſeul point conſiſte,

Venus.

Mon liéure peu rusé se vient perdre à son giste.

Pallas.

Que dis-tu?

Venus.

Que ce n'est rien de se promener,
Qui ne veut ce plaisir d'un autre aiguillonner;

Diane.

Moyennant que permis, nous te croirons, propose,
Sur tes inuentions la troupe se repose.

Venus.

Gageons à qui plûtost & le mieux parfera
Un chapelet de fleurs, qu'apres on iugera.

Pallas.

A moy ne tienne pas, une courte folie
Ne fait que la sagesse apres ne se ralie:
Mais quel prix de victoire obtiẽdra le vaincœur,
Qui croisse l'industrie, & luy hausse le cœur?

Venus.

Ie vous diray, les Trois de la victorieuse
Couronneront le chef en marque glorieuse,
Leurs guirlandes aux piés de la sienne posant,
Et un chant de triomphe à son los composant.

Diane.

La paction me plaiſt, & à vous?

Pallas.

Tout de meſme:

Venus.

Paſſons donc à l'effet de diligence extrême,
Chacune maintenant tire quartier à part,
Et s'en aille la ſienne amaſſer à l'écart.

Pallas.

Ceſtuy-cy me rit plus qui decline ſur deſtre,
Des armes nous pouuons leur vſage remettre,
Seures nous dépétrer de ce faix empéchant:
Ma lance de ce coup contre terre fichant,
L'armet aupres couché, tu ne dois Cynthienne,
Craindre qu'vn Orion ſurprendre icy te vienne,
Craindre en ma compagnie embûche ny danger.

Diane.

Auſſi de mon carquois me vay-ie décharger,
Le ſuſpendre là bas aux branchages d'vn Orme.

Venus.

L'vne & l'autre aura peur parauant que ie dorme,
L'vne & l'autre voudroit ſes armes retenir;
Mais alons cependant la feinte entretenir.

Proserpine.

Du vallon reserué à ma seule hantise,
I'oseray me vanter de la victoire acquise,
Vne moisson de fleurs éparse dans son sein
Seconde entierement au projet du dessein,
Proche dessous mes pas ja déja ie le foule.
Quelle subite ioye en mon ame se coule !
Que d'aise me chatoüille en l'honneur preparé,
Honneur presque incroyable à nul acomparé,
Honneur que Trois du Ciel premieres reconuës,
Sont, pour me faire hommage, expressement ve-
nuës,
Me doiuent couronner auec leurs propres mains,
Afin que l'acte sceu des Cieux & des humains,
Outre le commun los éjoüisse ma Mere
Plus qu'à se voir offrir vne Hecatombe entiere;
Commençons à cueillir ce chapeau triomphant.
Dieux ! il semble là bas que la terre se fent,
Des flames coup à coup precedent vn tonnerre.
Helas ! les Elemens m'anoncent-ils la guerre ?
Seroy-ie point trahie ; ô execrable horreur !
Vn coche vient ardent m'inuestir en fureur,
Me coupe le passage, & m'interdit la fuite ;
Au secours, au secours, las ! où suis-ie reduite ?

Pluton.

Pardonne, belle Nymphe, à ce fatal éfort,
Tu resistes en vain, ie seray le plus fort.

Proserpine.

Ha! brigand rauisseur montre qui te dispense?

Pluton.

De nos heureux trauaux tu es la recompense,
Force, vîte reprens la route de là bas.

Proserpine.

On m'enleue, au secours, Deesse des Combas,
Vierge Tritonnienne, & de grace ne soufre,
Qu'vn Corsaire infernal me rauisse en son goufre.

Pallas.

Courõs, courõs, ma Sœur, où la clameur s'entẽd.

Diane.

Surprise i'ay le cœur de crainte palpitant,
Et au lieu de bander mon arc il se débande,
Qui pis, nostre secours trop tardif i'aprehende.

Pallas.

Las! on ne l'entend plus plaintiue s'écrier.

Diane.

Voyons à découurir ce funebre sentier,
Rien d'elle n'aparoit, où es tu Proserpine?
Répon, que ce voleur, quel qu'il soit, i'extermine,

Que mes traits décochez luy transpercẽt le flanc,
Luy facent vomir l'ame en vn fleuue de sang.

Pallas.

I'atteste le Soleil en ma iuste colere,
N'espargner le tenant, non Iupiter mon Pere.

Diane.

Ha! pauure Nymphe, helas! tu ne verras nos yeux,
Que vefue desormais de ton plus precieux,
Il n'y a plus d'espoir de te sauuer pudique.

Pallas.

Qui ne descouuriroit vne sourde pratique,
L'insigne trahison, l'enorme impieté
D'vne dont ce brigand a sa proye acheté?

Diane.

RegardeZ-là venir, & faire l'estonnée
Auec vne douceur sorciere empoisonnée.

Venus.

Douteuse si ie suis, si ie respire l'air,
A peine le poûmon me permet de parler,
L'horreur de ce spectacle en mon ame imprimée,
Du souuenir encor ie retombe pámée.

Pallas.

O la déloyauté! la ruse de putain,

Volontiers qu'à ce coup tu n'as tenu la main ?
Qu'à ton déceu le Rapt est commis à ta veuë,
Pour nous persuader, de mensonge pourueuë,
Où est-elle ? dy tôt, nomme le malheureux,
Qu'auorte aux chastetez l'Erebe funereux:
Conduy-nous où l'infame a designé sa fuite,
Sur peine de subir les tourmens qu'il merite.

Venus.

Cessez de redoubler ma triste afliction.

Diane.

Cesse de te targuer auec la fiction,
Déniant de n'auoir dressé cette partie.

Venus.

Armée ainsi que vous ie l'auroy garantie,
Du moins fait les éforts de l'aler secourir,
Vous en deussiez de honte & rougir & mourir.

Pallas.

Perfide, qui me tien que de ton imposture,
Coûpable mille fois d'vne griéue torture ?
Mais Iupiter sçaura tirer la verité,
Garrotons-la, ma sœur, comme elle a merité,
Afin de l'accuser, à son Trône menée.

Diane.

Suy nous de volonté, sans que tu sois trainée.

Venus.

Trop tost à vos dépens i'iray de luy sçauoir
Qui vous donne sur moy tel absolu pouuoir,
Qui vous meut d'outrager vôtre propre germaine.

Pallas.

On ne peut à ta faute estre trop inhumaine:
Marchons.

Venus.

Ie le veux bien, ie n'y recule pas,
Sçachant que vous perdrez vos peines & vos pas.

ACTE III.

SCENE I.

CERES, L'OMBRE DE PROSERPINE, PLVTON ET ELECTRE.

Ceres.

Que brassez-vous, Destins, contre mon innocence?
L'immoderé bon-heur, l'exces de ma puissance
Vous ont-ils, enuieux, irrité tellement,

Qu'vn clin d'œil ie ne sois exemte seulement
De signes monstrueux, de funestes presages,
Suffisans d'ébranler les plus braues courages?
Il ne se passe nuit que parmy le sommeil
Ma fille n'aparoisse éfroyable à mon œil;
Tantost ie voy d'vn dard ses entrailles percées;
Ores d'habit semblable aux ombres trépassées,
Ie l'enten soûpirer d'aussi piteux sanglots,
Que iadis Philomele à la mercy des flots.
Tairoy-ie qu'au milieu de mes Lares les Ormes
Steriles ont produit des fueillages enormes?
Dauantage vn Laurier agreable entre tous,
Qui de chastes rameaux ombrage des êpous
La couche nuptiale, ainsi qu'ateint du foudre,
Tronc, branches & racine amõcelez en poudre;
Me plaignant du forfait les Driades m'ont dit
Que les rages d'Enfer, d'vn attentat maudit,
Sacrileges y ont mis la dure coignée;
Et qui de ces horreurs toujours acompagnée,
Ne trembleroit craintiue? ha! ma fille: ha! mon heur;
Le renom du seiour menace ta pudeur,
Le Mont sous qui se forge à Iupin le Tonnerre,
Plus fameux, plus cõnu que tous ceux de la terre,

N'augure que ta perte, ô tresor precieux ;
Mais l'esprit surchargé d'vn fardeau soucieux
Semble vouloir au somme incliner ma paupiere,
Táchons à recueillir sa faueur singuliere
Sous ce Pin cheuelu, d'herbage enuironné:
Las ! mon cœur ne se peut r'asseurer, estonné.

L'Ombre de Proserpine.

Cruelle tant de fois, mere dénaturée,
Mécognois-tu ta race en songe figurée ?
La contrains-tu sortir des Enfers derechef,
De son honneur perdu t'annoncer le méchef ?
N'en doute plus, c'est moy qui sa perte déplore,
Qui ton secours apres ce dur naufrage implore ;
Et, si tu n'as banny sa memoire du tout,
Si le soin maternel en ta poitrine bout,
Que tu n'ayes succé le lait d'vne Tigresse,
Aide à me retirer d'vne angoisseuse opresse,
Oste ta Proserpine, oste-la des liens
D'vn infernal Epous aux chams Tenariens :
Ren-luy du blond Soleil la lumiere rauie,
Las ! ce sera luy rendre vne seconde vie :
Ou du moins, impuissante à me tirer d'icy,
Décens me visiter en ce Regne obscurcy,
Décens me consoler dans ce Monde funebre,

Ainsi ta pieté s'augmentera celebre,
Ainsi ie te croiray incoûpable du tort,
Que m'a le Rauisseur fait en son traitre éfort.

Ceres.

Ha! c'est elle, ma fille, ains mon ame, demeure,
Que sur ton front pressé de ma léure ie meure,
Que ie t'embrasse auant que d'entrer en la nuit:
Dieux! plus leger qu'vn vẽt le fantóme s'enfuit,
S'écoule de mes bras plus soudain que ne glice
Vn éclair par les airs, que l'eau d'vn precipice!
Quel fantóme? le songe imposteur l'a conceu,
Et sur l'objet du soin coûtumier m'a deceu,
Aise qu'il ne soit pas, neanmoins ie me fáche,
Qu'à mes embrassemens son idole il arrache,
Ie flote irresoluë entre les deux auis,
Iamais que grands malheurs ne se sont ensuiuis
Du mépris obstiné de tels sombres augures,
Signes auancoureurs de tempestes futures.
D'ailleurs qu'ay-ie besoin de craindre maintenãt?
Ne preserueroit pas sa Niéce le Tonnant?
N'a-il pour me defẽdre assez de force & d'armes?
Helas! qui sufiroit sans cesse à ses alarmes?
Quite, quite, Cybelle, & dances & tambours,
Le cas plus important se prefere toujours,

Sans plus deliberer, ains mourir en ce doute,
Du mont Sicilien ie reprendray la route,
I'iray reuoir ta face, ô mon vnique apuy!
Soleil qui secheras mes pleurs & mon ennuy.

SCENE II.

PLVTON, PROSERPINE.

Pluton.

F*Arouche, apaise-toy, belle Nymphe, & rebelle,*
Cesse de reclamer Iupiter & Cybelle,
Desiste de plomber l'albâtre de ce sein,
Où volete d'amours vn idolâtre essein,
Ne denigre l'époux que ta frayeur ignore,
Qu'à faute de sçauoir ton imprudence abhorre:
Celuy qui t'a rauie, & te tient possesseur,
A Iupiter pour frere, & Iunon pour sa sœur,
Ie suis né de Saturne, à qui seul obtempere
Du Cahos débroüillé la semence premiere.
Timide ne presume au surplus, que le iour
Eclipsé de tes yeux n'y face son retour,

Nous auons en ces lieux vn Soleil d'ordinaire,
Et d'astres commandez l'aspect plus debõnaire,
Vn Printemps, vn Esté: bref, ces mesmes saisons
Qui se suiuent là haut sous les douze Maisons:
Tu respireras l'air des plaines Elisées,
D'vne plus douce Aurore en tout tẽps arrousées,
Ses Citoyens viendront plus deuots t'adorer;
Ne resteroit sinon ce tien dueil moderer,
Sinon que retourner à la raison distraite,
Croire qu'icy tu as vne heureuse retraite,
Vne moitié loyale, vn Dieu des plus puissans,
Qui tes vœux de plaisirs accomplit ioüissans,
Qui sa Couronne au pié de tes beautez abaisse,
Et qui de ses desirs te reconoit Princesse.

Proserpine.

Parlez-vous de plaisirs où ie n'ay veu qu'hor-
reur?
D'acoiser ma tristesse où tout est en fureur?
De lumiere, où ie sens les tenebres palpables?
De liesse, où l'on n'oit que des plaintes coûpables
D'Hymenée, où Ceres iamais n'a consenty?
Vos paroles ensemble aux effets ont menty:
Permettez qu'impoluë à elle ie me rende,
Et premier que m'auoir proposez la demande.

Pluton.

Tu le pensois d'abord, écoute qu'à present,
Voy que rien ne s'enten, ne s'ofre déplaisant;
Que chacun prosterné deuant ta belle image
Luy ofre de bon cœur des premices d'hômage;
Ioint que par l'habitude vn scrupule de rien
Le comble se fera de ton souuerain bien,
Tu ne te voudrois pas autrement épousée,
Tu ne te voudrois pas autrement abusée,
Reyne du grand Empire où tombe tour à tour
Tout ce qui vit compris au Celeste contour,
Maitresse du Destin, des Parques qui le tissent,
Qui les Dieux, les humains à nous assujetissent,
Autant de Rois qui sont sur la terre adorez,
Qui logent sourcilleux en des Palais dorez,
Compagnons au trépas de l'ignoble commune;
Pesle-mesle viendront admirer ta fortune,
N'auise seulement que de te réjoüir,
Que d'vn bon-heur supréme & durable ioüir.

Proserpine.

Loin des yeux maternels ne me parlez de ioye,
Pour tarir mes regrets faites que ie les voye.

Pluton.

Nos Mondes separez ne s'y accordent pas.

Proſerpine.

Quelque part qu'elle ſoit ie veux ſuiure ſes pas:

Pluton.

Que te profitera d'affecter l'impoſſible?

Proſerpine.

Pourquoy ne pouuez-vous à ma douleur fleichible
Me reporter au lieu où ſurpriſe ie fus;
Comment, ſi vous m'aimez, m'vſez-vous de refus?

Pluton.

Les Parques vne fois ont ma courſe bornée,
Et Iupiter en a la ſentence donnée,
Obſtacles eternels deſormais opoſez!

Proſerpine.

Ainſi donc du Deſtin vanteur vous diſpoſez?
Ainſi vous cõmandez à ceux qui vous cõmandẽt?
Ainſi tous d'vn acord à ma ruine tendent?
O chetiue! ô chetiue!

Pluton.

encor as-tu paſſé
L'age à ſuiure vne mere aux enfans compaſſé,
Ces ébats de neant deuſſent auoir fait place
Au deſir d'vn mary qui leur memoire éface.

Proserpine.

Ma douce liberté consommée en plaisirs,
Onc rien moins n'a conceu que semblables desirs,
Proposant imiter le saint vœu de Minerue,
I'aimeray beaucoup mieux viure libre, que serue.

Pluton.

Nulle incommodité, nulle sujetion
N'altereront de l'heur de ta condition,
Croy moy, chere moitié, que tu vas au contraire
L'acroissant deuenir franche de tributaire;
Vne Mere t'amuse à des fades douceurs,
De ie ne sçay quel vœu sterile de deux sœurs:
Mais au sein d'vn mary dans leur source tu puises,
L'épreuue t'aprendra que ce ne sont feintises,
Tu te repentiras de l'auoir creuë, alors
Que dans le lit nopcier nous ne ferõs qu'vn corps,
Que nous nous tirerons les ames par la bouche,
Transis d'aise pendant l'amoureuse écarmouche
Que i'espere ataquer aussi vif & dispos.

Proserpine.

Ha! ne me poluez de si sales propos.

Pluton.

L'excessiue froideur de ton ame de glace

Demande

Demande qu'vn discours tout de flame la chasse.

Proserpine.

I'estime que les cœurs plus enflamez d'amour
Esteindroient leurs brandons en ce triste sejour.

Pluton.

Tes Soleils dissipans leur humide nuage,
Dessus celuy des Cieux il obtient l'auantage.

Proserpine.

Le poisson separé de son propre element,
D'y pouuoir retourner aspire seulement,
Dédaigne de goûter l'apas qu'on luy presente,
Comme moy du Soleil, & de ma Mere absente.

Pluton.

Amis, diuertissons l'erreur de ses ennuis,
Qu'il n'y ait plus chez nous d'aparence de nuits,
Tandis qu'en mon Palais elle a fait son entrée;
Festoyant le bon heur par la noire Contrée:
Qu'Ixion délié ne train son tourment,
Que lon oste Tytie à son Aigle gourmand:
Permettez que les eaux desalterent Tantale,
Que Sysiphe son roc pour ce iour ne deuale,
Que le tonneau remply des homicides Sœurs:
Bref, que tout participe au miel de mes douceurs,

Que tous en ſcachent gré à leur nouuelle Reyne:
Vien mon cœur, qu'en vn Trône apreſté lon te mene,
Que tu ſois couronée, & reçoiues de moy
L'hoſtage ſuffiſant de ton peureux émoy.

SCENE III.

CERES, ELECTRE.

Ceres.

L'*Afreuſe impreſſion de ma crainte redouble,*
Ie ſens croiſtre d'autant l'orage qui me trouble,
D'autant ſe renforcer, que i'aproche le bord
Où reſide l'objet du ſoucy qui me mord:
D'eſpoir abandonnée, à l'oiſeau ie reſemble,
Qui pour ſon nid branlant ſur la cime d'vn Tremble,
Où des frêles roſeaux, en gemit écarté;
Celeſtes, oſtez-moy la vitale clarté!
Permettez que plûtoſt immortelle ie meure,
Plûtoſt que ce ſoupcon veritable demeure,

Plûtost que ne reuoir celle pour qui ie vy,
Plûtost que mon bon heur vn desastre eut rauy,
Rauir ? il ne se peut, qui l'auroit découuerte
Recluse au plus secret de ceste Isle deserte ?
Or entre ces pensers i'aten le receleur
De ma ioye, où l'Enfer futur de ma douleur,
Voicy de mon dépost la place gardienne,
Que personne au deuant si proche ne me vienne ?
Tout plein de solitude, & horrible d'aspect :
Helas ! helas ! que i'ay ce silence suspect.
Ma fille n'aparoit, n'aucune de sa suite,
Tu es, n'en doute plus, pauure mere, destruite.
Entrons dans le Palais, voyons de bout en bout ;
Proserpine, où es-tu, ma lumiere, mon tout ?
Proserpine, vien tôt, qui me cache ta face ?
Vien tôt, que de baisers sur ton front ie me lasse :
Ha ; ces cris importuns ne penetrent que l'air,
Ie serois sans réponse vn Siecle à l'apeler,
Et malheur ! ie n'ay veu le lõg de ces campagnes,
Non plus que là dedans, nulle de ses compagnes,
Electre sa nourice, & Cyane ont quité
Leur chef enuelopé d'vne calamité !
Que tardez-vous mes bras, de vanger en furie
Vne Mere orpheline, & sa race périe,

D'arracher ces cheueux, de marteler ce sein,
Ce sein chenu d'angoisse, & d'amertume plein ?
O malheur ! ô douleur ! ô perte irreparable!
O prodige trop vray ! ô Ciel inexorable!
O Iupiter n'as-tu point de compassion
De l'enorme grandeur de telle affliction ?
Concede-moy du moins que ie sorte de doute:
Car resoluë au pis plus rien ie ne redoute,
Concede-moy sçauoir son lamentable sort,
Si les Titans ont fait à nos Lares éfort,
Si auec ses cent bras l'orgueilleux Briarée ?
Si du faix violent d'Ynacrine alterée,
Typhoës a secoüé le ioug, ou son germain
Celuy du Mont ardant qui menace prochain ?
Exaucez ma priere & iuste & pitoyable,
Puis dy que me seruoit lors ton arme éfroyable,
Econduite i'auray sujet de soupçonner:
Mais voy-ie pas Electre icy s'acheminer ?
Ouy, dont le port confus, & sa face blémie
Me confirment assez vn méchef d'infamie.

Electre.

O qu'à ma volonté, Deesse, l'accidant
Ie peusse témoigner des Titans procedant,
Que l'outrage commis d'vne troupe immortelle

Ne violast ce nœu si saint de parentelle,
Trois, que ne soupçonnez en qualité de Sœurs,
Firent à mon auis la planche aux rauisseurs.

Ceres.

O execrable nom! que ma fille rauie
Ne sera desormais qu'vne mort de ma vie:
Poursuy.

Electre.

Dans ces Palais coulerent plusieurs iours,
Que se rememorant vos preceptes toujours,
Proserpine au milieu de nous ses domestiques,
Contente se repeust d'ébatemens pudiques,
Sans craintiue sortir le sueil de la maison,
Quand voicy suruenir, (ô lâche trahison!)
La trompeuse Ericyne, & d'amorce auec elle,
Crainte qu'on se doutast de l'embûche infidelle,
Pallas Tritonienne, & la Diue des bois,
L'vne la lance en main, l'autre au dos le carquois,
De discours en discours, au combat atirée,
Ensemble elles s'en vont picorer vne préee,
Diane suit ses pas, les Sereines aussi,
Moy de l'œil, un peu loin de l'œil & du soucy,
Moy qu'acable du faix la vieillesse chagrine,

Plûtost qu'vn tourbillon dans l'air ne se mutine,
La terre aux enuirons tremble, vne épesse nuit
Tremblotante d'éfroy mes paupieres circuit.
Du Barathre entr'-ouuert vn chariot en flame
L'imprudente saisit qui nos dextres reclame;
Inutiles clameurs, qui n'auoient point de cours,
Veu que nous attendions d'elles-mesmes secours,
Veu que nous esperions les Deesses armées,
D'vn reproche honteux purger leurs renomées;
Deceuës neanmoins de ce pipeur espoir,
Elle & son Rauisseur viennent à disparoir,
Phœbus rend à nos yeux sa clarté suspenduë,
Et sa derniere voix fut sous terre entenduë:
Chacune des trois Sœurs s'enfuit qui çà qui là,
Si que du songe vray mon esprit s'éueilla,
Confuse vers Cyane, & craintiue ie tire,
Qui proche me pouuoit de l'auanture instruire:
Mais, double perfidie, vn subit changement
Luy oste le parler, le pouls, le mouuement,
Sous ses pieds disparuë vne fontaine source,
Qui les nostres surpris arrouse de sa cource,
Ses cheueux, son visage & son corps écoulez
Fondent en petits flots sur l'herbage roulez.

N'augmentent que ma plainte, & mon incertitude,
Deesse, ie proteste vne humble seruitude,
I'ateste deuant vous vn fidelle deuoir,
Autre chose du cas impourueu ne sçauoir.

Ceres.

Donques la volupté frape contagieuse
Celles que i'estimois d'ame religieuse?
Celles qui ne préchoient qu'honneur, que chasteté,
Complices du malheur de ma race ont esté.
O mortels insensez, qui de vœux & d'ofrandes
Les honorez apres de lâchetez si grandes!
As-tu quité Pallas, tes batailles expres?
Toy, tes limiers, tes bois, tes pãneaux, & tes rets,
Afin de triompher de ma vefue famille?
Qu'ont tant mépris vers vous ou la Mere, ou la Fille?
Mais toy, Peste du Monde, & l'oprobre des Cieux,
Qui de peur de tomber en tes lacs vicieux,
Nous bãnis elle & moy du Manoir Olympique,
Quel enuieux tançon de rancune te pique?
Est-ce là le serment que tu fis deuant nous,
Surprise en adultere au lit de ton Epoux?

Serment qu'à l'auenir tu viurois mieux nommée,
Serment qui ne dura non plus qu'vne fumée.
O la ſimplicité d'atendre vn changement
En tes lubricitez pleines d'enragement!
De croire que iamais ta peruerſe nature
Reçoiue s'amendant vn meilleur ply qui dure,
Qu'inſiſte-ie deſſus ces regrets ſuperflus,
Sans obuier au mal qui me preſſe le plus?
Sans courir fureter l'vne & l'autre Machine,
Pour tâcher de r'auoir ma belle Proſerpine?
Sus, quoy que le Soleil dorme ja ſous les eaux,
I'alumeray deux Pins qui ſeruent de flambeaux,
Qui cõduiſent mes pas iuſqu'au fond du Tenare,
Si là quelque brigand de ma fille s'empare:
Les voicy rencontrez tels que ie deſirois.
Ha douce Geniture! helas! ie n'eſperois,
Ie n'eſperois porter, Mere bien fortunée,
Autre torche pour toy que celle d'Hymenée,
De flambeaux funereux ie ne preuoyois pas
Deuoir de ton honneur celebrer le trépas;
Il le faut neanmoins, les Vierges Erebiques
Ont paßé ce decret par leurs fuzeaux iniques,
Il me faut ces rigueurs déplorable éprouuer,
La Sicile auertie aidant à te trouuer.

ACTE IIII.

IVPITER, NEREE, ACHELOIS, PAN, II. PAYSANS, CERES, ARETHVSE.

SCENE I.

IVPITER, NEREE, ACHELOIS, PAN.

Iupiter.

DErechef, Immortels, des afaires humaines
Le soucy negligé pour d'autres plus hautaines,
Interrompt mon repos, me presse, me reprend:
Il vous souuient du tems, que de mon vieil Parẽt
I'vsurpay la Courone, & le Sceptre supréme,
Dés lors ie resolus de changer en moy-mesme
Vn Estat paresseux de cét âge grossier,
Ie voulus vn long somne aux peuples délier,
Poindre d'vn aiguillon leur courage stupide,
Empéchant que le miel des hauts chênes fluide

De plein gré, ſans labeur, des mouches ſe confit,
Que le Coûtre épargné nulle moiſſon ſe fit,
Que Bacchus dégorgeat ſa liqueur de ſes veines,
Il m'a pleu meſurer la recompenſe aux peines,
Par la neceſſité faire viure les Arts:
Mais vne plainte vient à moy de toutes parts,
L'ouurage d'Iapethe ouuertement murmure
De ſa condition trop ſeruile & trop dure,
Maintient que ie luy ren du deſtin de ma voix,
Maratre vne qui fut bonne mere autrefois,
Demande que luy vaut ſa Celeſte origine,
Que les yeux vers le Ciel, & debout il chemine
Vagabond, diſperſé, voire pire de ſort,
Que les feres qui ont vn tutelaire fort.
L'equitable motif de pareille requeſte
Merite que l'oreille & la dextre on y preſte,
M'induit Pere commun, de pouruoir à ſon bien,
Le Monde retiré du gland Caonien.
Amaſſé deſormais dans l'enceinte des viles,
Et ſous l'ordre des loix poly de mœurs ciuiles:
A ceſte occaſion l'Orpheline Ceres,
Telle que la Lyonne en l'obſcur des foreſts,
Qui cherche ſes enfans furieuſe à la trace,

Elle errant de la sorte apres sa chere race,
Doit selon nos decrets dessus l'indice pris,
Mesme incertain de ceux qui se seroient mépris,
Diuulguer le secret d'ensemencer les terres,
Ses guerets défricher de chardons & de pierres,
Aprendre à façonner le soc au Laboureur,
Autant profitera son profitable erreur,
Que si quelqu'vn de vous outrecuidé s'ingere
De trahir les amours furtiues de mon Frere,
Découurir à Ceres qui sa fille detient,
Ie iure ce pouuoir qui sur tous m'apartient,
Ie proteste vne paix qui cimente profonde,
Qui cimente & maintient la grand masse du
Monde,
Fust-il proche parent, de mesme tige issu,
Fust-il ou fils, ou fille dans ma couche tissu,
Me tint-il de Iunon la place legitime,
Que mon foudre élancé le punira du crime
Qu'à l'instant de l'Egide vn coup il sentira,
Et de n'estre mortel tôt se repentira,
Ie rendray son exemple à l'Vniuers notoire,
Par les flots tenebreux du Pere de victoire,
Qu'aucun ne s'émancipe à la temerité,
Sur peine d'éprouuer Iupiter irrité.

Nerée.

Monarque vniuersel ne t'émeu de colere,
Craignant qu'aucun de nous auertisse la Mere,
Ton alme preuoyance à regir l'Uniuers,
Tes yeux sur le salut commun toujours ouuers
Obligent à l'égal & les Dieux & les hommes,
D'obeir au Soleil de qui l'ombre nous sommes:
Pour moy qui sous Neptune ay l'Empire des flots,
Tu te peux asseurer que dans leur vague enclos
On tiendra le secret cacheté du silence,
Là s'obserue vn respect meslé de bien-vueillance,
Aux enfans de Saturne, ainsi que veut le rang
Qui leur pouuoir distingue, encore que d'vn sang.

Achelois.

Des Fleuues deputé vers ta Majesté sainte,
Ils luy iurent chacun par ma bouche, sans feinte,
L'obeïssance deuë, immuable à iamais,
Et laquelle en mon nom pleiger ie me soumets.
Repose donc, grand Dieu, dessus cette parole
Plus ferme que ne sont les fondemens du Pole:
Croy que nous celerons la chose que tu veux,
Qu'à te gratifier conspirent tous nos vœux.

Pan.

Douteroit-on de moy, & de ceux de ma bande?
Faunes, Nymphes, Syluains, ausquels seul ie commande,
Purs de fraude maligne, & de déloyauté,
Pere tu leur pourrois fier ta Royauté,
Amis de l'innocence, amis de la Nature,
Qui feroient à Pluton de leur ame ouuerture,
Pour mettre à sauueté son amoureux butin,
Et pour y consommer vn Hymen clandestin,
Non, nous irions rauir au besoin la pucelle
Pour mettre entre ses bras, & qu'aucun le decelle?

Iupiter.

Satisfait ie ren graces à l'astre de mon heur,
Qui vous inspire à tous vne mesme candeur,
Vn deuotieux Zele, vne foy concordante,
Aux bienfaits cõferez de ma main répondante,
Persistez-y toujours, d'vn loyer asseurez
Plus grand à l'auenir que vous ne l'esperez.
Or alons au Banquet preparé de Mercure,
Que reláchant vn peu la iournaliere cure
Ie confirme auec vous vne hospitalité
Inuiolable au cours de la fatalité.

SCENE II.

1. PAYSAN, 2. PAYSAN.

1. Paysan.

L'Excellence du don receu depuis n'aguere
Me rauit d'autant plus que ie le considere,
Petit, de nulle montre, il doit germer fecond,
Et pour vn, mille grains mettre en son épy blond,
Reduit en poudre apres, & cuit en vne masse,
De viure nous fournir, qui les glands outre-
passe,
Meilleur à l'infiny de goût & de saueur:
O vrayment liberale & diuine faueur!
O digne d'éprouuer la fortune meilleure!
Ton inique malheur déploré me malheure,
Malheur, ie ne sçaurois bien comprendre cela,
Que les Immortels sont sujets à ces loix là?
Car elle ie la croy du nombre des Deesses,
Tous ses gestes en ont des marques trop expresses,
Outre l'ample miracle à ce present conioint,
Le mauuais sort pourtant ne la dispense point,

Helas! qu'espereront ceux que le vice acable,
Quoy de mieux desormais, que le Ciel implacable?
Confus d'estonnement & d'aprehension;
Mais du iour arriué prenans l'occasion
Táchons de luy donner de sa fille nouuelle:
Hé! qui ce Voyageur tient là bas en ceruelle,
Croisant ses bras au Ciel, aperceu le voicy,
Qui pour me deuancer trauerse droit icy.

2. Paysan.

Amy n'aurois-tu point oüy, ie te supplie,
Quelque bruit d'vne Nymphe en beautez acomplie?
Elle cueilloit des fleurs, qu'vn Rauisseur méchant
L'enleue, & que sa Mere ores la va cherchant,
Declare si tu sçais rien de telle auanture,
Et tu en receuras le salaire à vsure.

1. Paysan.

Ocupé d'elle-mesme à ce mesme labeur,
Ie voudroy bien pouuoir aleger sa douleur,
Tu me trouues errant, compagnon de tes peines,
Qui la cherche par monts, par cótaux, & par pleines,
Qui vers elle contraint me prepare au retour,
Ores que le Soleil nous acheue son tour.

2. Paysan.

Comment la desolée en ta maison venuë?

1. Paysan.

M'a conté l'accident de sa déconuenuë.

2. Paysan.

Non pas sans te payer de l'hostelage pris?

1. Paysan.

I'en possede vn present d'inestimable pris:
Mais toy?

2. Paysan.

Ny plus ny moins, l'espoir de sa promesse
Reüssi, ie n'adore apres autre Deesse.

1. Paysan.

Un Autel consacré fumera tous les ans,
Decoré de ses fruits les premiers meurissans,
Son los resonnera par toute la Sicile,
L'éfet se conformant à ce secret vtile.

2. Paysan.

Tout mensonge repugne au naturel des Dieux,
Ils ne tombent iamais en ce vice odieux,
Et qui de leurs bienfaits se veut rendre capable,
D'vne incredulité ne doit estre coûpable:

1. Paysan.

Ie n'en doute autrement que pour la nouueauté.

2. Paysan.

2. Paysan.

Las! parlons de son sort si plein de cruauté.

1. Paysan.

Mes yeux du souuenir se preparent aux larmes:
O qu'elle suportoit de terribles alarmes!

2. Paysan.

Ainsi que l'vn de nous par mégarde priué
De l'espoir de ses ans tendrement cultiué!
Que dy-ie l'vn de nous, si les Feres sauuages
De pareilles douleurs conuertissent en rages,
Si pour sauuer leurs Fans elles ne craignent pas
D'encourir le danger eminent du trépas?

1. Paysan.

L'exemple pitoyable enseigne, que le Pere
Trop sa fille gardant, garde son vitupere,
Qu'il ne scauroit trop tôt d'vn gendre se pour-
uoir,
Pour vaquer gardien fidelle à ce deuoir.

2. Paysan.

Comme les plus beaux fruits sur l'arbre font
enuie,
Ce sexe à son amour vn ieune âge conuie,
Et meur dés le Printems trébuche bien souuent
Aux secousses que donne vn subtil poursuiuant,

Place foible n'eust onc tant besoin de defense,
Que l'honneur d'vne fille, à ce qu'on ne l'ofense,
Qu'vn vaincœur ne l'empiete, & nous contraigne apres
Les branches d'Hymenée échanger en Cypres,
Lucine m'honora d'vne fille heritiere;
Mais tous autres respects delaissez en arriere,
Elle n'auoit qu'à peine ateint la puberté,
Quand ie la mis & moy d'vn coup en liberté,
Luy donnant d'vn mary la tutelle asseurée,
Preuoyance qui m'a succedé bien-heurée.

1. Paysan.

Voila certes aussi la iointure du nœu:
Et voila qu'imiter au plûtot ie fais vœu,
La mienne colloquant, (car semblable fortune
De plusieurs éleuez ne m'en a laißé qu'vne)
ChecZ vn party sortable, où s'ancre mon repos:
Mais l'heure ne permet d'étendre ce propos,
Phœbus de nostre iour la carriere diuise,
Alons nous aquiter de la charge entreprise.

2. Paysan.

Alons, chacun s'éforce en cête pieté;
Adieu,

1. Paysan.

Adieu amy, c'est par trop arresté.

SCENE III.

CERES, ARETHVSE.

Ceres.

D'Ennuis, de ſoins, de maux, de douleurs oprimée,
D'vn friuole trauail recreuë & conſommée,
Forcloſe d'eſperer alegeance qui ſoit,
Contrainte de quiter l'eſpoir qui me deçoit.
Helas! chetiue! helas! quel party dois-ie prendre,
Où pourray-ie le ſort de ma Captiue aprendre?
Mes pas ont tournoyé la Sicile trois fois,
Les Fleuues viſité, les Antres & les Bois,
Les peuples informé de Prouince en Prouince,
Incertaine à preſent comme auant que ie vinſſe:
S'enquerir des mortels? ô grande abſurdité!
Les Celeſtes ayans ce mal premedité,
Eux-meſmes atitré le brigand de ma race,
Eux-meſmes du forfait enteriné la grace:
Titan Pere du iour, gloire du Ciel voûté,
Tu as de mes douleurs l'amertume goûté,

Lors que mauuais Cocher ton Fils brulé du foudre,
Cuida des Elemens la concorde dissoudre,
Que tu vengeas sa mort, emporté de ton dueil,
Clair Phœbus qui vois tout, & fais voir de ton œil,
Mesure, alme flambeau, ma misere à la tienne,
Ne soufrant, receleur, que plus on la détienne,
Montre, declare-moy le lieu de sa prison.
Ha! tu es du complot de ceste trahison!
Les soûpirs maternels ne retardent ta course,
Qui sçait si tu serois leur principale source?
Voleur des chastetez ordinaire éfronté,
Dangereux à l'éfort, malin de volonté,
Ton Oracle menteur couuriroit ta luxure:
Cherche, Cybelle, ailleurs, qui de ta peine endure,
Qui daigne vertueux le vice deceler,
Mais non pas chez les Dieux de l'Olympe & de l'air.
Voyons si dans l'horreur de ces forests époisses,
Plus de pitié pourra adoucir nos angoisses,
Si parmy les Lyons, les Serpens, & les Ours
Nous ne trouuerõs point de plus present secours,

Si d'auanture Echo de ma plainte frapée
N'en reueleroit rien, ou bien quelque Napée.
O ſterile confort, ô debile ſoulas,
Duquel au deſeſpoir nous nous ſeruons, helas!
Ie n'ay plus qu'eſſayer de remede ſolide:
Mais i'entreuoy là bas quelque Nymphe timide,
Qui faute de conoître, & de me diſcerner,
Entre ces arbriſſeaux tâche à ſe détourner,
A moy, qui que tu ſois, à moy, ne pren la fuite,
Diane la priant ne m'auroit éconduite.

Arethuſe.

Deeſſe, pardonnez à la peur qui me ſuit,
Seule en ces lieux deſerts ie tremble au moindre bruit,
Nous n'oſons plus aler ſinon de compagnie,
Tant deſſus noſtre troupe vſe de Tyrannie
Pan qui ſoufre les ſiens aux filles s'adreſſer,
Et de leur deshonneur bien ſouuent les preſſer:
Las! encore depuis vn malheur que ie n'oſe
Rememorer depuis, vne Metamorphoſe.

Ceres.

Ah! belle Vierge, honneur du troupeau Delien,
Ie te méconoiſſois, & tu m'excuſes bien,
Veu l'extréme douleur de ma recente playe,

Ta Maitresse en retient la conoissance vraye,
Dy, de grace, estois-tu auec elle le iour
Qu'on m'a si faulsement ioüé ce mauuais tour,
Me garde Iupiter, qu'onques ie te soupçone,
Le Soldat ne peut rien où son Chef en persone
Absolument commande ; or voudrois-ie sçauoir
Que tu peux seulement par coniecture voir?

Arethuse.

L'accident si subit d'vne force impourueuë
M'ôta le iugement, la parole, & la veuë.

Ceres.

Quelle distance estoit à l'heure du malheur,
Entre toy, ie te prie, & l'infame voleur?

Arethuse.

Cent pas, ou enuiron, mais certaine valée,
Outre l'épaisse nuit sur nos yeux deualée,
Des Tonnerres lâchez, des tourbillons venteux
Ensemble m'ont rendu le spectacle douteux.

Ceres.

N'auois-tu rien oüy de ce complot entre elles?

Arethuse.

Pour deux vous vous trompez de les croire infidelles.

Ceres.

L'aparence pourtant le donne à preiuger.

Arethuse.

Ie sçay qu'elles mouroient auant que d'y songer.

Ceres.

„ *Quiconque aura prêté sa presence à vn crime,*
„ *Absous n'échapera du blâme legitime.*

Arethuse.

L'innocence surprise a dequoy s'excuser,
Rien plus que l'innocent facile d'abuser.

Ceres.

I'impute du forfait la premiere origine
Aux persuasions d'vne seule Ericine;
Mais,

Arethuse.

Sans exception ie maintiens derechef,
Que Diane & Pallas ignorent ce méchef,
Resentant la douleur & l'iniure commune.

Ceres.

Onc ie ne leur donnay de sujet de rancune,
Ny ne voudrois donner,

Arethuse.

Sur quelle illusion,
De les soupçonner donc vous naist l'ocasion?

Ceres.

Que l'vne & l'autre armée a veu ſans re-
ſiſtance
Se perpetrer l'outrage, & ſans en faire inſtance:

Arethuſe.

Le Deſtin de Cyane examiné de pres
Auguroit au complot de merueilleux apreſts,
Outre qu'elles n'auoient leurs armes éperduës,
Armes qui çà qui là ſur l'herbage étenduës,
Qu'vn plus puiſſant, helas! qu'ay-ie quaſi láché?
Le témoignage icy tient lieu de grand peché.

Ceres.

Arethuſe, mon œil, ie te prie à mains iointes,
Par mes fieres douleurs, & leurs ſenſibles
pointes,
Par le dueil maternel qui deuore ce ſein,
Me vouloir deceler les auteurs du deſſein,
De ne me point laiſſer de doute inquietée,
De ne me plus ſoufrir vagabonde agitée,
Toujours calamiteuſe, vn Enfer apres moy,
Vn Enfer de ſoucis, de douleurs & d'émoy:
Helas! pour ce plaiſir il n'y aura ſalaire
Qui demandé l'égale, & me puiſſe déplaire,
Mes Villes, mes Autels, ma propre Deïté,

Ie te vay tranſporter diſant la verité.

Arethuſe.

„ Lors que noſtre ſalut balance d'vn extréme,
„ La premiere pitié doit s'ourdir à ſoy-méme.

Ceres.

„ Aucun ne doit auoir de crainte en bien faiſant,

Arethuſe.

Aucun ne peut bien faire icy qu'en ſe taiſant,

Ceres.

„ Qui cele vn méchant acte a merité ſa peine,

Arethuſe.

Qui decele les Dieux a merité leur haine:

Ceres.

Les Dieux ne ſont plus Dieux, non plus à reſpecter,
Quand le mors de Themis ils veulent reietter,
Qu'ils confondent l'iniuſte auecque l'equitable,
Vices trop anexez à ce Rapt deteſtable,
A ſes executeurs, & à ſes agreſſeurs;
Au pis, les miens & moy ſeront tes defenſeurs,
Tu auras mes Germains Monarques des trois Mondes.

Arethuſe.

O racines d'erreur, aueuglement profondes!

O trompeuse esperance! ô pauure Mere; helas!
Cherchez, cherchez ailleurs de vos maux le soulas,
Que ce nom de Parent ne vous trompe friuole,
La pitié me contraint de trancher la parole.

Ceres.

Ne la tranche à demy, poursuy, que tardes-tu?
De tous ses ennemis triomphe la Vertu,
Sa Palme vers le Ciel plus belle se redresse,
Plus l'enuieux fardeau tâche à luy faire opresse,
Ie te garantiray, par le Soleil qui luit,
Et laisse d'vn discours l'inutile circuit,
Et l'histoire du Rapt de ma Fille m'expose.

Arethuse.

Sur ce sacré serment aussi ie me repose,
Dessus luy ie bâtis mon azile & mon port,
Sans luy i'éprouuerois de Cyane le sort,
Qui pour auoir nommé le Rauisseur, à l'heure
Chetiue, transformée en fontaine demeure,
L'infernal Dieu des Morts vôtre Fille a ravy.

Ceres.

A ce nom proferé ie doute si ie vy,
Pluton?

Arethuse.

Pluton luy-mesme issu de dessous terre,
Dedans vn char couuert de feux & de tonnerre,
L'emporta s'écriant, si soudain replongé,
Que ie presuposay le spectacle songé, [prises,
Que vos guerrieres Sœurs, sans leurs armes sur-
Desirans le rateindre, & en venir aux prises,
Le dois-ie dire, ou taire? vne voix retentit
Qui leur pieuse ardeur sur le champ alentit,
Qui la chose auoüant, sciemment auenuë,
Commanda qu'elle fust secrette retenuë,
Sur peine de sentir vn foudre punisseur,
Ores vous conoissez le nom du Rauisseur,
Ainsi que le progrés de toute l'entreprise:
Moy ie me vay musser, crainte d'estre surprise,
Crainte qu'on me découure arriuée en ce lieu,
Vueillez vous souuenir de la promesse, Adieu.

Ceres.

Va, seure de ma part: va, seule secourable,
Seule de pieté aux âges memorable,
Mais Ceres, s'il est vray que tes freres germains
Sur ton sang ayent mis leurs parricides mains,
De sa pudicité conspiré le naufrage,
L'vn protecteur & l'autre agresseur de l'outrage,

L'vn traitre, ceſtuy-cy brigand audacieux.
Voila bien gouuerner le Tenare & les Cieux;
Voila de l'equité former vn beau modelle,
Ie t'ateſte auerty de ce tour infidelle,
Geniteur venerable, hé; n'auront les Enfers,
Des Manes droituriers qui te tirent des fers?
Afin de reprimer ſemblable violence,
Afin de châtier vne telle inſolence,
Afin que de là haut tu reprenes le frein,
Que tu purges le Ciel de luxure ſi plein.
Ha! Monſtre iniurieux; Tyran des pâles Ombres,
Tu m'as donc inuenté ce Dedale d'encombres?
Tu m'as donques rauy celle en qui ie viuois,
Celle en qui des Neueux l'eſperance i'auois,
Impuiſſant d'exercer la douceur d'Hymenée,
Tu veux infortuné la rendre infortunée,
Mon bien plus precieux tu cuides poſſeder,
Encor de haute lutte, & ſans le demander?
Non, i'apelle du tort deuant la Cour Celeſte,
Le titre ſpecieux de Iupin ie proteſte,
Ne m'empéchera pas d'intenter vn procés,
Et faire tous les Dieux arbitres de l'excés.

ACTE V.

PLVTON, MERCVRE, CERES, IVPITER, THEMIS, Pallas, Mome, Venus, Proserpine, & Ascalape.

SCENE I.

PLVTON, ET MERCVRE.

Pluton.

IVpiter bleceroit sa haute Prouidence,
Conuaincu d'vn defaut de crainte ou d'imprudence,
Desormais contemptible aux Dieux & aux humains,
Si manquant de parole à l'vn de ses Germains,
A moy qui reposay dessus sa foy donnée,
Circonstance qui soit trouble mon Hymenée,
S'il permet que des pleurs de Mere superflus,

Repetent de mon lit ce qui ne se doit plus,
Ne peut encore moins sa Proserpine nuë,
De pucelle en mes bras femme ores deuenuë,
Moitié qu'on ne sçauroit separer de son tout,
Conioincte d'vn lien que Cloton ne dissout,
Impuissante chez nous de semence immortelle;
Outre qu'en mon bon droit i'ay l'asseurance telle,
Presume tant des miens offensé, que l'afront,
Que la troupe Olympique, & l'Uniuers en frõt
I'auray dequoy répondre, & dequoy sur la place
Tourner en repentir leur temeraire audace,
Dedans vn heritage installé m'en chasser?
Vouloir de guet à pend mon repos trauerser?
Me paître comme enfant d'vn ofre ridicule?
Me permettre l'apas qu'apres on me recule?
Non, non, ie me perdray mon Empire, & les miens,
D'ames i'épuiseray les chams Elisiens,
Plûtot que consentir que l'Olympe me force
D'obeïr aux rigueurs d'vn iniuste diuorce,
Plûtot que releuer de plus grand que de moy,
Qui cité deuant luy il me face la loy,
Qu'exposer mon hõneur au nombre des sufrages
Incertains comme ils sont diferens de courages,

Retourne Fils de Maye, & leur dy rondement,
Que tu m'as trouvé sourd à vn tel mandement.

Mercure.

Faute d'examiner l'importance des choses,
Ce qui n'est du tout point, coleré tu suposes,
Nulle presomption de ce Concile saint,
Qui te conoist égal, qui t'honore, & te craint:
Nul envieux desir de rompre ton Noçage
N'entre dans le penser d'vne troupe si sage;
Au contraire elle veut la Mere contenter,
Sa fille te voyant legitime accepter,
Elle veut entre vous cimenter l'aliance,
Coulant sur le passé vne entiere oubliance,
Or qu'on ne se soumette au demeurãt des Dieux,
Qu'ils descendent vers toy du Trône radieux,
Confesse qu'il n'y a non la moindre aparence
Qu'à leur pluralité se doit la preference,
Confesse qu'vn refus te donneroit le tort,
Iustement indignez du superbe raport.

Pluton.

Ta langue bien souvent porte l'onde & la flame,
Tranche des deux côtez, pernicieuse lame,
Ie voudroy te pouuoir suiure, & croire asseuré;
Mais ne sçay quel soupçon sur le cœur demeuré

Me détourne, m'augure vne contraire issuë
Au factieux apas de leur volonté sceuë.

Mercure.

Vne fausse rumeur de quelques ennemis,
T'a mon los innocent en mauuaise odeur mis,
Accident familier aux vertus enuiées,
Aux vertus du mensonge imposteur décriées;
Mais que ta Majesté me puisse reprocher,
Alors qu'à son seruice il a falu marcher,
Lácheté, trahison, cautelle, ny malice,
En ce cas i'oseray défier ta Iustice:
Ie m'oseroy sans tache à eux parangoner,
Desquels la blanche foy tu deusses couroner.

Pluton.

Mercure, tu ne sçais encor que ie te garde.

Mercure.

I'aprehende sans plus ma recompense tarde.

Pluton.

Elle pend à ce coup, elle t'ofre son fruit,
Du complot qui se brasse à mon dommage instruit.

Mercure.

Mēteur ne m'épargnez, Minos ou Rhadamāte,
Ordonnent que l'Enfer mon parjure tourmente.

Pluton.

Pluton.

Me conseillerois-tu de mener des espris
Pour guide auantureux, & de la gloire épris?

Mercure.

Quiconque a de bouclier la bonne conscience,
Sur autruy n'a besoin de poser sa fiance:

Pluton.

Bon droit a bon besoin d'aide souuentefois.

Mercure.

Tu as en ton pouuoir les Iuges & les Loix,

Pluton.

Possible que suspect la fraude on t'a celée;

Mercure.

Auec les trompeurs i'ay l'ame dissimulée,
Rarement, ou iamais d'embúche preuenu;
Mais icy tout de feinte & de peril est nu.

Pluton.

Alons, ie te croiray,

Mercure.

Proserpine reprise,
Absente frustreroit la peine qu'auons prise.

Pluton.

Ne suis-ie sufisant de répondre du fait?

Mercure.

Ouy, mais l'accord sans elle est un œuure imparfait.

Pluton.

Comment?

Mercure.

Il faut du moins, que la Mere éplorée
Reçoiue par sa bouche une preuue asseurée,
Que tu luy as l'honneur d'Epouse conferé,
Vers elle faulsement Rauisseur deferé,
Que la peur du refus, & qu'une flame éprise
Contraignirent user de semblable surprise.

Pluton.

Ce sexe feminin de nature inconstant,
Qui toujours imbecile à la vengeance tend,
Me pourroit démentir contre sa conscience,
Si que ma seureté pend de la défiance,
Consiste à la tenir recluse en mon Manoir,
Pour euiter un mal que ie ne voudrois voir.

Mercure.

La fleur de sa beauté pudique dépoüillée
Espoint un aiguillon d'ire dissimulée,

Cicatrise l'vlcere enuieilly de rancœur ;
Que sert d'iniurier les fers de son vaincœur,
Les mordre forcené, lors que le sort des armes
A changé des captifs l'allegresse en larmes ?
Tienne bon gré, mal-gré elle demeurera :
Car qui l'honneur perdu que toy reparera ?

Pluton.

Vaincu de tes raisons ie leur quite la lice,
Me deußé-ie vne fois sentir de ta malice :
Mais il ne faudroit plus se retrouuant icy,
Esperer de Pluton ne grace ne mercy,
Ascalape loyal, Ascalape acompagne,
Suiuant Mercure & moy d'assez loin, ma Compagne.

Mercure.

Ie la conduiray bien s'il te vient à desir.

Pluton.

Non, de ne t'en mêler tu me feras plaisir,

Mercure.

Permets-moy donc au Ciel preceder ta venuë,
Que ie coure anoncer la réponse obtenuë.

Pluton.

Comme il passe de l'vne à l'autre extremité,
Va sans rien auancer outre la verité.

Mercure.

Ce n'est pas ma coútume: orsus que lon me suiue,
Et ne tenez la troupe vn long siecle atentiue.

Pluton.

Marche toy deputé, gardien de mon heur,
Demontre, si iamais, la naïue candeur
D'vn Zele à ce besoin mêlé de vigilance;
Où tu verrois les Dieux tendre à la violence,
A la porte atendant du Celeste pourpris,
Regagne vîtement le Manoir des esprits,
Ramene-la de force au cas qu'elle resiste,
Qu'on se ruât sur nous de force à l'improuiste.

Ascalape.

Pere, ie veux mourir vne seconde mort
Auant que de ma dextre on l'arrache d'éfort.

SCENE DERNIERE.

CERES, IVPITER, THEMIS, MERCVRE, PALLAS, MOME, Pluton, Venus, Proſerpine, Aſcalape.

Ceres.

SAcré Chæur d'Immortels, venerable Aſſemblée,
Ne preſumez oüyr d'vne Mere troublée,
D'vne Mere qui n'eſt que d'ennuis & que dueil,
Qui mortelle euſt enclos ſon malheur au cercueil:
N'atẽdez que ma bouche en complaintes fecõde,
Delibere montrer vn eſſay de faconde,
N'atendez que ma langue vſe de fiction
A tracer le pourtrait de ſon afliction,
Il ne m'eſt pas permis, la douleur qui s'exprime
Auec tant ſoit peu d'art, perd ſon nom legitime,
Déroge à ſa naiſſance; auſſi du fait inſtruits
Vous ne m'extorquerez plus que ce que ie puis:
Iupiter ie te fay ma premiere requeſte,

En qualité de Iuge & Monarque Celeste,
L'outrage t'apartient, vangeur des innocens,
Comme celle pour qui tant d'angoisses ie sens.

Mome.

Il est vray de bien pres, & n'y a Sœur qui tienne,

Iupiter.

Chasse-le-moy, Mercure, ou fay qu'il se cōtienne.

Mercure.

Silence;

Mome.

Paix, qui sont ces causeurs indiscrets,
Incapables d'entrer en nos diuins secrets?

Ceres.

Tu m'auois, de ta grace, vne fille donnée.

Mome.

O l'Oracle certain!

Ceres.

Qui touche l'Hymenée,
Apuy de mes vieux ans, leur vnique soulas,
Qu'onques la Volupté n'auoit pris en ses las.

Mome.

Merueille que sa Mere vne fille ne suiue,
Et qu'elle fust encor de Venus aprentiue.

Ceres.

Absente neanmoins on me la va rauir,
Un Corsaire infernal ose se l'asseruir,
Corsaire voirement, qu'a frere ie renonce.

Mome.

Tu oublies qu'apres le Barbare l'enfonce.

Ceres.

Helas ! me soufres-tu d'auantage outrager,
Et ce Moqueur mes maux deuant toy rengreger?

Iupiter.

Poursuy, ne t'aheurtant à vn fol qui brocarde
Les Dieux également, de respect ne me garde,
Apris de le soufrir, de l'entendre draper,
Que voudrois-tu que fist vn mâtin que iaper ?

Mome.

Docte comparaison, ne s'en faut que la queuë.

Ceres.

Soit, que chacun ajouste à l'iniure receuë.

Mome.

Helas !

Ceres.

Qu'aucun vers moy ne s'encline à pitié,
Ma plainte par mépris n'écoute qu'à moitié,
Celestes, en vn mot, ie vous requiers Iustice,

Defenſeurs de mon droit ne conniuez au vice,
L'impunité ſur vous redonderoit vn iour,
Tout confus & perdu d'vn illicite amour,
Vos enfans expoſez de iournaliere proye,
Que prudent de bonne heure au deſordre on pouruoye,
Que le premier ſuplice au brigand impoſé,
Du Sceptre de là bas iuſtement depoſé,
Intimide tous ceux qui plus de vôtre bande
Voudroient s'émanciper à lâcheté ſi grande,
Ma fille au prealable auec moy retournant,
Plorer ſa chaſteté flêtrie maintenant.

Mome.

Le Ruſtre y aura fait vne terrible brêche,
Luy qui vit dans les feux, & qui n'eſt rien que mêche.

Iupiter.

Sa plainte referée à la Communauté,
Themis vſe du droit acquis de primauté,
Voy comme à l'accident il faut qu'on remedie,
Car ie luy ſuis ſuſpect plus que la perfidie,
Et me porteray neutre au procés intenté,
A celle fin qu'aucun ne ſoit mécontenté.

Themis.

Clement Saturnien pardonne à ta Germaine,
Qu'vn regret maternel furieuse pourmeine,
Dérobe à la raison, & transporte de soy,
Telles douleurs n'ont point de borne ny de loy,
Assiste du conseil pris de ta Sapience,
Qui scais tout par ta longue & sage experience,
Aussi que la balance immobile ie tien,
Distribuant égal à vn chacun le sien,
Par cét ordre gardé Ceres ne peut deceuë
Atendre de bon droit vne mauuaise issuë,
Nous nous conformerons au vouloir du Destin
Pour dissoudre, ou tenir cét Hymen clandestin,
Apres que lon aura entendu les parties
Disputer deuant nous de leur droit auerties.

Ceres.

O remise inutile! Et que peut repliquer
Vn méchant conuaincu, ou quel doute expliquer?
Iusqu' icy ioüyssant, saisy du brigandage,
Pallas ne sufit-elle à porter témoignage?
Presente ie la croy, informe-la du fait,
Et de son iugement se procede à l'éfet,
Qu'on aille ce Tyran forcer à main armée

De me restituer ma Fille disamée.

Mome.

Conclu qu'il soit tenu de te payer aussi
Les seruices tirez d'icelle iusqu'icy.

Iupiter.

L'acusé qui present ne reçoit sa sentence,
Mesme vn terme prescrit à decider l'instance,
Tempere ces boüillons d'impatience vn peu,
Arriuer de si loin plûtost il n'auroit peu.
Cours, Mercure, haster sa venuë, & proteste
De condamnation, si retif il conteste.

Mercure.

Pere, il n'en sera pas, que ie croy, grand besoin,
Le voicy, ie conoy son alure de loin,
Pas gueres asseuré de geste & de visage.

Mome.

C'est donques le galand qui a fait le dommage.
O le bel Amoureux, & de bonne façon !
Ie luy voudrois préter ma femme, & sans soupçon,
Plus noir que son Enfer vne paupiere épesse,
Dont le poil herissé comme d'vn Ours se dresse,
Ses regards de trauers feroient peur à la mort,
Que ce Gendre, Ceres, t'aporte vn grand cõfort!

Ceres.

Infame, Scelerat, Monſtre comblé de rage:

Mome.

Voila bien commencé, Sus, ſus, dedans, courage:

Ceres.

Corſaire déloyal, malheureux éfronté;

Mome.

D'iniures elle ſuit ma voix, ma volonté:

Ceres.

Qui te meût d'entreprendre vn acte au preiudice
De Nature, des Dieux, du ſang, de la Iuſtice?

Mome.

Eſtourdy de ce choc, furieux de plein ſaut
Il met les armes bas, il ſe rend, autant vaut.

Ceres.

Qui t'inſpira l'audace en ta lâche poitrine,
Sinon de tes Enfers la plus coûpable Erynne?
Sinon la cruauté qui regne quant & toy,
Pour entrainer ma Fille en vn lugubre éfroy?
Alegue ſur l'iniure vne raiſon ſoluable,
Vne cauſe de Rapt qui paſſe receuable;
Parle, Monſtre inſensé, ſous quel conſentement
Oſas-tu me priuer de mon contentement?
Vſer de violence enuers vne Pucelle,

Et du titre d'Epoux te preualoir sur elle?
Que la proximité du sang te defendoit,
Qui ta Niece, Voleur, d'vn tige décendoit:
Répon, que tardes-tu, dépêche de la rendre,
Où ie vay de ces mains à la gorge te prendre.

Mome.

Il tremble dans le ventre, & voudroit de bon cœur
Estre encore à venir,

Pluton.

Refrene ta rancœur,
Ecoute patiente en toy-mesme remise,
Qui me donna ta fille, & me l'auoit promise,
Iupiter, les Destins conduits de l'equité,
Mon droit que i'ay du Ciel sous tel espoir quité,
Que le degré du sang repugne à l'Hymenée,
A qui donc s'est Iunon pour Epouse donnée?
Tu te plains de n'auoir l'acord ratifié,
Mais qui de ton vouloir ne se fust défié,
Totalement contraire aux Noçes proposées?
Croy qu'on a sagement ces choses disposées
A ton grand auantage, & à ton grand hõneur,
Car malgré les brocards d'vn esprit blasonneur,
Mon Empire, hors mis la clarté defenduë,

Les deux autres égale ou passe d'étenduë:
Au regard des tresors, ie les possede tous,
Qui donc pourrois-tu mieux luy assortir d'Epoux?
De quel plus seur apuy pouruoir à ta famille?
Ou plus haut colloquer en Hymen vne fille?
Ie m'ofre d'abondant à la restituer,
Ie veux de sa moitié ma couche dénuer
Au cas qu'elle se plaigne, ains qu'elle ne se loüe
Du traitement receu, & ma force n'auoüe.

Iupiter.

Que te semble, ma Sœur, des raisons qu'il produit,
Vne pure innocence au trauers y reluit,
Themis d'vn clin de teste à peu pres les aprouue,
Moy, tant dequoy se plaindre en ton sort, ie ne trouue,
Confirmons l'aliance immuable à toujours,
Qui te mette en repos, & bien-heure tes iours.

Ceres.

O proposition de son autheur indigne!
O trahison braßée! ô discordance insigne!
Ma fille demeurer esclaue en son manoir,
Il ne me sera plus permis de la reuoir?

Ma fille trainera dans les nuits eternelles,
Sa vie entre les cris des ombres criminelles ?
Que l'eussé-ie plûtot sufoquée au berceau,
Plûtot dedans mes flancs procuré son tombeau,
L'heureuse dignité de languir asseruie
Sous l'ombre de regir ceux qui n'ont plus de vie.

Mome.

Elle dit vray, les vifs valẽt mieux que les morts,

Ceres.

N'aten pas Iupiter de l'outrage vn remors
Du crime toleré, de l'iniure souferte :
Voy chez luy de Neueux l'esperance deserte,
Roy d'vn Peuple sterile, & sterile de foy,
Dessus ce vol caché simple ne te deçoy,
Que ma Fille paroisse, & que representée,
L'ofre luy soit de vous maintenant presentée,
I'accepteray son choix, elle nous reglera,
Et de l'Oracle apres aucun n'apellera.

Iupiter.

L'ouuerture me plaist d'vn accord desirable,
Fay-la venir, Pluton:

Pluton.

Pourueu qu'inexorable
A des pleurs feminins tu atendes la fin.

MOME.

Sçait-il faire vn marché, & ioüer au plus fin?

Iupiter.

Te suffise vne fois ma parole donnée,
Qui emporte sa loy de pure destinée.

Pluton.

Sans pareille asseurance aussi ie la tiens pres
De tes commandemens, elle atendoit expres,
Ie m'en vay la querir,

Ceres.

Las! mon esprit ondoye
Dans les extremitez du dueil & de la ioye,
Proche de te reuoir objet de mes soucis:
Mais las! comment les yeux de vergongne obscurcis?
Mais des embrassemens d'vne infame poluë,
Ta chasteté saoulant sa rage dissoluë!

MOME.

Quel remede pourtant? elle a passé le pas,
Mais non plus que sa Mere, elle n'en mourra pas;

Ceres.

Ah douleur! la voicy, chere ame de mon ame,
Vien, que dessus ta face vne heure ie me pâme;

Vien me resusciter morte depuis le iour
Que ta perte ie sceus en ce triste sejour ;
Las ! on veut derechef de mes bras te distraire,
Pense à moy, mon Soleil, auant que de le faire,
Rememore l'amour que ie t'ay témoigné,
Figure-toy l'horreur de ce Monde éloigné,
De cet hideux manoir de l'ensoufré Tenare,
Qui du sein maternel à iamais te separe,

Pluton.

Ne soufre, Iupiter, qu'elle aille corrompant
Sa fille, d'vn apas ta Iustice trompant :
Preuien du choix offert vne fraude aparente,
L'afection vers nous ores indiferente.

Iupiter.

I'enten que cela soit, silence, écoutez-moy,
Du debat, Proserpine, on se remet à toy,
Vne Mere te veut, vn Mary te demande,
Et la necessité de choisir te commande.
Auise, delibere, assemble ton Conseil,
Duquel nous dépendons en accident pareil.

Proserpine.

Confuse de merueille, & prise à l'impourueuë,
A peine ayant loisir de r'asseurer ma veuë,

Qu'vne

Qu'vne clairté trop viue à la fois esbloüit
L'esprit qui de ses sens esgaré ne joüit,
Plaise à ta Majesté de quelque peu de tréue
Prolonger l'option si douteuse & si grieue,
Permets que ie digere auec plus de loisir
Lequel de ces partis offers ie doy choisir.

Pluton.

Hesites tu dessus vne chose si claire?
Mon amour esprouué, mon sceptre tributaire,
Reyne de mes desirs Reyne d'vn autre Ciel
Qui ja son peu d'amer te conuertit en miel,
Sera de iour en iour plus doux par l'habitude?

Ceres.

Ma fille vserois-tu de telle ingratitude
Enuers qui t'a donné la lumiere du iour?
Qui t'ayme uniquement d'vn veritable amour?
Voudrois-tu preferer le voleur de ta gloire
A moy qui suis toy mesme? ha! ie ne le peux croi-
Ie ne te lascheray conioínte inseparable, [re,
Me deust-on démembrer piece a piece mourable.

Mome.

Faictes mieux, fendons la par le milieu du corps
Prenant chacun sa part pour finir ces discors.

Vos contradictions la troublent dauantage,
Et partant desistez d'vn importun langage,
Qu'elle donne pensé l'arrest definitif :
Or ce voile leué scrupuleux & craintif,
Commence d'auiser, commence de me dire
A quelle eslection ta volonté te tire.

Proserpine.

He Cieux! ma volonté semble vn vaisseau flotāt
Qui panche ça & là sur Neptune inconstant,
L'honneur à vn mary m'oblige, la nature
S'encline où ie receu l'estre & la nourriture,
L'hymenée acomply me presse sous sa loy ;
La pieté d'ailleurs se represente à moy.
Si ie suy mon espoux, i'abandonne ma mere,
Ie luy cause cent morts en ceste absence amere:
Reigle nous Iupiter, compose ce malheur
Departy s'il te plaist esgalle sa douleur.

Iupiter.

Themis & toy Pallas venez, que consultées
S'appaisēt au moins mal leurs plaintes escoutees,
Que la pure equité prononce vn iugement
En ce qui se pourra commun d'allegement.

Ceres.

Faites, tournez, brassez, & cõplotez ensemble
Au decis du proces tout ce que bon vous semble,
Ma fille malgré vous miene demeurera,
Un brigand derechef ne me l'enleuera,
Ie vous recuseray Iuges, d'incompetence,
Saturne en donnera la supréme sentence.
Consulter sur un point si facile à vuider,
Sur ce que chacun doit son propre posseder?
O la simplicité! l'erreur, l'erreur insigne,
Du rang que vous tenez entre les Dieux indigne,
Y pensant ie forcene, hé! mal-heureuse, quoy?
L'autrice du meschef ocieuse à requoy,
Plaisante cependant a ma face éfrontée,
Publique qui me tient de ce doute agitée,
Que tes yeux impudents ie n'arrache à ce coup?

Mome.

Tu ferois du plaisir iusticiere à beaucoup,
Elle & son fils malin nous troublẽt à toute heure
Charge s'il est besoin ie t'aideray, ie meure.

Ceres.

Execrable moqueur, ma colere premier
Ira de tes brocards l'iniure châtier.

Mome.

Ouy qui se laisseroit surprendre de l'orage (rage.
Mais j'ay trop aux talons d'adresse & de cou-

Ceres.

Tu fuis,

Mome.

N'en doute pas, non toutefois si loin,
Que nous ne reuenions quand il sera besoin.

Ceres.

Ores ie te demande à toy peste maudite,
Qui te permit l'abord d'vne place interdite?
Pourquoy de guet à pends l'innocente tu mis
Es grifes d'vn corsaire? en ses lacs ennemis?
Quel suiect t'anima d'outrageuse rancune?
Qu'elle cause? respon, allegue m'en quelqu'vne.

Venus.

I'excuse la fureur d'vn courous maternel,
Qui reiete sur moy ce soupçon criminel,
Iupiter vous dira la verité luy mesme.

Ceres.

Iupiter conniuant a la malice extréme
De ton fils & de toy s'aquiert vn bel honeur
Qui deust de vos méfaits estre le guerdoneur.

Iupiter.

Escoutez l'équité dessus vostre querelle
Prononcer son arrest, dont la substance est telle:
Au cas que Proserpine en l'Erebe n'ayt pas
Chez son nouuel Espous pris viande ny repas,
Nous disons qu'au vouloir de sa mere remise,
Pluton demeure absout de la force commise;
Mais l'hymen acomply sous le moindre festin,
Confirme desormais le vouloir du destin,
Demonstrant qu'elle a pris possession du sceptre,
Desunir sa moitiê ne luy peut plus permettre.

Mome.

Par ainsi son escot elle payra bien cher.

Ceres.

He! Cieux quelle formule alez vous la chercher?

Iupiter.

Patience, tirons seulement de l'affaire
Dessus ce point douteux vne preuue plus claire,
Regarde Proserpine à ne te pariurer,
Et la peine en apres du pariure endurer,
Par le Stix ie t'adiure à nous dire sans feinte
Si ta faim c'est là bas de quelque viure esteinte?

Mercure.

Ma volonté suffit à ce defaut, i'ay fait
Tout ce que ie pensois l'atirer à l'effet.

Mome.

Le cas va mal depuis qu'en la sorte on s'excuse.

Iupiter.

Passons outre, dy tost, & ne reste confuse.

Proserpine.

Las! qu'aurois-ie gousté au milieu des douleurs?
Quels autres metz sinō les souspirs & les pleurs?

Ceres.

O deposition qui me redonne l'ame!

Mome.

A dieu pauure Pluton, il n'y a plus de femme.

Iupiter.

Bref qu'aucune liqueur ne t'a repeu depuis?

Proserpine.

Non pas qu'il me souuienne.

Ascalape.

En l'office où ie suis
Pardonne moy si i'ose Erebique Princesse
Sortir la verité de l'ame qui me presse,
Oculaire tesmoin celuy mesme, celuy
Qui t'ofrit demy morte au fort de ton ennuy

Pour rafraichissement plus que pour nourriture,
Vne grenade alors dans mes mains d'auanture.

Ceres.

O maudit imposteur! Pluton.

O fidelle tesmoin.

Iupiter.

De purger là dessus encore il est besoin,
Replique, ou tu te fais au silence coulpable.

Proserpine.

De trois grains sauourez le sujet peu capable
Ne me condamnera, ie le presume ainsi.

Iupiter.

Autant qu'vn plein banquet de delices farcy.

Ceres.

Que sur l'ocasion de semblable inepcie,
Ma fille au rauisseur malgré moy s'associe?
Iamais, iamais, i'appelle à Saturne du tort;
Au reste mon secours en l'Vniuers est mort,
Mes presens retirez cherchez qui le nourrisse,
O cruelle! ô cruelle! ô cruelle Iustice!

Iupiter.

Ses sensibles douleurs dont ie tire vne part,
Veulent qu'on les tempere auant nostre départ,

Venez que du moien de rechef consultees,
Nous tâchions d'assoupir leurs haines excitees,
D'obuier au desordre, au peril menaçant
Du pauure genre humain le commun innocent.

Mome.

Pren moy de conseiller, i'ay dedans la ceruelle
Plus que deux filles n'ont d'inuention nouuelle.

Iupiter.

Impudent si!

Mome.

Tout beau, vn Iuge doit auoir
„ Tant moins de passion, qu'il obtiët de pouuoir.

Pluton.

L'affront me fait mourir, que pourtant ie merite,
Ma creance aus appas d'vn déloyal seduite
De toy menteur qui m'as dans l'embusche atiré,
Present ie jouissois du bon heur desiré,
Iupiter me deuoit confirmer l'Hymenee
Maintenant au rebours sa justice traisnee,
Aporte des longueurs qui ne me plaisent point,
Qui te nuiront vn iour, & sois seur de ce point.

Mercure.

Punissable ie m'offre à ta haine conceuë,
Alors que tu verras ton attente deceuë,

Accident impossible, escoutez, le Tonnant
Nous va de tout scrupule aleger maintenant.

Iupiter.

Afin de ne sembler à l'vn & l'autre inique,
I'ay d'vn temperament pris le remede vnique,
De façon que chacun se pourra resiouir,
Et du sien tour à tour entierement iouir,
Proserpine six mois de sa mere compagne,
Six mois de son espous en la noire Campagne,
L'espace de ce temps au conseil aduisé.
Luy concede vn deuoir entre vous diuisé.
N'empesche que de fille & de femme l'office
Ne resulte de fruit de pareil benefice,
Iurez donc maintenant la paction de cœur,
Sans garder cy apres de leuain de rancœur ;
Car s'il est autrement, au premier infractaire
Mon courous donnera le merité salaire,
Il aprendra que vaut le profane mépris
De mes commandemens, & de s'estre mépris.

Ceres.

Pere des Immortels, leur arbitre supréme,
Ores ma volonté n'est que la tienne mesme,
L'ennuy mediocré il faut le tolerer ;
Ains à ton bon plaisir le nostre mesurer.

Pluton.

Iamais vne équité ne me trouua rebelle
Protestant d'obseruer l'ordonnance eternelle

Proserpine.

La chose reussie au plus pres de mes vœux
Acomplir de ma part immuable ie veux.

Venus.

Mon ame d'alegresse en tressaute comblée.

Mome.

Aussi ne pouuois tu de la feste troublée
Esperer que des coups ; Iupiter au surplus,
A ce qu'au reiglement il ne manque rien plus,
Ordonne que le iour Ceres aura sa fille,
Pluton par chaque nuit.

Iupiter.

La rencontre est gentille,
Mais auant que partir, en faueur de l'espoux,
Au banquet preparé ie vous inuite tous.

FIN.

LA FORCE DV SANG.

Tragi-Comedie.

D'ALEXANDRE Hardy, Parisien.

ARGVMENT.

CE ſujet repreſenté auec les meſmes paroles de Ceruantes ſon premier Auteur, ne cõtient autre choſe ſinon que Leocadie jeune Damoiſelle d'excellente beauté fut en certaine promenade hors la ville de Tolede, rauie ſur le ſoir entre les bras de ſes pere & mere, par l'vn des premiers & mieux apparentez Gentils-hommes de là, qui l'emporte chez luy toute éuanouïë, & en ioüit au plus fort de ſa pâmoiſon. Il luy bande puis aprez les yeux lors qu'elle s'eſt reconnuë & l'epoſe de la ſorte au milieu de la ruë: elle retourne au logis paternel emportãt pour remarque du lieu où on l'a violee, vne image d'Hercule, & acoucha en ſuite au bout des neuf mois, d'vn fils auſſi beau que la mere, qui ſert finalement en ſa reconnoiſſance miraculeuſe à luy reparer l'honneur par vn heureux & legitime mariage.

LES ACTEVRS.

PIZARE.
ESTEFANIE.
LEOCADIE.
ALPHONSE.
FERNANDE.
RODERIC.
DOM INIGVE.
LEONORE.
FRANCISQVE.
LVDOVIC.
CHIRVRGIEN.
TROVPE de parents.

LA FORCE DV SANG. Tragi-Comedie.

ACTE I.

PIZARE, ESTEFANIE, LEOCADIE.

Pizare.

L'Homme s'affranchiroit en sa course mortelle, [le.
Des malheurs infinis que le destin reuel-
Sy ce voile du corps qui couure nos esprits,
Des songes n'empéchoit les presages compris,
Sy cest hôte importun en sa masse pesante
Leur vol ne rabatoit quand quelqu'vn se presẽte.
Mais accusons plûtôt mille horribles pecheZ
Qui nous ont ces presens celestes retrancheZ,
Depuisque l'âge d'or à vn pire fit place,

Car ores le cristal de la meilleure glace
Ne rapporte pas mieux les obiects differents,
Qu'alors chacun lisoit ses destins apparents,
De Morphee-enuoyez, chez qui (chose notoire)
La porte ne s'ouuroit qu'on appelle d'yuoire,
Porte fallacieuse ouuerte aux songes vains
Qui perdent mal conceus, les credules humains:
Las! du mien desastreux l'augure prophetique
Se reclame vn moment de ce bon-heur antique,
Vn moment qui voulut inspiré m'auertir
Comme on doit ce succes funebre diuertir.

Estefanie.

Vous m'auez mille fois & mille autres reprise
D'vne folle creance à des friuoles prise,
D'vne peur chimerique en ses illusions.
Qui troublent le sommeil auec leurs visions:

Pizare.

La femme vn excrement imparfait de nature,
Songe ainsi qu'elle parle en l'air, à l'auanture.

Estefanie.

Pauure femme touiours foulee, & sans raison,
Qui peut à l'homme en tout faire comparaison.

Pizare.

Pizare.

Ouy cõparable autant que quelque estoille sõbre
A l'astre de nos iours, ou qu'vn corps à son ombre:

Estefanie.

Soit, mettons le plus bas, & me dites Monsieur
Quel spectre vous imprime vne telle frayeur:

Pizare.

Non frayeur autrement que la bonté supréme
Sur ce leger sujet ne dissipe de mesme,
L'heure estoit enuiron que l'horreur de la nuict
Commence à disparoir sous l'Aurore qui suit,
Et que l'oyseau de Mars, espion peu fidelle,
Nous annonce du iour la premiere nouuelle.
Que la moite fraicheur du mat in coule aux yeux
Ces pauots que le somme à de plus gracieux:
Alors me fut auis qu'vne tourtre priuée
Dans vostre propre sein tendrement éleuée,
Qui ne prenoit sinon de nous deux le repas,
Qui nous suyuoit par tout docile pas à pas,
Rencontre de hazard la cruelle venuë
D'vn grãd aigle impourueu qui tombe de la nuë,
Qui rauisseur malgré nostre long effort vain,
L'emporte dans les airs disparoissant soudain.

D'epouuante transis, les yeux noyeZ de larmes
CheZ qui le desespoir entretient ses allarmes,
En fin elle retourne ainsi que du tombeau
Et Veufue de l'émail de son plumage beau,
Qui lamente honteuse vne semblable perte,
Qui refuse d'abord nostre caresse-offerte.

Estefanie.

L'issuë,

Pizare.

Patience, escoutez le surplus
Bien que propos en l'air qui passent superflus,
A peu de temps mõ œil veit ceste tourtre aymée
Plus gaye reuetir sa plume acoustumée.
Et, merueille, vn petit luy sort sous l'aisle éclos
Ainsi qu'vn Orient qui se leue des flots
Gentil, poly, mignard, qu'õ cherit, que lon baise,
De sorte qu'en sursaut ie me reueille d'aise.

Estefanie.

Tousiours est-ce à mon conte en tel cas reuenir,
Qu'vn mal nous doit heureux tourner à l'auenir,
Que le fer qui la fait guerira sa blessure
Autre explication ne me semble plus seure.

Pizare.

A la mienne conforme il faut importuner
Par prieres, qui peut l'accident detourner,
Qui maistre du destin, mais qui le destin mesme
Verse sur l'vniuers sa clemence suprême.
Qui dãs l'air maintesfois fait bruire son courous
Ne frappãt que l'orgueil des rocs au lieu de nous.

Estefanie.

O que vous dites bien : l'humaine preuoyance
Qui s'ose preualoir de sa propre science
Succombe, precipite, & perd l'audacieux
Qui ne la tiẽt qu'en fief du monarque des Cieux,
Medecin pitoyable enuers ses creatures
Des presentes douleurs ainsi que des futures,
Lors qu'vne pleine foy reclame sa bonté
Et que nous ne mouuons que de sa volonté.

Pizare.

Resolus à ce point, le long de la riuiere
Acheuons maintenant la promenade entiere,
Exercice du corps salubre, ioint qu'aussi
Tel plaisir me pourra dissiper ce soucy.

SCENE II.

ALPHONSE, RODERIC, FERNANDE,

Alphonse.

MIs à mesme le chois des fortunes du monde
Ou des vœux que iadis le souuerain de l'onde
Au braue fils d'Aegée octroya. deuinez (
Duquel iaccepteroy les dous fruits moissonnez,
Duquel se borneroit l'affection contente,
Quiconque soudra mieux l'enigme sans attente
S'asseure d'obtenir vne discretion
Qui merite trouuer telle solution.

Roderic.

Possible enuiez vous les lauriers d'Alexandre.

Alphonse.

Oncques vne fureur ne me fit là descendre.

Fernande.

Amoureux de nature il y auroit danger
Que le sort desiré du Phrygien, berger

En la possession d'vne beauté diuine,
Ou vise ce souhait à peu prez ie deuine:

Alphonse.

Vous n'en allez pas loin, toutesfois rechercher
Vne estrange beauté qui me coustat si cher
Nullement : la victoire à peu de peine aquise
Et à peu de peril, i'estime plus exquise?

Roderic.

Pourueu de ce rameau qui conduit aux enfers
Qui met la liberté des plus chastes aux fers,
Tolede ne connoist Dame qui vous refuse,
Venaison qui s'eschape encore qu'elle ruse,
Qu'elle ne tombe pas prise de plein abord
Premier que destourner on la tire du fort.

Alphonse.

Mes feux impatients ne souffrent de remise
N'ayment qu'vne faueur dessus l'heure permise,
Asseurez de l'espoir de iouïr tout soudain
Ils ne viuent iamais iusques au l'endemain:

Fernande.

Vous auez à choisir ces courtisanes belles
Ou la feinte messiet, qui ne font les rebelles,
Qu'au leurre de l'argent remué dans le poing

Fretillardes on void acourir de plus loin
Que le meilleur oyseau, que ne vollent legeres
A l'airain resonnant les mouches mesnageres,
Sans attendre voila rencontrer le fruit meur.
Voila traiter un homme au gré de son humeur.

Alphonse.

Humeur qui pourtant lasse és viandes trop communes,
La mienne choisiroit entre ces deux fortunes
Un plaisir desrobé, selon que le hazard
Addresse chez quelqu'une affrontée à l'écart,
Iupiter, ce dit on, amoureux de la sorte
Despouillé du pouuoir & du foudre qu'il porte
Se plût à deceuoir nos mortelles beautez
A cueillir violent ainsi leurs chastetez
Toutesfois ce dessein tranche du temeraire
Facile à conceuoir, perilleux à parfaire.

Roderic.

Perilleux he! comment? ô la simplicité,
Perilleux à qui tient en bride sa cité?
Sous l'appuy paternel, appuy du premier homme
Que Tolede en vertus & Noblesse renomme,
L'heure propre aux larcins de la mere d'Amour

Faisons dehors la ville ensemblement un tour
Promenade frequente à nos plus belles Fees
Qui prennent la le frais à cottes degraffees:
Reconnuës de l'œil, un clin suffit aprez
On forgera subtils quelque querelle exprez
Affin de vous rauir la beauté desirée
En lieu seur & secret prestement resserrée
Qui luy soit inconnu, qui plein d'obscurité
Ne donne à discerner aucune verité,
Qui iusques à la soif esteinte detenuë
La puisse renuoyer ainsi qu'elle est venuë,
Marchons le cœur me iuge un succés amoureux
Capable de vous rendre & content & heureux

Roderic.

Ores que la plus-part de la presse écoullée
Que l'obscure noirceur nocturne deualée
Tire nos citoyens chacun dans sa maison
L'entreprise paruient à sa iuste raison
On se pourra jetter dessur l'arriere garde
De ceux qui les derniers feront mauuaise garde
A l'exemple du loup que tapy dans le bois
Une rage de faim à reduit aux abbois
En faueur du brouillas ou de l'ombre nuiteuse.

Il fond sur le troupeau que sa dent impiteuse
De nombre diminuë, & malgré le berger
Æmporte sa curée affranchy du danger,
Silence i'apperçoy venir sans autre suite
Deux dames, vn vieillard leur seruant de cõduite
Fixe d'œil auisez maintenant de choisir
On vous en va donner (heurtées) le loisir.

SCENE III.

PIZARE, ESTEFANIE, LEOCADIE, ALPONSE,

Roderic, Fernande, Pizare.

INdiscrets, impudents, folle folle jeunesse,
Ce n'est a mes pareils qu'ẽ la sorte on s'adresse
La ruë volontiers peu large ne suffit
Sans coudoyer ainsi ce qu'onc homme ne fit,
Vn seul n'entreprendroit qu'à son desauantage,
De plus mauuais que vous ont cõnu mõ courage.

Estefanie,

Monsieur laissons les la, que semblable couroux

Quelque pire accident n'esclatte dessur nous.

Pizare.

Les effrontez oser, intolerable audace,
Comme on fait aux putains vous regarder en face!

Estefanie.

Telle indiscretion ne presuppose rien
Que fort peu d'asseurance-entre ces gens de bien.

Pizare.

La iustice à dequoy chastier l'insolence,

Estefanie.

Miserable confort aprez leur violence,

Leocadie.

He! bon Dieu que i'ay peur,

Pizare.

Ma fille ne crain pas,

Estefanie.

Mon amy pour le mieux, doublõs un peu le pas:

Pizare.

Au cõtraire montrants quelque-indice de crainte
Ils nous pourroient donner iuste cause de plainte.

Leocadie.

Un souris remarqué m'apporte de l'effroy,

Pizare.

Ie mourray parauant que lon s'addresse à toy,
Sus premieres marchez auec mesme asseurance
Que qui d'aucun peril ne verroit l'apparence.

Alphonse.

O le beaucoup failly, indigne desormais
Pareille ocasion ie n'espere iamais.

Roderic.

Auez vous la miré quelque sujet capable?

Alphonse.

Ouy, de l'ire d'amour trop laschement coupable,

Fernande.

Vne à vostre gré belle?

Alphonse.

Vne de qui les yeux
Monstrẽt dedãs la nuict deux Soleils gracieux,
Vne diuinité qui me desrobe l'ame
Vne qui n'est qu'appas, que charmes, & que flame:
Vous n'auez point de veuë ou ceste autre Cypris
Deust auoir l'approchant vos courages espris.

Roderic.

Que sert plus de discours? belle ou laide n'importe

Agreable ſuffit que d'aſſaut on l'emporte,
Que de ſe reconnoiſtre elle n'aye loiſoir
Ains que de toutes deux on vous donne à choiſir
Sus en beſongne apres,

Alphonſe.

L'ordre de l'entrepriſe
Veut que lon face peur à ceſte barbe griſe
La pointe de l'eſpée au goſier luy portant,
L'autre n'à que la vieille à ſaiſir s'esbatant:
A bras de corps tandis ie chargeray ma belle
D'vne cource au logis fugitif auec elle
Chacun s'eſcarte adonc, & ne me ſuyue pas,
Meſme chemin tenu remarqueroit nos pas.

Fernande.

Maxime indubitable, or ſus à toute bride,
Fondons & ſans delay ſur ce troupeau timide
Qui taſche à ſon pouuoir de gagner le deuant,
Et ſemble du deſſein auoir ſenty le vent.

Leocadie.

Mon pere les voicy reuenir en furie,

Eſtefanie.

Sois noſtre protecteur ô bon Dieu ie te prie:

Roderic.

Tuë, tuë, demeure, arreste ou tu és mort,

Pizare.

Helas! mes bons amis ne m'outstragez à tort,

Leocadie.

Au secours, à la force, helas! ie suis perduë,

Pizare.

Brigands outrepercez ceste gorge tenduë
Plustost que me voller en ma fille l'honneur.

Leocadie.

A la force il me clost la bouche, le volleur :

Estefanie.

Ma fille, ma chere ame ! ô barbare infidelle
Souffre que ie la suyue ou me tuë auec elle
Ma fille, mon espoir, meurs constante premier
Que de ta chaste fleur vn brigand premier.

Pizare.

A l'aide Citoyens, on me tuë, on me volle,
Ma fille entre mes bras enleuée on violle
Tu parles aux rochers appelant du secours
Les cieux & les humains à ceste heure sõt sourds
Des cieux & des humains la presence ennemie
Ne peut que diuulguer ores ton infamie

Tardiue ne ſcauroit le naufrage empeſcher
Le naufrage fatal de ce qui m'eſt plus cher
O miſerable ville ou la force brigande
D'vn amas infiny de feneants commande
O vieillard deplorable! ô pere malheureux,
O ſiecle peruerty! ô deſtins rigoureux
Mamie ou eſtes vous? las par terre paſmée
Luy auroit point Cloton la paupiere fermée.
Mamie reuenez! hé reuenez à vous
Compagne des regrets d'vn miſerable eſpoux.

Eſtefanie.

Ah! Monſieur que ie ſuis & debile & confuſe
Et que, viue, le Ciel d'vne iniuſtice m'vſe,

Pizare.

L'extreme affliction, extreſme tellement
Qu'elle ne peut paſſer au dela nullement
Arrache ces propos iectez à la vollée
Conceus du deſeſpoir d'vne ame deſolée
Sy faut il ſe reſoudre, il faut croire qu'vn Dieu
Sçaura remedier au mal en temps & lieu,
Par moyens inconnus que tient ſa prouidence
Qu'vn miracle produit à coup en éuidence :
Humiliez de cœur allons dans la maiſon
Sa pitié reclamer qui nous fera raiſon.

ACTE II.

SCENE I.

ALPHONSE, LEOCADIE,

Alphonſe.

L'Impatiente ſoif de ma fieure appaiſee,
Glorieux poſſeſſeur d'vne victoire ayſee
Plus que ne preſumoit ma flame, butinant
Ceſte virginité capable du Tonnant:
Ceſte virginité que de crainte paſmee
La belle a mon auis ne croit pas entamée,
Ou que feinte agreable elle veut ignorer
Qu'à l'effort inſenſible elle veut referer:
Mon deſir tant y à ſatisfait mettra peine
Que ſon ſeiour icy de ſcandale n'ameine,
Seulette là dedans recluſe auec ſes pleurs
Qui ne gueriſſent plus de pareilles douleurs,
Ie ſors pour conſulter ma brigade fidelle
Sur ce que maintenant nous deuons faire d'elle

Change d'opinion, reserue plus discret
Les faueurs à toy seul d'vn amoureux secret,
Tu irrites le Ciel plus qu'à ta violence
De n'enseuelir point la chose soubs silence,
De ne luy reparer, trop cruel ennemy,
La perte en te taisant de l'honneur à demy,
Ne dire informé d'eux qu'vn remors dessur l'heu-[re
Que les cris innocents d'vne vierge qui pleure
Te la firent lascher entiere, ioint qu'aussi
La peur de l'aduenir te tenoit en soucy:
Reste que sa sortie importante ne puisse
Discerner le logis apres par nul indice:
Chose plus que facile, vn bandeau sur ses yeux
Mille tours & detours refaits en diuers lieux,
Fuitif ie luy lairray chercher son auanture
Allōs donc y pouruoir: & au cas qu'elle endure
Vne derniere fois en son sein moissonner
Ce qui ne peut redit que me passionner:

Leocadie.

Ou suis-ie? quel enfer de honteuse misere
Aux ceps du desespoir m'atache prisonniere?
Que ne me rauis tu la vie aprez l'honneur
Infame scelerat enuieux de mon heur?

Sy rauir neantmoins tu reputes possible
Quelque contentement d'vne souche insensible ;
Parle, respond perfide execrable, où és tu?
Mais ou le rouge esclat de ce foudre tortu
Qui frappe des rochers les innocentes cimes
En conniuant pardonne à l'horreur de tels crimes
Cas estrange mes mains ne rencontrent que l'air,
Et bien que parmy l'ombre on entende plus clair
Aucun bruit ne paruient à l'oreille tenduë
Comme dans vn dædale égarée & perduë
Taschons à remarquer la chambre ou retenir
Vn signal au volleur funeste à l'auenir,
Le moyen? tout fermé les rayons de la Lune
Ne trouuent d'ouuerture à leur lumiere brune,
Ce lict en broderie & ces riches tapis
Presagent que le sort ne me peut faire pis,
Qu'vn superbe appuyé sur sa riche famille
Mon precieux tresor impunement me pille.
Courage ne sçay quoy se rencontre à la main
Que gage malheureux ie serreray soudain
La porte ouuerte craque:

Alphonse. *Or sus, or sus mauuaise*
Veux tu pas derechef que ma flame iappaise?

Leocadie.

Leocadie.

N'attente desloyal & ne t'ingere pas
D'exposer ma pudeur à vn second trespas,
Le passé te suffise enuers moy de la sorte,
Que ces songes mẽteurs que le iour nous emporte,
Puis que la volonté purifiant ce corps,
N'a consenti barbare à tes sales efforts,
Que tu n'as que ioüy d'vne roche glacée;
Mais la vigueur chez moy maintenant replacée,
D'ongles, de poings, de dents ie deffigureray
Ta monstrueuse face, & ne l'endureray,
Fay mieux, aueugle moy d'vn bandeau le visage,
Sy la punition tu crains d'vn tel outrage.
Quelque part remenée en la ville où soudain
Tu me disparoistras comme vn phantosme vain,
Ou l'addresse trouuant du logis de mon pere
I'aille luy descouurir ta pointure, ô vipere.

Alphonse.

Tu n'en seras desdite, or sus preste la main,
Que par l'obscurité ie te mette au chemin.

SCENE II.

PIZARE, ESTEFANIE, LEOCADIE.

Pizare.

VEVF de l'vnique appuy de ma foible
vieillesse,
Accablé de malheurs, d'ennuis, & de tristesse,
Que tarde plus la parque à desourdir mes iours?
Qu'vn froid marbre poudreux ne m'éserre à tou-
Mourir sans se végér de l'iniure soufferte: [iours?
Et sur qui ne sçachant les autheurs de ta perte,
Qui coupe en trahison la gorge à ton honneur,
Qui ta fille rauie éclipse ainsi ton heur,
Mais vne crainte helas! pire me desespere
Que non content apres de pareil vitupere,
Ce volleur impiteux massacre mon enfant
D'vn licol où dans l'eau ne me l'aille estouffant:

Estefanie.

Ah! que vous me tuëz aux paroles tenuës,
Sy grandes cruautez rarement auenuës

Ne la rencontreront : le Ciel ſon deffenſeur
Molira le courous du felon rauiſſeur,
Couroux! à quel ſujet ? ceſte beauté pucelle
Lanceroit de pitié vne viue eſtincelle
Dans l'ame des rochers, des Tygres, des Lyons,
Les plus cruels vainceurs lors que nous ſupplions
Pardonnent maintesfois & n'ont pas le courage
D'opprimer le chetif que la fortune outrage.

Pizare.

Penſez que la frayeur du ſupplice au peruers
A de mille innocents les Sepulchres ouuerts.

Eſtefanie.

Il ſe peut faire auſſi que l'heureux hymenee
Repareroit l'excés d'vne ardeur forcenée,

Pizare.

Que ma fille eſpouſaſt vn corſaire effronté?
Iamais, iamais, au moins auec ma volonté,

Eſtefanie.

Las! helas incertains ſeulement de ſa vie,
Vous diſpoſez d'vn gendre au gré de voſtre enuie,

Pizare.

la n'augmente pas ne deſcroiſt ſon malheur,

Estefanie.

Et qui auroit encor nouuelle du volleur,

Pizare.

Attendon la du Ciel qui la garde certaine,
Toute recherche ailleurs est dommageable &
vaine:

Estefanie.

Pourquoy?

Pizare.

Nous diuulguer du rapt des-honorez
Est mettre le cautere à des maux déplorez,

Estefanie.

Ouy certes,

Pizare.

Au surplus l'enqueste precipite
Contre elle du brigand arme la main depite
De son salut victime & de son desespoir,

Estefanie.

Recommencez mes yeux maintenant à pluuoir,
Non l'humeur du cerueau qui manque à vos
fonteines,
Mais le sang espuisé qui coule dans mes veines
L'ame triste exhalée en ces bouillons fumeux,

En ces rouges boüillons de collere écumeux
Contre vn destin cruel qui ne nous sçauroit dire
En telle ocasion le sujet de son ire:

Pizare.

Tout beau! possible helas qu'elle porte le faix
Deplorable en cela de nos propres forfaicts,
Ou que du tout puissant la haute préscience
S'en veut seruir de preuue à nostre patience,
Espreuue salutaire à touts les gens de bien
Qui sous sa main rangez ne murmurent de rien:

Estefanie.

Sy elle auoit payé le tribut à nature,
Du ventre maternel mise en la sepulture,
Esteinte d'vne cheute ou d'vn embrasement?
Sa perte passeroit chez moy plus doucement;
Mais, creuecœur! apres que pudique éleuee
Ceste plante d'honneur on auoit cultiuee
Sur le point de fleurir, sur le point de germer
Maints beaux neueux, qu'eust fait la vertu re-
nommer,
Vn hyuer la surprend, vn hyuer la deuore,
Vn Paris à nos yeux rauie la deflore.
Desastre incomparable! excessiue douleur!

Ah! bon Dieu la voicy, qui ſurcroiſt de malheur,
S'arrache les cheueux, ſe deſchire la face,
Signe trop apparent d'vne horrible diſgrace.

Leocadie.

Pendante à vos genoux mon refuge dernier,
Le naufrage encouru ne ſe ſçauroit nier,
On lit deſſur ce front l'infortune paſſee
En ma pudicité n'agueres treſpaſſee,
Fille indigne de vous, fille indigne du iour,
Veüillez donc expier mon crime a mon retour.
O expiation friuole, mal eleuë,
Offrir en ſacrifice vne hoſtie polluë
Ne vous peut appaiſer, & ie ne croiroy pas
L'offenſe reparer ſouffrant mille treſpas.

Pizare.

Leue toy mon ſoucy, chaſte quand au courage,
Tu n'as de ce maſtin que redouſter la rage,
Elle ne ternit point la blancheur de ton los,
Reprime ce torrent, reprime ces ſanglots.
„ Quiconque le peché n'approuue dedans l'ame,
„ Ne ſe charge non plus de peine que de blame,
Autrement il nous eſt le plus à reprocher
Qui preſents & voyãts n'auons peu l'empeſcher.

Leocadie.

Le ſort de ce meſchef tombé ſur moy chetiue,
Monſtre que deſormais ne faut plus que ie viue.

Eſtefanie.

Le ſort de ce meſchef afflige égallement,

Leocadie.

Son douloureux effet m'afflige ſeulement,

Pizare.

Malgré ce rauiſſeur tu demeures entiere

Leocadie.

Qui plus que moy croyable en pareille matiere?

Eſtefanie.

Coupable tu n'auois beſoin de reuenir,
Voicy le propre bras qui te voudroit punir.

Leocadie.

Mon forfait deferé qui ſe touche palpable,
Vous ne pouuez m'abſoudre & moins croire incoupable.

Pizare.

Tu offenſeras plus a t'obſtiner ainſy
Qu'a l'effort enduré d'vn brigand ſans mercy.

Leocadie.

Helas! le deſeſpoir m'extrauague incenſée

Qui parle à l'auanture & outre la pensee.

Estefanie.

Quel bon haZard encor te sauue de leurs mains?

Leocadie

Vn seul qui m'emporta le pire des humains
En sa chambre la nuict prisonniere tenuë,
De l'Aurore plustost n'a senty la venuë,
Que me bandant les yeux apres plusieurs destours
A l'impourueu laissee entre deux carrefours,
Libre adonc ignorant la route de sa fuite,
Ie me suis peu a peu iusqu'icy reconduite.

Pizare.

Malheur! malheur estrange! horrible affliction!
Et où du Ciel paroist la malediction,
N'auoir peu remarquer le logis, la personne,
N'auoir a qui se prendre ains qui mesme on soupçonne:

Leocadie.

Ce repaire enrichy de meuble precieux,
Prouue que le volleur se fie audacieux
En sa fortune haute, opulente, asseuree
De parents, de credit, qui l'iniure enduree
Peuuent sous la faueur la Iustice opprimer,

Or ce gage emporté le va mieux ex primer,
Qu'aueugle tastonnãt seule en sa chambre close,
D'auanture i'ay pris a faute d'autre chose.

Pizare.

Chef d'œuure buriné du preux Alcide enfant,
Deux serpẽts au berceau de ces mains estouffant,
O Heros Immortel qui n'ettoias la terre
De monstres, de tirans, sainte & loüable guerre,
Sy tu fuis quelques fois, hé de grace reuien
T'aquerir vn renom qui passe l'ancien,
Vengeur exterminant ces monstres qui renaissent
Et de l'honneur des bons deuoré se repaissent.

Estefanie.

Plus on l'entretiendra sur tel fascheux discours,
Moins sa douleur prendra & d'issuë & de cours.
Entrons dedans ma fille, entrons que ie te couche,
Que de ce desespoir la pointe ie rebouche,
Ma consolation prise en particulier
Seruira d'antidote à ce mal singulier.

Leocadie.

Madame confinez, confinez moy chetiue
En quelque antre effroyable où le Soleil n'arriue
Ou l'horreur m'acompagne, où captiue à iamais

Mon infamie au iour ne ſorte deſormais.

Pizare.

Sçache que tu ne perds cheZ nous ta renommee
Que tu ne ſeras moins qu'au precedent aymee,
Mais a condition de moderer ce deüil
Qui ton pere ſoudain iette dans le cercüeil.

SCENE III.

DOM INIGVE ALPHONSE.

D. Inigue.

TV pourrois poſſeder les richeſſes d'Attale,
Du vieil Roy de Phrygie, ou celles de Tantale,
Noble d'extraction plus que les Miniens,
On meſpriſe auiourd'huy la nobleſſe & les biens,
Sy l'homme ne s'illuſtre en ſon propre merite
Sy le vif aiguillon des vertus ne l'irite,

Cueillant auantureux au pays estrangers
Le rameau de la gloire au milieu des dangers:
Car oisif consommer en delices son aage
Dessous le Ciel natal vient d'vn lasche courage.
C'est comme la tortuë vne coque habiter
Qui pesamment se traisne & qu'on n'ose quiter,
C'est demeurer banny des bonnes compagnies,
Sy tu n'as veu ta place entr'elles tu te nies,
Chacũ te monstre au doigt par forme de mespris,
D'vn tardif repentir en la vieillesse pris,
Que tu n'employas mieux la saison printaniere,
Mon vouloir au surplus est la raison derniere.
Qui t'impose vne loy de courir quelque temps
L'Itale visitee, où les esprits contents
Goustent diuerses mœurs en diuerses prouinces,
Que des communautés gouuernent, ou des Princes.
Tu n'en vaudras que mieux, & au proche retour
Moissonnes des plaisirs infinis à ton tour,
Bien venu, bien receu de ta ville informee
Que tu auras ailleurs porté sa renommee
Vne femme à choisir, veu que ma qualité
Dans Tolede par tout trouue l'égalité.

Bref ce voiage fait, Alphonse presuppose
Que ta fortune apres heureuse se repose.

Alphonse.

Monsieur aßez de fois vn semblable desir
Me transporte & me vient le courage saisir,
A moy mesme odieux de ma faineantise
Et qui (ie le diray sans aucune vantise)
N'aprehenday iamais fatiques, ne danger,
N'estimant rien heureux au pris de voyager
D'apprendre çà & là ce qui se passe au monde,
Qu'elle plaige en esprits, quelle en armes feconde,
Affin de ne rester ignare à l'aduenir,
Lors que d'vn bon discours on veut s'entretenir,
Que chacun ses erreurs diuersement rapporte:
Donc puis que le vouloir à ce dessein vous porte,
En l'execution plus prompte git mon mieux,
Ne faisant que languir d'vn sejour ocieux.

D. Inigue.

L'oiseau de Iupiter en son aire n'a garde
D'esclore genereux la colombe coüarde,
La lionne iamais de biche ne conçoit,
Le moulle que sa forme empraincte ne reçoit:
Ainsi n'empruntes tu ceste loüable enuie

De preferer l'honneur immortel à la vie.
Ainsi demeures tu le pourtrait, le flambeau
Qui nous venge tirez de l'oubly du tombeau,
Persiste magnanime à fouler ces delices,
Que seme la richesse amorce de tous vices.
Au surplus ie te veux d'equipage pouruoir,
Et d'vn train qui de moy digne te face voir
Qui seruent à t'enfler le cœur, or ie t'auise
Qu'outre Naples, Milan, Rome, Gennes, Venise,
(Florence aussi du nombre) on n'a que plus chercher
De rare en l'Italie, ou qui puisse alleicher.

Alphonse.

Les principalles fleurs de ce parterre veuës,
Selon l'ordre prescript l'vne apres l'autre éleuës,
Ma curiosité se satisfait assez.

D. Inigue.

Des Alpes au retour les haults monts trauersez
La Gaule se presente en peuples plus feconde
Que l'Espagne beaucoup: qui semble vn autre monde,
Peuples ciuilisez, conuersables, courtois

Qui n'ont rien d'arrogant comme nos Iberois
Qui ayment vne humeur ouuerte & familiere,
Non la nostre de soy cauteleuse & altiere.
Voy de t'acommoder selon les nations,
Et de faire au besoin ceder tes passions:
Ainsi jadis aquit Vlysse nom de sage,
A trauers les perils se trouuant vn passage.

Alphonse.

Vos bons enseignements en l'ame conseruez
Et d'Ourse & de Zenits au voyage obseruez
Le feront prosperer sous la faueur celeste,

D. Inigue.

Sans elle il n'y a rien qu'encombreux & moleste,
Sans elle nous n'auons icy bas qu'esperer,
Allons dessur ta suite ores deliberer.

ACTE III.

ESTEFANIE LEOCADIE.

SCENE I.

Estefanie.

TE veux tu distiller en larmes continuës
Qui ne reuoqueront les choses auenuës?
Qui me fendent le cœur d'vne tendre pitié,
Ie n'ay plus de pouuoir ou toy plus d'amitié,
Puis que raisons, conseil, remonstrances, priere,
Ne repriment encor leur humide carierre:
Que tu te plais rebelle a souspirer tousiours
Affin que tels souspirs precipitent mes iours,
Pardonne à ta douleur ma fille qui presente
De ces plaintes auoit excuse suffisante
Mais le temps medecin de nos calamitez
Ne permet recourir a ces extremitez,
Nul pire traictement chez nous ne te moleste,

On diroit neantmoins que l'appareil funeste
Ainsi que condamnee au supplice t'attend,
Souspireuse tousiours, l'œil sans fin dégoustant.

Leocadie.

Ces souspirs & ces pleurs, penitence legere,
N'égalent vn reflus de nouuelle misere.

Estefanie.

Quel reflus? & ou pris? parlons auec raison,
N'ayant depuis ce coup sorti de la maison.

Leocadie.

Le malheur a chez moy ses portes inconnuës,
Ouuertes quand il veut à toute heure tenuës.

Estefanie.

L'effort du scelerat possible,

Leocadie.

Traistre effort,
Qui donne à mon honneur vne seconde mort.

Estefanie.

Soit que ce soit, mon heur tu ne me le dois taire,
De tes infirmitez fidelle secretaire.

Leocadie.

Ma turpitude enorme assez tost paroistra,
Et d'vn objet honteux son remors acroistra.

Estefanie.

Estefanie.

Pourquoy? si ce ne sont qu'effects de la nature
Comme lors qu'on se sent eslargir la ceinture.

Leocadie.

O Terre! ô terre, mere entr'ouure ton giron
Et me plonge au plus creux des gouffres d'Acheron.

Estefanie.

Te preserue le Ciel de pire maladie,

Leocadie.

Pire?

Estefanie.

Ouy, le silence à cela remedie.

Leocadie.

Le silence eternel mon remede certain
Porte sa guerison, mais ie l'implore en vain.

Estefanie.

Et bien c'est vn enfant que le hazard nous dõne,

Leocadie.

Mais vn cruel fleau qui d'horreur m'enuironne.

Estefanie.

Fay la desesperee autant que tu voudras
Ie le desire nud tenir entre mes bras.

Leocadie.

Ie desire aussi voir la race de vipere,
Sous mes pieds écrazee, en vengeance du pere.

Estefanie.

Tu ne me sçaurois pas d'auantage fascher
Que semblables propos indiscrette lascher,

Leocadie.

Vous voulez que i'approuue, & que ie face côte
Du triste monument qui s'erige à ma honte.

Estefanie.

La nature t'oblige en sa premiere loy,
D'aymer vn fruit viuant qui sortira de toy.

Leocadie.

Fruit dont l'arbre merite vne flame allumée,

Estefanie.

Mais tel fruit de ton sang creature formée.
Aimable en l'innocence, ignorant qui l'a fait,
Bref sa cause produit mauuaise vn bon effet.

Leocadie.

Vn bon qui de ma fleur virginale me priue?

Estefanie.

Ouy bon puis que des cieux le chef d'œuure en de-
riue.

Leocadie.

On auroit beau flatter ma poignante douleur
Beau donner à mon crime une sombre couleur,
Le Soleil qu'odieux ne me sçauroit plus luire,
L'air polu de ce rapt mon desastre souspire,
La terre qu'à regret ne supporte mes pas,
Ma vie est une suite horrible de trespas,
Un enfer de langueurs, une prison cruelle
Qui ne me tiendra plus guere de temps chez elle.

Estefanie.

Appaise mon soucy tes regrets violents,
Nous ne sommes pas moins du desastre dolents
Toutesfois auenu sa necessité dure
Veut que sans rafraichir tel vlcere, on l'endure,
Tu crains que ta grossesse apporte vn mauuais bruit,
Espouuentable esclair que ce tonnerre suit;
Mais ma fille on sçaura preuenir ce diffame
Ie ne veux employer que moy de sage femme,
Que moy qui te deliure outre l'affection
Instruite à ce mestier iusqu'en perfection.
Cela vaut fait, apres la maternelle cure
Une nourice au champs discrette te procure,

Qui ſous nom ſuppoſé ta race eleuera
Et le los precedent chaſte conſeruera:
Mais octroie remiſe vne tréue à ces plaintes,
A ces profonds ſanglots, à ces larmes eſpreintes.
Et ne me penſe plus furieuſe meurtrir,
Plus les fleurs de ce teint en la ſorte fleſtrir,
A peine d'eſprouuer ma haine meritee,
De ne voir deſormais ta mere qu'irritee,
Ains de precipiter parricide, en ce deüil
Qui n'eſt plus de ſaiſon, ſa vieilleſſe au cercüeil:

Leocadie.

Madame pardonnez ce qu'vne ame confuſe
Profere en deſeſpoir que la raiſon percluſe,
Pardonez aux regrets que ma pudicité
Immole ſur ſa tombe en telle aduerſité,
Quiconque les pourra moderer deſſur l'heure
De l'outrage enduré conſentante demeure,
Inſenſible à l'honneur que vous m'auez touſiours
Enſeigné preferable à la ſuitte des iours,
Or pluſtoſt que commettre vne impieuſe offenſe,
Que ne les reprouuer ſelon voſtre deffenſe,
Ma force entreprendra ſur elle: Et mes ennuis
Au iour ne ſeront plus remarquables produits,

Ie les deuoreray : leur aigreur adoucie
Auec voſtre bonté qui de moy ſe ſoucie.

Eſtefanie.

Courage cher eſpoir, les maux plus déplorez
Obtiennent maintesfois ſous les cieux implorez
Une agreable iſſuë, vne fin plus heureuſe,
Que n'en fut l'origine horrible & funereuſe.
Combien eſtimes tu deuoir encor aller?

Leocadie.

Helas ie ſens vn faix douloureux deualler
Qui preſſe ſa ſortie & d'eſpreintes cruelles
Me trauaille le corps iuſques dans les moüelles,
Et neuf lunes tantoſt s'accompliſſent depuis
Qu'en ce piteux eſtat langoureuſe ie ſuis.

Eſtefanie.

Patience mon heur, eſpere apres la pluie
Un ſerain gracieux qui tes larmes eſſuie,
A ce mal violent ſuccedera le bien
Sur ma parole croy que ce ne ſera rien.

SCENE II.

DOM INIGVE, FRANCISQVE.

D. Inigue.

LE Courſier genereux quoy qu'abatu de l'âge,
Quãd la trõpette bruit releue ſon courage:
Le Prince naturel des hoſtes bocagers,
Juſques dans le tombeau neglige les dangers,
Sy toſt que l'aiguillon de la faim le tourmente,
Que l'importun veneur ſon deſeſpoir augmente,
Et qu'il entend beugler par les prez aux printẽps,
Des taureaux orgueilleux pour l'amour combatants:
Ainſi le cours ſur moy reuolu des annees,
Au nombres glorieux des palmes moiſſonnées,
N'empeſche que le cœur dedans ce ſein vieillard
Au bruit comme iadis ne treſſaute gaillard,
De ces yeux martiaux frequents à la nobleſſe,
Yeux qui font a l'enuy paroiſtre ſon addreſſe,
D'vne bague couruë auec dexterité

Le pris de la carriere au combat merité,
Athlete indifferent, duit à tels exercices,
Ils ne me tiennent lieu que de cheres delices.
Plus vigoureux d'effort, l'espreuve en fera foy,
Qu'vn tas d'effeminez enfants au pris de moy:
S'offre s'offre qui veut à la masse, à la lance,
Ce bras reprimera sa brusque violence
Tenant ou assaillant: mais on vient m'aduertir
Le tournoy preparé qu'il est temps de partir.

Francisque.

Monseigneur la barriere ouuerte vous demande,
Où d'vn monde guerier la foule se desbande,
Par scadrons arrangez, superbes d'appareil
Que le bruit des clairons anime, tout pareil,
A celuy de deux camps opposez en bataille,
La fleur des Citoiens qui borde la muraille
Au spectacle acourus & plus qu'onc esbahis
Desirent voir en vous l'ornement du païs,
Tant qu'ils l'ont enuoyé prier en diligence
Venir à celle fin que l'esbat se commence.

D. Inigue.

Ma lance, mon cheual, & mon espee aussi,

Viste ho la dedans, he suis ie encor icy?
Rentrons, toy va tirer mon barbe de l'estable
Au regard de la bague auent age notable,
Apres que l'on m'ameine en bride le courçier,
Plus qu'oncques Bucephale & adroit & guerier:
Sans doute qu'auec eux vne double couronne
Auant que retourner tout le front m'enuironne.

SCENE II.

ALPHONSE, FERNANDE, RODERIC.

Alphonse.

O Que la volupté sorciere de nos sens,
Circé qui les transforme en lions rugißãts
Produit de peu de ioye vne longue tristesse,
Combien il fait mauuais la receuoir hostesse,
Ceux qui l'auront logee asseurez au partir
D'vn salaire fatal & honteux repentir.
AsseureZ de nourrir dans l'ame bequetee

L'Aigle perpetuel du hardy Promethee,
Depuis que sa fureur brutale en cruauté
Au rapt m'emancipa d'une chaste beauté,
Ne sçait quel aiguillon maniaque me reste
Peu s'en faut compagnon du parricide Oreste,
Qui pense chaque iour ceste vierge reuoir
Les cieux à ma ruyne & l'enfer émouuoir,
Horrible en cris piteux plomber son sein d'y-
uoire
S'arracher les cheueux, sacrilege notoire,
O damnable! surprise? ô pauure fille helas!
Qu'vn inique destin te jetta dans nos lacs,
Qu'vn inique destin forclot mon malefice
De te pouuoir offrir la vie en sacrifice,
Te pouuoir amander l'abominable excez
Qui me donna chez toy c'est illicite accez:
Ah! quel trouble importun m'assaut la con-
science,
Et demy furieux l'emplit d'impatience,
Sy tost que le penser passe en ce souuenir,
Mais apperçoy-je pas mes complices venir,
Complices de l'erreur amoureuse commise,
Ains image a mes yeux de l'offense remise.

Fernande.

Sur quoy ruminez vous solitaire à l'escart?

Alphonse.

Sur chose qui iamais de la dedans ne part,

Fernande.

Ie confesse auoir tort, l'indiscrette demande
Meritant ce refus de legitime amande.

Alphonse.

Rien moins: vne amitié stable par tout ailleurs,
Vous voudroit obliger en des sujets meilleurs,

Roderic.

Parlons parlons plustost d'vn Ciel qui ne me sē-[ble
Estrange nullement, ayant à viure ensemble:

Alphonse.

Patriotes, voisins, freres d'affection,
Et qui de mesme sort feismes élection,
Vn siecle passeroit, non pas en l'Italie
Mais chez l'Alarbe fier, chez ceux de Getulie,
Que ie m'estimeroy dans l'espagne tousiours
Tant que pareille erreur entretiendra son cours:

Fernande.

Les choses de ce monde ont certaine mesure
Qu'vn iournalier vsage aprend de la nature:

Ainsi par fois le Cerf éloignera son fort,
Et par fois le poisson s'esgaye sur le bord.
Curieux neantmoins de regangner leur giste
Au premier accident d'vne course plus viste.
Nous guidez du flambeau diuin de la raison,
Ce voyage accomply en sa propre saison,
Rassasiez de voir, de courre la fortune,
Sur le sein de Cibelle, & du moite Neptune,
Nostre Itaque natale aux labeurs entrepris,
Posons égallement & de borne & de pris.

Alphonse.

N'imagineZ aussi ma phrenetique enuie
Du Numide choisir la vagabonde vie,
Où du Scythe qui n'a ses lares arresteZ
Que ces pastis qu'encor le bestail n'a broutez,
Qui traisne dans vn char sa famille chetiue,
Et de l'heur des mortels plus aymable se priue,
Du repos dont iouyt l'homme sur ses vieux ans
Venerable au milieu d'vne troupe d'enfants,
Qui rend à son pays la lumiere prestee,
Sa memoire immortelle entre tous regretée:
Felicité qui doit acquise ne tenir
Place entre nos discours, non mesme au souuenir.

Roderic.

Telle solicitude à l'age reseruee,
Ie croy que hors des flots en sa coque éleuee,
Venus premiere veit le riuage latin,
Où amour du depuis regne par vn destin,
Où le nombre infiny de tant belles Dames,
Nous esbloüit les yeux, & captiue les ames.
Tout autres d'entretien, de caresses, d'appas,
Qu'au sejour naturel nous ne les auons pas.

Alphonse.

Chacun suit son genie, & la mortelle race
Differe de pensers quasi comme de face.
L'artifice excessif de celles qu'estimez
Amortit à l'abord mes feux plus enflamez:
Vne simplicité naïuement rustique,
A tel ieu mille fois d'auantage me pique:
Des discours recherchez qui n'expriment le cœur,
Des loüanges que donne vn langage mocqueur,
Des baisers sublimez qui ampoullent les leures
Des gestes contrefaits, des impudences mièures
Quelques luts mal d'acord & dignes de la voix
Me figurent icy les filles d'Achelois,
Belles à l'œil charmé, que leur caute malice

Ne dompte la fuyant à l'exemple d'Vlysse.

Fernande.

Reformation grande & crüe en peu de temps,

Alphonse.

Diuers âge produit, diuers nos passetemps
L'oisiueté iadis, maquerelle subtile
Entre les voluptez tint esclaue vn Achille,
Luy faisant manier l'aiguille & le fuseau,
Et pour plaire à sa Dame ouurager du reseau,
Que neantmoins apres vn tourbillon de gloire,
Emporta d'Ilion moissonner la victoire.
L'amour (vray naturel du Crocodile) fuit
Qui sans crainte l'affronte, & les fuiants poursuit.

Roderic.

L'amour mocque vainceur nos menaces friuoles
Sçachant combien l'effect differe des paroles,

Alphonse.

Le negliger du tout surpasseroit l'humain,
Mais hoste, il ne le faut garder au l'endemain:
Le plus ferme luiteur quelque peu se renuerse,
Ainsi ne dis-je pas qu'encor à la trauerse.

Fernande.

Tel que quand ceste Europe assez proche du bord
A sa fleur virginale eust vn fatal effort.

Alphonse.

Ne me rememorez vn acte tirannique,
Vn acte dessur tous, abominable, inique,
Plein de honte, de blasme, & qui remis aux
yeux,
M'allume espouuanté des flambeaux furieux:
Mais quoy ne point faillir, passe nostre puissance,
Seule perfection de la diuine essence?
Or l'heure du manaige approche à mon auis,
Qui ne nous permet plus prolonger ce deuis,
Allons de compagnie:

Roderic.

Allons, tel exercice
Tient l'auantage icy de sa terre nourrice,
Et semble que l'on deust l'Italie premier
Du los qu'aquit la gent des Centaures premier.

SCENE IIII.

LVDOVIC, DOM INIGVE.

Ludouic.

AV secours mes amys, hé! n'y a il personne
Qui tout froissé la dextre à ce besoin me
D. Inigue. *[donne?*
Pauure petit enfant accole, embrasse moy,
Ta gentillesse veut qu'on ait pitié de toy,
A qui appartiens tu mon mignard?
Ludouic.
A ma mere.
D. Inigue.
Tu as raison, tousiours la certitude entiere
Prouient de ce costé, quand à l'extraction,
La femelle peut plus en pareille action,
Tu és donc orphelin?
Ludouic.
Ie le suis de naissance.

D. Inigue.

Repartie qui sent une pure innocence,
Et le nom de ta mere?

Ludouic.

Elle ne me l'a dit
Helas! helas bon Dieu la cheute m'estourdit
Monsieur enuoyez la querir soudain de grace:

D. Inigue.

Ce pourtraict animé represente ma race,
Voila les yeux, le front, & la bouche & le nez,
Qu'aucun peintre n'auroit mieux proportionez:
Voila le propre accent de mon fils à tel aage,
Le cœur esmeu conçoit un horrible presage,
Un instinct familier à la force du sang
Ne souffre que d'estrange il me tienne le rang:
Enseignerois tu bien où demeure ta mere?

Ludouic.

Au bout de ceste ruë, en la maison derniere,
Ne faut que le seigneur Pizare demander:

D. Inigue.

C'est l'esprit du commun des enfants exceder.
Or sus mon petit cœur ne te chaille, courage
Dieu qui veut que ma main te saune de l'orage

Un

Vn pere te ſuſcite, vn pere au lieu du tien,
Chez qui tant que guery tu ne manques de rien,
Seras tu pas mon fils?

Ludouic.

Ouy, pourueu qu'on ameine
Ma mere qu'ores abſent ie pourrois mettre en peine.

D. Inigue.

Admirable prudence: ouy ouy, tu la vas voir,
Et meilleur traittement que d'elle receuoir.

ACTE IIII.

LEOCADIE, FRANCISQVE.

SCENE I.

Leocadie.

O Piteuſe nouuelle, O funebre iournee,
O déplorable enfant, ô mere Infortunee,

O cruauté cent fois barbare de pouuoir
Sous les pieds des cheuaux vne innocence voir,
Et le fouler ainsi qu'on feroit quelque fange!
Simple ne trouue pas telle auanture estrange,
Les cieux & les humains enflamez de courous,
N'ont & n'eurent iamais de iustice pour nous,
Comme eternel égout de leur maligne enuie,
Ils veullent cher espoir en la tienne ma vie,
Soit, mourons, de ma part ie ne differe pas
D'accompagner heureuse en la tombe tes pas.

Francisque.

Sa blesseure n'a point, & me croiez Madame,
De capable sujet qui ce deüil vous entame,
Legere, sans peril quelconque à redouter,
Qui de sa guerison puisse faire douter,
Guerison que l'aspect maternel n'effectuë:

Leocadie.

Telle facilité au contraire me tuë,
Ombrage deceptif qui cache l'accident.
De ce jeune Soleil panché vers l'Occident.

Fernande.

La veuë fera foy de ma parole vraye,

Leocadie.

En quelle part du corps a il receu la playe?

Francisque.

Vn peu meurtry sans plus au visage du coup,
De sa cheute:

Leocadie.

Ce peu chetiue m'est beaucoup,
Que faut-il pour ietter dedans la sepulture
Vne si delicate & foible creature?
Helas! pourquoy d'ailleurs blecé legerement,
Ne l'eust on peu chez nous conduire entierement?
L'apparence desdit ce rapport qui pallie,
Possible preste à voir ma race enseuelie.

Francisque.

Permettez que trois mots deduisent la raison,
Qui retient ce blecé dedans nostre maison,
Vne extréme beauté que Monseigneur admire,
La crainte que son mal du lieu changé n'empire,
Outre qu'il ne sçauroit dans la ville trouuer
D'amys, ou vn secours de la sorte esprouuer,
D'amys qui quelque iour & à heure opportune
Puissent mieux faire naistre vn bon vent de for-
(tune,

Leocadie.

L'auteur des bons desseins vueille reguerdonner,
Sa pitié charitable & mes ennuis borner,
Et faire que l'appuy d'une veufue éploree,
Ne sente que le mal de sa cheute enduree.

Francisque.

Fiez vous sur ma foy le pariure ignorant,
Fiez vous sur ce chef qui le pleige garand,
D'une santé parfaicte, & dans peu recouuerte,
Or sus Madame entrez, voicy la porte ouuerte.

Leocadie.

Vn frisson me saisit, ô moteur souuerain
Rend fleschible à ma voix ce noir presage vain.

SCENE II.

D. INIGVE, LEOCADIE, LVDOVIC, LEONORE, CHIRVRGIEN.

D. Inigue.

QVi voudra discerner Cupidon de sa mere,
Deux goutes cōparer de l'onde mariniere,

Admire l'vn & l'autre aussi beaux qu'en la nuit,
D'Astres clairs & bessons la face qui reluit,
Treue de pleurs Madame, vne allarme impour-
ueuë,
Occupe trop chez vous l'esprit auec la veuë,
Ce petit rejecton d'vn tige valeureux,
Aimable me rencontre en son malheur heureux,
Qui vous le restituë au peril de la vie,
Aussi sain que pouuez en conceuoir l'enuie,
Et bien la connois tu?

Ludouic.

Ma mere,

Leocadie.

Hé mon enfant.

D. Inigue.

Tel abord de pitié le cœur triste me fend,

Ludouic.

Ne vous affligez point, Dieu me fera la grace
D'estre bien tost guery:

Leocadie.

Quel implacable Thrace,
Quel Buzire alteré de carnage & de sang,
Ains quel mõstre infernal ne t'a peu rẽdre franc

Des fureurs de ſa rage?

D. Inigue.

Vne tourbe indiſcrete,
Au ſortir du tournoy & deſſur la retraite,
Vint à le terraçer: tout auſſi toſt i'acours,
Et pris entre mes bras, ſon oportun recours,
Plus tranſi de frayeur, plus eſperdu, plus bleſme,
Que ce pauure petit l'apporte icy moy meſme,
Ou depuis certain charme attache dans ſes yeux,
Les miens a l'admirer actifs & curieux,
Vif pourtraict reconnu d'vn mien fils au viſage,
Fils qui demeure vnique appuy de mon vieil âge.

Leocadie.

Luy & moy ne pouuons nous reuencher iamais,
De telle courtoiſie: obligez deſormais,
A dire qu'apres Vn qui le monde tempere,
Nous vous deuons la vie ainſi que ſecond pere,
Ainſy que protecteur, que commun gardien,
Car helas! cher neueu ton trespas eſt le mien.

D. Inigue.

Se dire tante & mere impoſſible me ſemble,

Attendu que les deux ne s'acordent ensemble.

Leocadie.

Issu de ma germaine à qui ce fruit naissant.
Precipita les iours dans l'Orque pallissant,
Chery des le berceau, esleué sous mon aisle,
Des noms indifferents d'amitié ie l'appelle.

Leonore.

Chose ordinaire, donc sans autre émotion,
PenseZ que ce logis à sa deuotion,
Ne le lairra manquer de moyens, d'assistance;
Mais quel nouueau sujet trouble vostre constance?
Les yeux deçà delà contournant effroyeZ,
Qui d'vn fleuue de pleurs se desbondent noyeZ.

Leocadie.

O douloureux object ! ô honte recidiue!
Labyrinthe fatal me retiens tu captiue?

Leonore.

Ma fille, elle se pasme, elle change couleur,
Ce beau visage esteint d'vne morne palleur,
Dites au moins la belle où ce mal prend racine,
Affin que de bonne heure on vous le medecine.

Leocadie.

Las! irremediable aucun pouuoir humain
Non quand Apollon mesme y presteroit la main,
Ne donne d'allegeance à son aspre torture
Dans l'ame refaisant vne telle ouuerture,
Que font ces mineraux dessous terre couuez,
Et parmy l'air à coup en flames esleuez?
Madame toutesfois seule ie vous puis dire,
Le sujet de mon deüil:

D. Inigue.

Que chacun se retire,
Dites, absent ie fay place tresuolontiers,
Aux secrets feminins qui n'admettent de tiers,
Qui veulent que le sexe imploré se soulage,
Des remedes instruits par la longueur de l'âge.

Leonore.

Libres il vous faut rompre vn silence honteux,
Tout malade qui tient son medecin douteux,
N'a garde de guerir: & puis ma grand amye,
La plus fiere poison se dissipe vomie,
Comme font les ennuis que l'on reuelle exprez,
A ceux qu'on croit pouuoir les alleger apres,
Or chez vous acceptee & du nombre tenuë,
A qui l'ame paroist en la parole nuë,

A qui l'experience apprit auec les ans,
Maints charmes naturels d'efficace puissants,
Contre la cruauté de l'aueugle fortune,
Pourquoy se rendre plus defiante importune?
Ouuerte declarez quel amer souuenir,
Vous fait vne douleur absente reuenir.

Leocadie.

Ce vergongneux recit me coupe la parole
Me replonge aux fureurs d'vne Thyade folle,
Osera bien ma langue vn discours entamer,
Du naufrage encouru non point en autre mer,
Que dans le propre enclos de ceste chambre sombre;
De ce repaire affreux ou m'arriua l'encombre.

Leonore.

Vous vous imaginez choses qui ne sont pas,
Un lieu qu'auant ce iour n'imprimerent vos pas
Coupable ne sçauroit me mettre en la pensee,
Qu'oncques puissiez chez luy vous prouuer offensee:

Leocadie.

Madame helas ie puis trop à ma volonté,
Le conuaincre d'vn rapt deceleur effronté,

Leonore.

Sy eſt ce que touſiours au ſcandale fermee,
Noſtre maiſon ſe tient vierge de renommee,

Leocadie.

Un outrage ignoré ne ſe peut empeſcher,
Et ne peut que l'Auteur d'infamie tacher.

Leonore.

Ne me retenez plus ſur la geſne eſtenduë,
Une origine au vray de la plainte entenduë.

Leocadie.

Las reſous toy craintiue, & premier que le cours
T'engage commencé dans ce honteux diſcours,
Voy que la porte cloſe aucun Argus ne puiſſe
Preuenir ton ſecret de certaine malice.

Leonore.

Nous y auons pourueu, ne craignez nullement,
Qu'on oſe du logis le penſer ſeulement.

Leocadie.

Reduite à ce deſtin, ſçachez que ſept annees
Depuis l'heure ſe ſont dans leur cercle tournees,
Qu'auec mes pere & mere vn ſoir apres ſoupper,
Ainſi qu'on va les ſoins iournaliers diſſiper,
Prendre ſon paſſetemps au bord de la riuiere:

Surpris doncques voicy qu'vne troupe meurtriere,
Enuiron le retour nous attaque esperdus,
Se mocque de nos cris parmy l'ombre espandus,
Saisit mon geniteur qui n'a plus que l'écorce,
Et des bras maternels m'arrache à viue force,
Vn s'entend, vn des trois qui pasmee en son sein,
M'apporte iusqu'icy de l'honneur assassin,
Iouït loup rauissant affamé de luxure,
D'vne souche muette insensible à l'iniure.

Leonore.

O prodige effroyable!

Leocadie.

Escoutez ce qui suit,
La terreur du forfait le Barbare poursuit,
Qui seule m'abandonne apres sa violence,
Seule qu'acompagnoit l'opprobre & le silence,
Desesperee, aueugle, vn peu remise en moy,
De cris contre le traistre & d'ongles ie m'armoy,
Ces bras deçà delà iettez à l'auanture
Qui ne trouuant l'Aspic mortel en sa pointure,
Qui hazardant mes pas où s'assoir incertains,

Porte de tous costez en la chambre mes mains,
Non sans intention de me trouuer depite,
D'vne fenestre en bas quelque fin precipite.

Leonore.

O Dieu! bon Dieu pourroy-je auoir produit au iour,
Le monstre scelerat qui vous ioüa ce tour?

Leocadie.

Lasse de tournoier & ma peine frustree,
Vne image d'Hercule à tastons rencontree
Me demeure en depost, chez qui la verité,
De son Soleil esteint pareille obscurité:
Me demeure tesmoin qui prouue irreprochable,
Tant le lieu que l'Auteur de l'acte abominable,
Inconnu iusqu'icy, car helas le moyen,
Qu'abreuuant de ma honte vn peuple citoien?

Leonore.

Cessez de m'auerer vn crime que i'auouë,
Indigne du cordeau, des flames, de la rouë,
Vn crime qui surpasse en sa punition
Ce que les plus cruels eurent d'inuention,
Ce qu'aux esprits damnez decrette Rhadamãte:
L'image desormais n'a rien qui la desmente,

Le temps qu'on la perdit me iustifie assez,
Que ce ne sont propos d'imposture auancez,
O mille fois meschant, ô lasche de courage,
N'auois tu Bouc infect, ou ta brutalle rage,
Se deschargeast ailleurs à la necessité
Que sur la tendre fleur d'vne pudicité?
Bien t'a pris qu'absenté pour l'heure ma vengeance,
Ne peut exterminer telle monstreuse engeance.

Leocadie.

L'excez commis voudroit vn remede plus doux,
A me guerir l'honneur que ce boüillant couroux,
Ores qu'issu de luy me reste infortunee,
Vn gage precieux que donne l'hymenee,
Que ie ne puis haïr mon mortel ennemy,
En ce fruit qui mes maux me soulage a demy.

Leonore.

Tel heur qu'espere me fermeroit la bouche,
Sy ce petit amour sorti de vostre couche,
Sy ce ieune Alcyon dans la tourmente éclos,
Ma fille, tout sujet de plainte vous eust clos.

Leocadie.

Monseigneur vostre espoux l'a, certain tesmoi-
gnage,
Connu de prime abord extrait de son lignage.

Leonore.

Ouy plus mon œil fiché rapporte leur pourtraits,
Voila le frõt, le nez, & beaucoup d'autres traits
Qui m'allument le sang d'vne amitié nouuelle,
Vn seul scrupule reste & me tient en ceruelle,
Sur ce que l'auez dit issu de vostre sœur.

Leocadie.

I'ay pris l'ombrage exprés qui me sembloit plus (seur,
Affin de preuenir la recherche importune
Coustumiere en ce cas:

Leonore.

Et quant à la fortune,
De quelle extraction?

Leocadie.

Apres mille tesmoins
Ie diray que du nom des Pizares au moins,
Ma famille ne cede à nulle autre en noblesse,
Bien qu'vne pauureté mediocre la blece,
Que plus riche d'hõneurs que de biẽs mal acquis,
On sçache la vertu son thresor plus exquis.

Leonore.

Response magnanime, oracle memorable
Qui te rend de merite aux reines preferable,
Qui montre que le Ciel a fait élection
Pour s'allier chez nous, de la perfection,
Asseure asseure toy que la force enduree
Te prepare & aux tiens vn repos de duree,
Vn bon-heur acomply qui surpasse l'espoir,
Et possible autrement ne pouuoit pas eschoir,
Nostre vnique conioint par mariage à celle
Qu'il osa despoüiller de sa rose pucelle,
Et quil esprouuera plus douce desormais,
Faueur que d'obtenir de vous ie me promets.

Leocadie.

Trop d'inegalité, outre vn mespris qu'apporte,
La victoire que basse on aquit de la sorte,
Desesperent mes vœux qui ne respirent rien,
Rien plus que paruenir à ce souuerain bien:

Leonore.

Ma promesse tiendra sur deux bazes fondee,
Que telle intention du pere secondee,
Du pere & de l'ayeul qui (merueille des cieux)
Ayme plus ce petit inconnu que ses yeux,

Qui la verité sceuë & ma priere iointe,
De l'instinct naturel aiguisera la pointe,
Sy bien qu'Alphonse apres tousiours obeyssant,
En pieté selon l'aage se meurissant,
N'oseroit refuser party qu'on luy propose
Ains la fatalité que tel vouloir impose,
Suffit que ie tiendray l'œil dessur l'auenir:
Changeons propos, voicy a bonne heure venir,
Qui nous dira l'estat du blecé:

Leocadie.

Ie frissonne,
De crainte d'en ouyr chose qui ne soit bonne,

Chirurgien.

Que fait nostre malade?

Leonore.

Vn somme doucereux,
Peu a peu la surpris.

Chirurgien.

Signe des plus heureux,
Moyennant que cela ne tourne en lethargie,
Nature des ressorts ordinaires regie,
Helas que dites vous?

Leocadie.

O mon

O mon fils tu es mort!

Chirurgien.

Voila se lamenter & s'effroier à tort.

Leonore.

Un peril supposé du sommeil qui le charme,
Ne peut que nous liurer telle sensible alarme,

Chirurgien.

Non, qui l'affirmeroit, acte trop imprudent,
Premier que le sçauoir tombé dans l'accident,
Quasi presque incroyable, & qui mesme n'excede
L'efficace receu du precedent remede.

Leonore.

Tant mieux, faites estat, que si oncques debout
Vostre art de ce chef d'œuure entrepris vient à
Un salaire l'attend qui ce plaisir égale, [bout,
Et qui ressentira sa largesse Royale.

Chirurgien.

Mon chef le garantit affranchy du danger,
Qui nos ames contraint de demeure changer,
Prescrire à point nommé sa guerison parfaite,
Ainsi que quelque taxe en la police faite,
Iamais, iamais, le temps ne m'importe, pourueu
Qu'vn patient guery, menteur ie ne sois veu:

M

Son poulx ores tasté apprendra dauantage,
Sans nulle émotion ! ô le grand auantage!
Puis la conclusion resoute peu s'en faut,
Ce dormir necessaire vn remede luy vaut:
Laissons le reposer, ceste benigne crise
Rameine sa santé auec la peine prise,

Leocadie.

Maistre ne flattez point de grace mon malheur.

Chirurgien.

Point, ie laisse à iuger où regne la douleur,
Sy le corps peut auoir ses fonctions à l'aise,
D'vne fieure plustost ne r'enflamant la braise,
Tout va bien, l'huis fermé laissons le reposer.
Mon office vous doit ce silence imposer,
Ie le reuiendray voir dans vne petite heure.

Leonore.

Croyez que n'eustes onc de pratique meilleure;
Nous ma fille tandis ne perdons point vn temps
Qui va rendre les tiens & heureux & contents.

ACTE V.

D. INIGVE, TROVP. DE PARENTS, LEOCADIE, ESTEFANIE, LEONORE, PIZARE, ALPHONSE, Fernande, Roderic, Ludouic.

D. Inigue.

AVertis du dessein qui m'ameine équitable,
Qui d'exemple aux neueux se propose i-mitable,
Recourir le passé ne profiteroit rien,
Suffit que d'vn grand mal resulte plus de bien:
Que du sage destin l'ordonnance supréme
Nous donne desormais vne fortune méme,
Nous conioint alliez en ce beau couple égal,
Autant qu'onc estreignit le lien coniugal.
ExcuseZ la candeur de ma libre franchise,
Qui la matiere en mots courtisans ne déguise,
Qui me feroit sembler vouloir imperieux,

Forcer, pluſtoſt que faire vn offre ſerieux,
Offre où chacun partit l'authorité pareille,
Ma ſaine intention prie enſemble & conſeille:
Le criminel qui n'a qu'vne porte à briſer,
Monſtre cherchant ailleurs, ſon ſalut meſpriſer;
Ainſi le rapt commis n'a qui vous ſatisface,
Et du crime aueré le ſouuenir efface,
Que l'vnion de deux dont le bien nous eſt cher,
Et qui n'auront vnis que s'entre-reprocher,
Mon fils riche de biens ne pouuoit dãs l'Eſpagne
Choiſir qui me plût mieux d'vne moitié compa-
gne,
Belle, qu'en ſes vertus renomme la Cité,
Qu'on ſçait depuis le deüil de ſa pudicité
Viure Veſtale auſtere en la maiſon recluſe,
De la coulpe d'autruy penitente & confuſe,
Illuſtre quant au tige, autre principal point
Qui fera que l'honneur ne ſe démente point:
Vanter le ſien meſſied, toutesfois i'oſe dire,
Alphonſe entre tous ceux de ſon âge reluire
Tel que l'vn des Iumeaux qui flambent tour à
tour
Dans le ciel eſtoilé, ſigne de leur amour,

Bref gendre, que le ſort vous offre par ma bouche,
Au refus l'attentat perpetré ne me touche:
I'atteſte qui de rien fit ce grand Uniuers,
Auquel ſont & ſeront nos courages ouuerts,
Demeurer innocent de la faute commiſe,
Sa reparation à voſtre chois remiſe.

Pizare.

Phœnix des vertueux, que ne merite pas
Un dur ſiecle où le vice a ſemé tant d'appas,
Où la richeſſe inique, & braue d'inſolence
Exerce impunement ſa laſche violence
Sur le pauure opprimé, s'amuſant à cherir
Un renom qui le fait déplorable mourir:
Brutal, ſtupide, ingrat, i'auroy dans la poitrine
Au lieu de cœur humain vne roche marine,
N'embraſſat le parti que vous daignez m'offrir.
Qui refuſe vn ſecours merite de ſouffrir,
Ma fille ſe tiendra plus que recompenſee,
Et ſa pudique fleur à propos deſpenſee,
Eſclaue de celuy que l'inegalité
Ne prouue qu'adorable à ſa fidelité.

Que ie doute pouuoir sans espece de crime,
Au grade colloquer d'espouse legitime.

Pizare.

La faueur mutuelle oblige égalément;
Or chez luy mon vouloir preside tellement,
Qu'vn regard de trauers le feroit dessur l'heure
Descendre obeyssant où la Parque demeure:
L'apparence d'ailleurs, le sujet, la raison
Qu'vne fille bien nee, & d'illustre maison,
De qui le rustre a pris les pudiques premices,
Endurast son rebut, nous demeurans complices?
Vsant alors du droit qu'eurent ces vieux Romains,
Ie voudroy l'estrangler auec mes propres mains,
Impatient de voir vne audace rebelle,
Ce double sacrilege exercer dessur elle;
Mais il n'en viẽdra là, je m'escarmouche à tort,
Qui de le manier docile me fay fort.

Estefanie.

Rendez grace ma fille, à genoux prosternee,
D'vn courage deuot humblement inclinee,
A ce Seigneur benin que suscite le Ciel
Pour conuertir l'amer de nos ennuis en miel,

Qui tire du cercüeil apres vn siecle esteinte,
Apres qu'on la tenoit du coup mortel atteinte,
Nostre premiere gloire, vn si rare bien fait
Merite des autels dressez à qui le fait.

Leocadie.

Ie ne sçauroy iamais en langues conuertie,
La faconde du fils de Maïe départie,
Assez remercier vne telle bonté;
Ie ne pren plus de loy que de sa volonté,
Et la vostre Madame, à qui mediatrice,
A qui mon honneur doit fauorable tutrice,
Sa cheute releuée: au moins, helas! au moins
Sy vn tiers acomplit ce bon-heur de tous points.

Estefanie.

Miroir de modestie, autre ame de mon ame,
Croy que Cloton bien tost abbregera ma trame,
Ou que tu te verras stable au sein d'vn espous,
Sa moitié reconnuë en presence de tous,
Ses delices, son heur, sa chaste colombelle,
Pourroit-il n'adorer vne image si belle?
Et ne tressaillir d'aise à l'aspect d'vn enfant,
Qui de plus redouter le tombeau nous deffend?
Seule i'embrasseray ceste agreable peine

Qu'vn air de gay Printemps ton visage sereine,
Dispose au lieu de pleurs tes desirs à l'amour,
Ores que d'heure à autre on attend son retour,
Que tu és sur le seüil du futur Hymenee;
Mais quelque bruit là bas de ioye inopinee,
Et Francisque acourant me l'asseurent venir,
Le supréme en commun de nos vœux obtenir,
Voyez qu'vne rougeur l'enuironne soudaine,
Ainsi qu'entre la crainte & l'espoir incertaine.

Francisque.

Monseigneur, vostre fils arriué Dieu mercy
Sain & sauf, n'en soyez dauantage en soucy:

Pizare.

Comment acompagné?

Francisque.

Deux Caualliers d'escorte
Choisis à son voyage entrent dedans la porte.

Pizare.

Qu'ils attendent là bas dans la salle, & ne dy
Qu'aucun soit auec nous parlant à l'estourdy.

D. Inigue.

Monsieur permettez moy de gerer l'Ambassade,
Que certain stratageme aisé me persuade,

Tandis s'il vous plaisoit ordonner du festin.

Pizare.

Ouy, cela m'appartient ce semble par destin,
La disposition des banquets comparee
A celle d'vne flotte au combat preparee,
Leur difference gist d'estre en l'vn aux amys
Aymable autant, qu'en l'autre horrible aux ennemis;
Ioint qu'vne mere a plus de paroles mielees
De raisons peu à peu dedans l'ame instilees,
Que nous prompts à la main où leur temerité
Par vn refus s'attaque à nostre authorité:
Chacun s'aquite donc de la charge entreprise,

Leonore.

Parauant l'œuure fait ie ne lascheray prise,
Vous prestez moy l'oreille vn moment à l'écart
Sans auoir curieux à l'apparence égard,
Et que cela de suite à point nommé se face.

Pizare.

Ne craignez que l'oracle enfraint on outrepasse,

Leonore.

Ma fille derechef pratiquant ma leçon,
Qu'obiet quelcõque icy ne vous mette en soupcon,

Leocadie.

Promesse difficile à tenir, balancee
D'extremes opposez en la vague pensee;
Madame, nonobstant ie gangneray sur moy,
De mettre à vos propos une solide foy.

SCENE II.

ALPHONSE, FERNANDE, RODERIC.

Alphonse.

TElle reception de silence meslee,
Sa famille me sent n'agueres desolee
D'une perte notable: & si d'autre costé
Tout lugubre sujet de crainte m'est osté
A la ioye ordinaire entre les domestiques;
Irresout, assiegé de pensers chimeriques,
Combien me tarde voir le Soleil respiré,
Des yeux de mes parens hors de doute tiré.
Qu'en dites vous amis?

Fernande.

Que quelque mariage
Se brasse sourdement au retour du voyage.

Alphonse.

La lettre paternelle en eust fait mention
Afin de disposer au moins l'intention.

Fernande.

Un coursier esprouué de nature guerriere,
Sans aide d'esperons court en toute carriere;
Mais Madame à ce port ioyeux tesmoigne assez,
Que vous estes fort loin de ce que vous pensez.

Leonore.

Les mieux que biẽ venus apres beaucoup d'attẽte,
Mon ame desormais reposera contente,
Mon ame desormais s'égaye sans soucy,
Vous voyant de retour en santé Dieu mercy:
Or messieurs permettez, que mõ fils me demeure
Seul pour certain affaire une minute d'heure,
Ie vous vien retrouuer

Roderic.

Madame commandez,
Et à nostre sujet ne vous incommodez.

SCENE III.

LEONORE, ALPHONSE,

Leonore.

ALphõse à peu demots apren, que ja sur l'âge
Vn pere & moy voulons pouruoir au mariage
De l'vnique heritier qui nous succedera,
Qui les biens & le nom riche possedera:
Qui n'a plus qu'a iouyr en sa fortune heureuse,
D'vne qu'on luy choisit pour cõpagne amoureuse,
Honneste, de bon lieu, bref qui ne te doit rien,
En voicy le crayon que precieux ie tien:
On diroit mal content que tu rides la face,
Elle n'a de beauté tant que de bonne grace,
Ioint que ses facultez supleent au défaut,
Que sert de hesiter en vn faire le faut?
Le party nous plaisant vtile te doit plaire,
Tu n'as point de raison qui preuaille contraire,

Alphonse.

Mon équitable plainte a la deformité
Qui dedans ce pourtrait panche à l'extremité,
Dieu le moyen d'aymer vne chose si laide?
Vne qui seruiroit à l'amour de remede,
L'œil caué, le nez court, la bouche de trauers,
Et la couleur d'vn corps que deuorent les vers.
Graces au Toutpuissant & à vous, ne m'importe
Qu'vne femme rien plus que sa beauté m'apporte
Beauté qui presuppose en sa perfection
Celle des mœurs tirant à soy l'affection,
Beauté ferme lien des courages ensemble,
Auec qui la discorde affreuse ne s'assemble,
Madame ne veuillez contraindre mon desir
A ce qui vous retourne apres en desplaisir.

Leonore.

Va tu m'esprouueras telle que de coustume,
Qui t'osteray du cœur tout suiet d'amertume,
Nous trouuerons ailleurs dequoy te contenter
Et selon ton humeur en cela te traiter,
I'aymerois mieux mourir que ce ioug d'Hymenee
Plongeast dans vn enfer ta vie infortunee,
Pareil acord passé sous ton consentement

Reuocable ſe peut rompre tacitement :
Penſe à te reſiouyr , & à reprendre haleine
Apres ce long voyage, incomparable peine,
Tandis ie vay querir tes compagnons , & veux
De trois mots importants conferer auec eux.

Alphonſe ſeul.

D'vn Dedale ſorty l'autre me retient pire;
Que peut ma mere auoir de ſecret à leur dire?
La curioſité feminine ſouuent
S'arreſte ſur vn rien, luite contre le vent:
Pourueu que le chois libre & promis me demeure,
Qu'en indigne ſujet ma liberté ne meure,
Ameine du ſurplus ce que voudra le ſort,
I'ay pour le ſurmonter le courage aſſez fort.

SCENE IIII.

LEONORE, FERNANDE, RODERIC.

Leonore.

Ma priere, ou plustost certain petit scru-
pule,
Qui ne vaut le parler, & d'importance nulle,
Comme amys vous oblige à ne me refuser,
Et sur le fait enquis ne me rien desguiser:
Promettez donc tesmoins oculaires de dire
La pure verité que sçauoir ie desire.

Fernande.

Moyennant que cela n'excede le pouuoir,
Aucun de nous ne veut manquer à son deuoir,
Ma foy s'obligera plus chere que la vie,
A contenter Madame, & soudain telle enuie.

Leonore.

Inseparable ioints à mon fils d'amitié,

Car si l'vn fait vn pas l'autre en est de moitié;
Mais il faut m'escouter auecques patience,
Et mettre apres la main dessur sa conscience:
Vous vous ressouuiendrez, qu'alors encore enfãs
Vn soir apres souper depuis quelque sept ans,
De l'acte trop hardy commis à la vollee,
Certaine fille és bras de ses parents vollee,
Faire les estonnez n'acroist que mon soupçon,
Sçachant que ce sont tours coustumiers de garçon.

Roderic.

Rememorants confus nos ieunesses passees,
Ieunesses aussi tost de l'obiect effacees,
Leur nombre offusqueroit le plus iudicieux,
Et celle cy ne peut me reuenir aux yeux.

Leonore.

Le pouuoir du vouloir deriuant ie vous iure,
Qu'vn bon-heur se prepare à reparer l'iniure.

Fernande.

Apres ce terme long vn oubly suruenu
N'empesche que le coup ne soit pas auenu.

Leonore.

Confession qui vaut vne preuue demie,

Sçauez

*Sçauez vous d'où luy vint ceste douce enne-
mie?*

Roderic.

*Le moyen de sçauoir dans l'obscur de la nuict,
Qui tenoit vostre fils d'vn aueugle conduit?*

Leonore.

*I'enten, i'enten, ce peu suffit à l'ouuerture
Que requeroit de vous ma viue coniecture,
Ce crime violent semble aux fruits, qu'en hyuer
Et plus meurs & plus beaux nous voyons
arriuer:
Sẽble à l'vnique Oyseau renaissant de sa cendre,
Qui d'vn ver contemptible & difforme s'en-
gendre;
Sus allaigres venez celebrer de ce pas
Vn heur éclos de là que ne presumez pas.*

SCENE V.

D. INIGVE, TROVP. DE PARENTS, LEONORE, ALPHONSE, FERNANDE, RODERIC, PIZARE, ESTEFANIE, Leocadie, Ludouic.

D. Inigue.

A Table mes amys, que chacun prenne place,
Et ceremonieux plus prier ne se face,
Mon exemple suffit, qui le premier assis
Enten dessous les pieds mettre tous mes soucis,
D'exemple proposé à qui me veut complaire,
Alphonse de retour, hé! pourroit on moins faire?
Alphonse vnique appuy de ses parents chenus;
Sans plus de compliments & de propos tenus
Chacun vienne s'asseoir : tandis ie vay ma coupe
Espuiser d'vne haleine aux graces de la troupe:
Qu'on se resolue apres chacun selon son rang

A me faire raison d'vn courage aussi franc.

Troupe de Parens.

Premier i'aquiteray la charge commandee,
Premier ie conduiray la pointe demandee,
Sacrifiant du cœur ce Nectar gracieux
A vn second Nestor qui merite les Cieux,
A la bonne santé de sa chere compagne,
Et à l'heureux retour de leur fils en Espagne;
Qui me suiura de méme, esprouue desormais
Les Astres enuers luy benins à tout iamais.

D. Inigue.

Voila qui represente vn siecle d'innocence,
Qui me remet au temps de mon adolescence,
Vous autres voyageurs pourtant ne lairrez pas
De dire quelque chose à trauers le repas,
Dignes d'attention dessur la difference
Des peuples, des pays, ou sur leur preference.

Alphonse.

Nous autres ne pouuons qu'apprẽdre de nouueau
A qui premier a veu que l'Itale a de beau,
A qui me crayonna ses raretés, de sorte
Que rien que leur pourtrait reconnu ie n'aporte,

Qu'instruit i'auoy tout veu parauant que de voir,
Et qu'en parler apres contreuient au deuoir.

Leonore.

Tant y a que pendant la course d'Italie
Vous auez engendré peu de melancolie,
Trois conformes d'humeur & bien appariez;
Mais comment mettre au rang des pechez oubliez
Une si agreable & si gentille hostesse,
Que seule on la laissa confuse de tristesse?
Viste, viste, quelqu'vn l'ameine de ma part,
Dites luy sans auoir craintiue trop d'égard
A son honnesteté, qu'elle vienne mandee
Nous repaistre les yeux d'vne celeste idee.

D. Inigue.

Mon fils prepare luy son siege prez de toy,
En l'âge où il y a cinquante ans que i'estoy,
Tel honneur me passoit le prix d'vn Diadéme,
Aymant mille fois plus les Dames que moy mesme:
Ie meure son aspect me réjouit le cœur,
Aspect qui de Iupin triompheroit vaincœur:

Alphonse.

O diuine beauté ! si ta moindre partie
A celle qu'on me veut espouser departie,
Suppleoit ses defauts , trop heureux , hé combien
Tu m'aurois fauorable obligé Paphien !

Leonore.

La medecine opere , une palleur subite
Suit l'abord impourueu de sa chere Carite,
Qui pas moins estonnee , a regards desrobez
Monstre que ses desirs l'emportent succombez.

Leocadie.

Acomply de la sorte, helas ! helas ! chetiue
Crois tu que tel bon-heur d'alliance t'arriue ?
Non ne l'espere plus , & meurs dorénnauant,
Et ne traisne tes iours desastreux plus auant.

Leonore.

Bon Dieu ! ie l'appercoy qui pasme , qui chancelle,
Soustenez la mon fils , & prenez garde à elle.

Alphonse.

Son accident me tuë espris d'affection,
Adorable portraict de la perfection

Madame que veut dire? O pitoyable chose!
La mort semble camper sur ses leures de rose,
Sans poulx, sans mouuement, helas! ie n'en puis plus,
Et de force, & de voix à la plaindre perclus.

D. Inigue.

I'estime que tous deux ne prennent qu'vne route,
Transportez de ce Dieu leger qui ne void goute,
Que vous semble m'amie?

Leonore.

O estrange mal-heur!
O plaisir détrempé d'vne amere douleur!
Hé reuien mon enfant, belle Leocadie
Dites nous où vous tient au moins la maladie?
Leurs insensibles corps souffrent égallement,
Qui n'ont d'aucune vie indice nullement,
Du vinaigre, de l'eau, viste, viste, personne
En telle extremité de secours ne leur donne.

Pizare.

Vn mot à la pareille, à moy, quel accident
Trouble ainsi le festin, ces clameurs espandant?
Ne me le celez pas:

Francisque.

La ieune Damoiselle
Tombee en pamoison tire helas! apres elle
Le fils de Monseigneur: ce beau couple estendu
Peu dissemblable a ceux qui l'esprit ont rendu.

Estefanie.

Courons leur au secours, la deffense n'importe.

Ludouic.

Hé ma mere parlez,

Troupe de Parens.

Preuue excellente & forte
D'vn pieux naturel en ce pauure petit,
Qui plus de la douleur maternelle patit.

Leonore.

Appaise mon mignard, appaise toy ma vie,
Elle te va baiser comme tu as enuie,
Preste de s'éueiller: ma fille, mon soucy,
Alphonse cher espoir que veut dire cecy?
Tout se portera bien, voire le mieux du monde,
L'vn & l'autre quitant sa syncope profonde
Commence à respirer: mon fils presque honteux
D'auoir donné d'amour ce presage douteux.

Alphonse.

O quel estrange charme a surpris ma constance!

Plus elle s'efforcoit vaine de resistance,
A quoy s'imputera l'effet de ce venin?
Sinon qu'vn masle front cache vn cœur feminin:
Que le courage cede aux premieres approches
D'vn object, qui sans doute animeroit les roches;
Repren ton asseurance, helas! à son discours
Elle & moy respirons vn mutuel secours.

Leonore.

Ne te repen mon fils d'vne chose bien faite,
Ta victoire en ce point dépend de ta defaite,
Tu ne pouuois monstrer assez d'affection
A ta moitié tombee en telle affliction:
Cesse de te rauir de si douce merueille,
La beauté que tu voids n'auoir point sa pareille,
Fut jadis le butin de ton brutal effort,
Et sa pudique fleur te demeura plus fort:
Fleur qui noüa ce fruit, fleur qui te donne pere
A pouuoir moissonner le los du vitupere,
A iouyr desormais en iuste possesseur
D'vne que tu connus infame rauisseur,
Ne cherche subterfuge, ou replique au contraire,
Ton pere & moy voulons ton espouse la faire.

D. Inigue.

Ouy pense d'obeir à ce decret fatal,
Sur peine de m'auoir ennemy capital:

Alphonse.

Qu'elle ame si meschante & au vice endurcie
Esprouuant à son mieux sa coulpe reussie,
Ne voudroit accepter l'offre que l'on me fait,
L'offre d'vn parangon des vertus tout parfait?
Plustost que ne subir vne humble obeissance,
De ce rare thresor prenant la iouyssance,
Qu'vn foudre décoché soit ma punition,
L'espouser bornera ma seule ambition;
L'espouser des amours me transporte l'Empire,
Ma volonté la sienne idolatre respire,
Pourueu que l'espousant i'estouffe à l'auenir
De l'outrage attenté le vengeur souuenir.

Leocadie.

L'outrage me tient lieu de felicité grande,
Et iour ne passera que le cœur ne luy rende
Mille humbles vœux d'hommage, & de sumission,
Tel crime desirable en sa remission.
Tel crime desirable où la faueur celeste

En Myrthes amoureux chãge vn Cypres funeste,
Tel crime le parfait de mon contentement,
Qui l'honneur abysmé place plus hautement.

Pizare.

Ma fille tu dits vray selon ma prophetie,
Que contre nostre espoir la chose reüssie,
Ce naufrage honteux te pouuoit reparer,
Pouuoit d'vne tourmente vn calme preparer,
Le secours attendu à son heure opportune
De qui tient le timon de l'heureuse fortune:
Mais Monsieur pardonnez à la temerité,
Qui sur vn bruit espars contre la verité
Plustost que de raison l'embuscade a rompuë,
L'affection du sang trop facile repeuë
D'vne sombre apparence,

D. Inigue.

Ostez dorénnauant
Ces excuses vers nous plus legeres que vent,
Tel chef d'œuure acomply ne reçoit de controle;
Et puis que ce bon-heur precede la parole,
Puis que le Ciel amy le veut precipiter,
On ne sçauroit ses fruits qu'indignes rejetter:
Tant plus le Laboureur moissonne de bõne heure

De ſes trauaux defunts ſatisfait il demeure:
Donc le Myſtere ſaint requis à les liér
Celebré parauant que de le publier,
Ie veux qu'apres on dreſſe vne pompe Royale
Vne pompe publique à noſtre ioye égale,
Et à noſtre grandeur, qui porte ces amants
Au trône deſiré de leurs contentements.

LA GIGANTOMACHIE. OV COMBAT DES DIEVX AVEC LES GEANTS.

POEME DRAMATIC, DE l'inuention de Hardy.

ARGVMENT.

CE sujet, partie imité de Claudian, partie inuention de l'Auteur, ne represente que le reuolte de la Terre & des Geants ses fils contre Iupiter qui les chastie selon leurs démerites, & en rapporte vne glorieuse victoire à l'ayde d'Hercule, qui pour ce bon seruice est receu au nombre des Dieux, reconcilié auec Iunon, & fait son gendre espousant Hebé, Deesse qui preside à la ieunesse : beaucoup de Momes courtisans qui veulét soustraire la plus riche couleur à ceste peinture parlante que l'on nomme Poesie, à peine goufteront femblable poeme, bien que tout moral & mytologique ; mais pourueu qu'il contente les experts au meftier des Mufes (comme il y a de l'apparence) ie les laiffe librement croupir en leur erreur.

LES ACTEURS.

LA TERRE.
TIPHOE'E.
ALCIONEE.
ENCELADE,
BRIAREE.
PORPHIRION.
TR. DE GEANTS.
IVPITER.
IVNON.
PALLAS.
MARS.
APOLLON.
VENVS.
BACCHVS.
MOME.
MERCVRE.
VVLCAN.
BRONTE.
HERCVLE.
LES PARQVES.
HEBE'

LA GIGANTOMACHIE, OU COMBAT DES DIEUX AVEC LES GEANTS.

ACTE I.

LA TERRE, TIPHOEE', ALCIONE'E, Encelade, Briarée.

SCENE I.

La Terre.

NE iuste fureur à l'éxtreme venuë,
(Ainsi que le tonnerre enclos dedans la nuë)
Emporte mon courage au glorieux effet

Du

Du plus braue dessein qu'oncques Deesse a fait:
Veufue quitte ce deüil, laisse perdre les larmes
A celles qui n'ont point de plus puissantes armes,
Tu t'offenserois trop en ta diuinité
Dont l'illustre grandeur passe l'infinité,
Toy qui mere commune establis la Nature,
Toy qui fis du Cahos la premiere ouuerture,
Toy qui fondes l'orgueil des Empires diuers
En leurs riches Citez, qui bornes l'Uniuers,
Qui feconde produis à la fois mille choses,
Qui nourris en ton sein les richesses encloses,
Tu t'offenserois trop, un felon rauisseur
Du throsne Olympien permettant possesseur,
Du Throsne où ton espoux ce Titan venerable
Deust à ceste heure seoir Monarque déplorable,
Que sa crudelité chez un traistre germain
Apres luy auoir mis le Sceptre dans la main
Confine maintenant, fraude plus que Barbare,
Captif, chargé de fers, aux Cachots du Tenare,
Outre l'acte cruel qu'horrible à proferer
Ma bouche en son ayeul n'oseroit referer;
La pieuse valeur à nos fils criminelle,
Qui voulurent vanger l'iniure paternelle,

O

Où consommez du foudre, ou de tourmens punis,
Qui perdurables morts renaissent infinis:
Sus donc race guerriere à ce coup vien sortie
De stature, & de force à l'exploit assortie,
Vien sous nostre conseil une guerre mouuoir,
Qui tes parents remette en l'antique pouuoir,
Qui reduise à leurs Loix les Cieux, l'Onde, l'A-
Et l'inique destin qui le monde gouuerne, (uerne

Les Geants sortent de Terre.

O spectacle agreable! O chef d'œuure d'enfants,
Que cét auspice heureux couronne triomphants,
Iette tes yeux là haut diuine geniture,
Et de ta Mere appren ta fatale auanture.
Ce pourpris azuré qui te couure le chef,
Veut de droit successif estre tien derechef,
Un Tyran dessur vous en vsurpe l'Empire,
Chacun donc à l'enuy sa ruine conspire:
Que chacun bande là ses genereux esprits,
D'en arracher les Dieux qui l'habitent, surpris;
Ma sage preuoyance a frayé la victoire,
Qui vous causera moins de peril que de gloire,
Mais il faut parauant charger les ennemis,
Que de se recognoistre oncques leur soit permis.

Tiphœé.

Bien qu'à peine le iour esclaire ma paupiere,
Une ardeur à ces mots me transporte guerriere,
Mon courage ne croit obstacle rencontrer,
Que puisse ton espoir infaillible frustrer.

La Terre.

Non, seul tu suffirois à leur tourbe opposée,
Dans vne oisiueté coüarde reposée,
De qui le plus mauuais a d'armes seulement,
Certain foudre qui bruit sans nuire nullement,
Qui frappe à coups perdus sur les roches moussües
Ses atteintes encor d'ordinaire deceües,
Capable desbranler quelques foibles cerueaux,
A porter ce fracas de nuages noueaux,
Non pas vous, que la peur impassibles n'aborde,
Et qui n'auez besoin que de ferme concorde,
Vous qui sous mon Bouclier, sous mon aisle cou-
Tenez superieurs le frein de l'Uniuers; (uers,

Alcionée,

As tu ce peu conquis, noueau sujet capable
D'exercer nos valeurs contre vn mõde coupable?
Pouruoy d'heure tes fils qui demandent guerriers,
Un champ où leur vertu trouue assés de lauriers.

Ne vante plus Iunon ta belliqueuse race
Qui sans Pere commande aux fiers peuples de Thrace,
Nostre couche rabat cét orgueil importun
Qui t'oppose cent Mars & plus braues à vn,
Nostre couche auiourd'huy non d'engeance si belle,
Mais plus hardis, esteint le renom de Cybelle:
Sus reliques d'espoir, sus refuge dernier
Qui sçais venant au iour les armes manier,
Renflame ton courage, assouuy ma vengeance
Donne à ma vieille haine vne prompte allegeance,
Rase ces Tours d'airain qui flanquent dans les Cieux,
Chacun face a l'enuy combatant à mes yeux:
Typhœé tu yras arracher le tonnerre
Dedans le poing tremblant du Dieu qui le desserre,
Tout l'Olimpe remply de tumulte & d'effroy,
Son sceptre à méme temps saisi te voila Roy.

Alcionée.

Que nous autres soions exclus de l'heritage,

Traittez comme bastards qui n'entrent au partage?
D'autres accepteront l'inique paction
Seul couronné qu'il soit seul à telle action.

La Terre.

Aueugle en mes desseins tu t'abuses de croire,
Qu'vn seul Empire arriue à si grande victoire,
Neptune quittera de suite son Trident,
L'autre ira de Pluton la place possedant,
Cestuy-cy regnera sur les fleuues liquides,
Cét autre sur les vents, sujets, prompts & perfides,
Outre que mon pouuoir garde non limité,
Mille guerdons pareils à vne extremité,
Outre que spectatrice égale ie dispense
Selon chaque labeur la iuste recompense,
Moy de soin liberée & de fers, les Titans
Vous estes trop heureux, vous estes trop contents.

Briarée.

Curieux n'éconduy de grace ma demande,
Quel exercice fait leur inuisible bande?
Quel nombre d'ennemis à combattre auons nous?

Qui d'elle plus hardy sçait mieux aller aux coups.

La Terre.

Là seulement mes fils, les delices abondent,
Là des courages vrays aux vostres ne répondẽt,
La Iuppin preferé de puissance & de nom,
S'occupe à deceuoir sa ialouse Iunon;
Vne Minerue apres qui contrefait la sage,
Vn Mercure qui sert à l'Amoureux message,
Certain Mars estourdy l'assiste quelque fois,
Que l'on dit presider ez belliqueux exploits,
Mais tout effeminé, l'amour passion folle
Au sein d'vne Cypris détrempe l'ame molle,
L'attache iour & nuict, si bien que les mortels
Du desordre allumez dédaignent ses Autels,
Si que là nous n'auons resistance qui dure,
Qui l'assaut general de vos forces endure.

Encelade.

Les femelles entr'eux excellent en beauté,
Appas qui m'induit plus qu'aucune Royauté,
Fay leur description veritable, ma Mere;
Et pense qu'adioustant l'amour à la colere,
Tu presses d'aiguillons incroyables les cœurs,
Qui nous feront plustost de la moitié vaincœurs.

La Terre.

Chacune en ſon eſpece également parfaite,
Proye certaine apres vne entiere deffaite,
Esbloüira vos yeux de merueilles rauis,
D'elles en plein banquet à la table ſeruis,
Qu'abreuue le Nectar, que repaiſt l'Ambroſie,
Vne moiſſon de fleurs deſſous les pieds choiſie,
Du pluſtoſt qu'à ces Dieux du Ciel precipitez,
Ma iuſtice aſſortit les tourments meritez,
Du pluſtoſt qu'abſolus en la voute Celeſte,
Heur quelconque chez vous defectueux ne reſte,
Le monde obeyra, mille Temples ouuers
Se conſacrent à vous Demons de l'Vniuers.

Tiphœé.

Succeſſeur deſigné du Monarque ſupréme,
Sa Iunon m'appartient par vne raiſon méme,
Heureuſe que mon lict la daigne receuoir!
Que ſa beauté ſur moy s'obtienne ce pouuoir!
Plus amoureux d'hõneur, plus ardent à la guerre,
Qu'à ces laſches plaiſirs où la vertu s'enferre,
Ie ne voudroy qu'apres la ſueur des combats
Reprendre vn peu d'haleine à ſemblables esbats.

Alcionée.

Mon amoureuse part la couche se reserue,
D'vne que tu nommois ce me semble Minerue,
Nom qui depuis m'incite agreable à l'aymer,
Qui me vient de l'object les mouëlles enflamer,
Ah! que desia n'es tu, nostre guerre passee,
Vn Laurier sur ce front entre mes bras pressee!

Encelade.

Au moins demeurera l'inconstante Cypris,
Nostre amoureux butin, son adultere pris,
Son Thrace dessur qui la bataille eschauffée,
Ma dextre se destine vn superbe Trophée,
Premier ie le ioindray qui ne peut m'eschapper,
Non plus qu'elle ma flame amoureuse tromper.

Briarée.

Pourueus ne presumez que l'ombre me contente,
Que mon boüillant desir se paie d'vne attente,
Toutes s'exposeront à la Communauté,
Toutes me permettront la méme priuauté,
En cas que le hazard ne seconde ma braise
D'vne particuliere Amante qui l'appaise;
Où bien afin de mieux esteindre ce discord

Qu'on remette leur chois à la change du sort.

La Terre.

Ne te martelle point d'vne ialouse enuie,
Diane t'est acquise en leur troupe asseruie,
Plus belle que le iour que donne son Germain,
Chasteté que plusieurs espererent en vain,
Tu l'auras, mon suffrage obtenu te la donne,
Mon vouloir à toy seul cette fleur abandonne,
De qui beaucoup de Dieux souffrirent le refus
De qui les doux appas te rauissent confus,
Moindres & derniers fruits que la victoire apporte
Si vaillans comme il faut à l'effect on se porte;
Prenez garde sur tout que la diuision
Ne vous face des mains glisser l'ocasion:

Tiphœé.

Toy mesme presse la, souueraine commande,
Que par quelque lieu propre on attaque leur bande,
Arme ta geniture esprouuant sa vertu
De telle volonté pourquoy differes tu?

La Terre.

Mon esprit soucieux bandé sur l'entreprise

Designe aussi l'endroit plus propre à la surprise,
Et qui plus fortifie une rebellion:
Or sus venez enter Osse sur Pelion,
Espouuentables Monts, dont les cimes cornuës,
Un foudre deffié outrepassent les nuës,
Pinde proche nous peut suppleer leur defaut,
Apres à coups de main se donnera l'asaut,
Et apres on s'obtient sur la Trouppe immortelle,
Qui ne pense à rien moins comme une Citadelle;
D'armes vous les auez en ce corps maternel,
Une source chez luy de secours eternel,
Les gros Arbres fournit, les mõtagneuses Roches,
Que vos bras lançerõt aux premieres approches,
Presente ne craignez qu'aucun manque de rien,
Le principal consiste à faire tost & bien.

Encelade.

Ma dextre suffiroit, ouy le seul Encelade
Hardy peut emporter l'Olympe d'escalade,
Son farouche regard met en fuite les Dieux,
Et ne pretends borner mon Empire des Cieux.

Alcionée.

Sans vantise mon ombre assez forte se vante
De leur donner à tous la chasse, & l'épouuante.

Voire le ſimple bruit entendu de nos pas,
Reputez Immortels les aſtreint au trépas.

Briarée.

Alors que ces cent bras commenceront l'orage,
Qui d'eux ne palliroit abatu de courage?
Eſpargne ce labeur à mes autres germains,
Tu te peux trop vanger auec ces ſeules mains,

Tiphœé.

Le premier que ma Mere honore du Trophée,
Nul de vous ne le brigue importun ſur Typhœé,
La gloire m'en eſt deuë, & ie puis d'vn reuers
Hors de ſes fondemens écrouler l'Vniuers.

La Terre.

L'indicible ſoulas qui mon ame contente,
A vous voir courageux ſurpaſſer ſon attente,
A vous voir ſi remplis de magnanime ardeur,
De zele obeyſſant, de pieuſe candeur,
A vous voir du deſſein miniſtres ſi capables,
Si propres à punir nos rauiſſeurs coupables:
Reſiouy toy Saturne en ce monde écarté,
Qui te rends ſous mes fils la chere liberté,
Conſole toy d'eſpoir deſaſtreux Promethée,

Ta poitrine dans peu ne ſera becquetée
De l'execrable Oyſeau qui te fait remourir,
Mon charitable ſoin veille à te ſecourir:
Or vous principaux chefs eſtablis ſur l'armée
Receuez vne flotte en ce ventre ſemée,
Qui preſte va ſortir à l'accent de ma voix,

Autres Geants muets ſortent de la Terre.

Sus Geans qu'on s'efforce vne derniere fois,
Le nombre me ſuffit, allons braues gendarmes
Monts ſur Monts entaſſez mettre la main aux armes,
L'extréme diligence importe de beaucoup
Surprendre l'ennemy ſera faire vn grand coup.

ACTE II.

IVPITER, PALLAS, MARS, APOLLON, VENVS, BACCHVS, Mome, Mercure.

Iupiter.

LE ſujet Immortels qui mandez vous aſſemble

D'apparence leger à ces vagues ressemble
Que le Nort peu à peu plus mutin se leuant
Va des abysmes creux aux Astres éleuant:
Un Pilote inexpert qui neglige l'orage,
Sans plainte adonc se voit le butin de sa rage,
L'art preuenu ne peut le peril escarter,
Ne peut de son destin le mal-heur éuiter;
Ainsi des Terre-nez la rebelle entreprise
De prison nous menace, & le Ciel de surprise,
Leur Mere detestable animant ce forfait,
Que les Titans punis laisserent imparfait,
La vindicte couuée en ses fiéres entrailles
Veut à de nouueaux fils nouuelles funerailles:
Temeraire projet, nuageuse vapeur,
Qui n'engendre non plus de danger que de peur,
Et à elle, & aux siens honteusement fatale,
Pourueu qu'une valeur la preuoyance égale
Que chacun d'heure icy se range à son deuoir,
Ton aduis la dessus Pallas fay le sçauoir.

Pallas.

Monarque Tout-puissant, seul semblable à toy méme,
Quelle prudence peut sur la tienne supréme?

Ne seroit-ce adiouster vne lampe au Soleil
Si ma presomption te donne du Conseil?
Fidelle neantmoins ta fille t'ose dire,
Qu'onc attentat ne fust plus digne de ton ire,
Que tu ne peux trop tost repurger l'Uniuers,
Pareil reuolte esteint de ces monstres peruers,
L'intention chez eux surpasse criminelle,
Tout ce que de tourmens a la nuict eternelle,
Et leur peine exemplaire aux siecles à venir,
Deust empécher ce mal de iamais reuenir.

Mars.

La charge m'appartient, souffre Pere que i'aille
L'insolence punir d'vne vile canaille,
Que l'effroy, que l'horreur à mon Coche attelez,
Que le meurtre & la Parque à mõ ayde appelés,
Estouffe des Geants l'audace temeraire,
Plustost que cõmandé tu vois l'œuure parfaire,
Ta gloire se prophane & deprime trop bas
D'entreprendre au iourd'huy sur mes simples é-(bats

Apollon.

Le trop d'opinion maintefois nous abuse,
Ma lumiere à l'aspect de ces Monstres confuse,
Mes Coursiers esperdus, que la voix, que la main,

De pousser plus auant s'efforcerent en vain,
Prouuent que le suiet merite qu'on y pense,
La nature fremit à part elle suspense
Sur le succez douteux de ce complot mutin,
Dont le secret demeure encor chez le Destin,
Mercure t'en dira dauantage mon Pere,
Non que sous ta tutelle oncques ie desespere.

Iupiter.

L'exemple des Titans donne à conjecturer,
Que surpris vn afront nous pourrions endurer,
Que la Terre maligne, & commune ennemie,
Le reste de sa haine ez Geants a vomie,
Ses defauts remparez du dommage souffert,
Quelque renfort perfide & qu'on ignore offert,
Bref l'affaire suspect veut que chacun s'appréte,
Parant à point nommé le coup de la Tempéte,
Qui passera soudain sans dommage pourueu,
Qu'vn mépris ne nous tiēne apres l'auoir preueu

Bacchus.

N'espargne Iupiter mon courage fidelle,
Que la bouche ne vante vn valeureux modelle,
Ennemy du discours ie n'ayme que l'effect,
Ma simple & franche humeur de parade ne fait,

Tousiours prest neantmoins où marche ton seruice
A ne paroistre point de la guerre nouice,
A paroistre tousiours le premier sur les rangs,
La part où les perils donnent plus apparents.

Mome.

Croiras tu Iuppiter vne parole vraye,
Qu'en ce beuueur me plaist la contenance gaye,
Iaçoit qu'au demeurant d'assez pauure façon,
Plus que ce Thracien il est mauuais garçon,
Lors que fortifié de sa douce purée
La victoire iamais ne le quitte asseurée?
Ayons le hardiment pour chef auantureux
Ou ce Mars insensé nous rendra malheureux.

Mars.

Aduise à refrener ta langue libertine,
Que iusques au gosier ie ne la déracine
Lassé de tes brocards qui piquent impudents,

Iupiter.

Tay toy Mome, silence, ou rentre la dedans,

Mome.

Femme de naturel qui fay tout le contraire,
Ie ne parle qu'alors, qu'on m'enioint de me taire:

Venus.

Venus.

Helas! qu'elle frayeur m'agite les espris!
Donne quelque retraite, O Pere à ta Cypris,
Qui de la cruauté de ces monstres gardée,
Ne l'expose parmy le combat hazardée,
Elle qui ne sçait pas les armes manier,
Tu ne luy dois vn lieu de franchise nier.

Mome.

Possible qu'elle craint perdre son pucelage,
Si deux fois on le perd: mais non, repren courage,
Tu vaincras les Geans du rayon de tes yeux,
Que leur doit le Tonant opposer gracieux,
Belle proye d'abord à ces Mastins offerte,
Ta rare pieté empesche nostre perte,
Remettons tout au pis, ils ne te feront rien,
Que duite à ce mestier tu ne l'endures bien.

Iupiter.

Tu t'emancipes trop, ne crain ma Cytherée,
Ainsi que tu le fus sous mon aisle asseurée,
Non le moindre peril ne te viendra toucher,
Ma fille ton salut plus que le mien m'est cher,
Ne te trauaille point, vy tranquille & ioyeuse,

Mais tu ſembles Pallas ruminer ſoucieuſe,
Declare le motif qui ton cerueau prudent,
Esbranle ſur l'obiect d'vn futur accident.

Pallas.

Certain oracle vieil me remet en memoire,
Que l'Olimpe remporte vne illuſtre victoire,
Si preſſé d'ennemis on s'adioint vn mortel,
Or ton Alcide oſté quel autre ſera tel?
Quel autre ſuffiroit à croiſtre ce beau nombre?
Quel autre à le ſortir d'vn perilleux encombre?
Nul certes, ſa valeur qui merite les Cieux,
Nettoye l'Vniuers de Monſtres vicieux,
Sa valeur qui vieillit deſſous l'experience,
Montre que luy deuons vne ferme fiance,
Montre qu'apportera ce notable ſecours,
Outre que les Deſtins par là prennent leurs cours.

Iupiter.

Tu preuiens la parole, & non pas la penſée
Qui tenoit là deſſus mon ame balançée,
Alcide ce chef d'œuure en qui malgré Iunon,
Noſtre viuante image aparoiſt au renom,
Alcide que redoute & le Ciel, & l'Auerne,

Que la gloire conduit, que la vertu gouuerne,
Desirable nous sert grandement au besoin,
Quelque part que pose sa masse dans le poin,
Ne craignons des Geants approche ne surprise,
Ne craignons que iamais ce Lyon lache prise,
Dés le berceau sa dextre a des Monstres occis,
Ha! combien tel espoir allege nos soucis!
Mercure de retour en fera l'ambassade,
Afin que l'on l'employe icy selon le grade,
Que ce faix glorieux à plusieurs diuisé
Deuienne plus leger; où du moins plus aysé.

Mars.

O le lâche project! l'infame vitupere!
O Conseil qui me tuë & qui me desespere,
Que tu n'approuuerois sinon pour te moquer,
Le secours d'vn mortel à cét heure inuoquer?
Qu'on recherche impuissans son ancre salutaire,
En la dextre d'vn homme à Clothon tributaire?
Iuge Saturnien repense de plus pres
Combien l'erreur importe à ton Empire apres,
Les humains te croiront de leur force dépen-
dre,
Tes Autels prophanez se reduiront en cendre,

Suspect de coüardise, ou bien de trahison,
Tu nous offencerois sans aucune raison,
Qui n'empruntâmes point de mortels à deffaire
Ces superbes Titans, plus difficile affaire,
Priue moy du Nectar parauant que donner
Un riual qui ma gloire ose parangonner.

Mome.

Touiours ce querelleux apporte du desordre,
Mastin qui ne veut pas mordre, ne laisser mordre,
Mille fois plus remply de vent que de valeur,
Témoin lors que reduit à l'extréme mal-heur,
Othus le fit vaincu son prisonnier de guerre,
Et qui ne l'eust recous un cachot dessous terre.

Mars.

Souffres tu Iupiter que ce rustre imposteur?

Mome.

La verité te put & menteur & vanteur:

Iupiter.

Sur peine de sentir ma colere embrazee,
Mome reserue ailleurs tes propos de risee;
Quant à ce qui concerne un serieux discours,
Le Thebain proposé nous donnera secours,

Sa vertu l'ennoblit, mon sang le deifie,
Son inuincible bras l'Olimpe fortifie,
S'oppose qui voudra, nostre Oracle rendu
Luy defere l'honneur legitimement deu,
Honneur que retardoit sa marâtre inhumaine,
Ce Heros qui n'a point d'ostentation vaine,
Souple à ma volonté du courage respond,
Et seul n'occupe un champ de Lauriers si fecond,
N'vsurpe Odrysien chose qui t'appartienne,
Chacun donc sans enuie à son propre se tienne,
S'efforce, s'euertuë en ce pieux deuoir,
Vn capable guerdon certain de receuoir,
Que luy dispersera ma dextre liberale,
Dextre qui sans faueur tient la Balance égale,
Et non plus au diuin, qu'au terrestre sejour,
Voicy nostre espion Mercure de retour;
Que font les ennemis ? sus dépeche reuelle
Où butte leur dessein pour premiere nouuelle.

Mercure.

L'horrible impression du peril apparent
Me coupe la parole en le rememorant,
L'Estat Celeste court vne estrange fortune,

Celuy du noir Pluton, & du moite Neptune:
Pere n'estime pas que ce reuolte soit
Comme les precedens, où l'erreur te deçoit:
L'extréme desespoir de la Terre animée,
A vomy contre nous vne monstrueuse armée
De Geans que Phœbus n'oseroit regarder,
Qui chez l'Aurore font sa course retarder:
Les dépeindre selon leur veritable forme
Du tout prodigieux, & de stature enorme,
Tel a cent bras qu'il peut déplier à la fois,
Qui dépeuplēt à coup les chesnes d'vn grād bois,
Beaucoup heurtent du chef la Machine estoilée,
Leur mere sous les pas de ses fils ébranlée,
Tu les peux Iupiter voir au trauail ardants,
Planter Mōts desur Mōts, ton thrône pretēdāts,
Oeuure fort auancé par la troupe brigande,
Qui de venir aux mains auec les tiens demande:
Or toy commun refuge, ainsi que sage chef
Auise à preuenir la cheute du méchef.

Iupiter.

Vne resolution termine cette guerre,
Foudroyez, embrazons la face de la Terre,
Demeure sa memoire esteinte à l'auenir,

Qu'elle ne puisse plus creer ou contenir
De rebelles sujets la monstrueuse engeance,
Ma iustice luy doit vne telle vengeance;
Rien apres ne pourra nostre calme troubler,
Rien que dessous nos loix équitables trembler.

Pallas.

Pardonne si ma voix te profere hardie
Ce remede cruel passer la maladie,
Ta clemence à tousiours surmonté ta grandeur;
Donc semblable couroux modere son ardeur,
Chacun sçait que la Terre, & sa race complice
Ne merite que trop, voire vn pire supplice,
Mais beaucoup en son sein de peuples innocens
T'erigent des Autels, te versent de l'encens,
Sa totale ruine entraineroit commune,
(Insigne cruauté) l'Empire de Neptune.
Ton pouuoir ce faisant diminuë à moitié,
Que plustost ma priere émeuue ta pitié,
Puny sur les Auteurs l'abominable crime,
Que ton iuste couroux ne prenne autre victime,
L'Olimpe en ce dernier les tumulte esteint,
Et le calme eternel de son repos ateint.

Iupiter.

L'execessiue indulgence anime telle audace;
Toutefois tu rompras l'effet de ma menace.
Aduisons seulement bien munis & pourueus,
Les aguets ennemis inutiles preueus,
Qu'à la premiere charge ensemble on extermine
Cette trouppe rebelle, impieuse vermine,
Repren là bas ton vol Mercure, va leger,
Le Forgeron boiteux aduertir du danger,
Nous faire tenir prests ces foudres à trois pointes,
Ces armes à la Parque inseparables iointes,
Sans nombre, mais soudain: vous autres tous icy
Prenez à mon exemple un belliqueux soucy.

Mome.

Ton Harnois n'a besoin que plus on le fourbisse,
Qui ne souffre iamais que la roüille y croupisse,
Mars en sçauroit que dire:

Venus.

Hé! Cieux suis-je tousjours
Le joüet d'un faquin qui martyre mes iours?

Mercure.

Pere n'obmets-tu rien requis à ton seruice,

Que ce méme voyage enchargé l'accomplisse?

Iupiter.

Escoute patient, de là trouue soudain
Hercule où il sera, ce belliqueux Thebain,
Et l'ameine asseuré sur ma ferme parole,
Qu'entre les Cytoiens de l'Olimpe on l'enrole,
Que son bras reconnu capable deffenseur,
De ce diuin seiour le fera possesseur,
ChеZ ce Heros la gloire espargne ta faconde,
Gloire qui ce dessein d'elle méme seconde,
Gloire qui le rauit à son propre élement,
Et plûtost que la bouche ouuerte seulement.

Mercure.

Pareille election de renfort salutaire,
Au terrestre contour ne se pourroit mieux faire,
Pareille election faite oportunement,
Contrecarre la Terre en son forcenement,
L'aspect particulier d'Hercule à sa naissance,
Sur les Monstres luy donne vne occulte puissance,
Sa haine les poursuit plus ardente beaucoup,
Que du dogue Breton qui terrasse le Loup,

Sa force incomparable égale son courage,
Et la tasche commise en ce penible ouurage
Ne le trauaille point, ainsi que vieux routier,
Endurcy de ieunesse a ce braue mestier.

Iupiter.

L'Ambassade geré passe vn tour cheZ Neptune,
Que tu informeras, la querelle commune,
Du peril qui l'iroit attaquer imprudent,
Que ses Tritons armez il poise l'accident.

Mercure.

Tu me vois de retour,

Iupiter.

Vne chose te reste,
Precipite ton vol iusqu'au monde funeste,
Auertissant Pluton de veiller de plus prez
Les captifs qu'à sa garde on a commis exprez,
Et si l'Erebe tient quelque secours vtile,
Ne manque à l'impetrer de sa bonté facile.

Mercure.

Pere i'accompliray tout ce qui m'est enioint
Fidelle ambassadeur, sãs obmettre vn seul point.

Mome.

Courage, & ne crain pas, pourueu que tu pour-
suiues

Ces voyages frequents de gagner les auiues,
Demeure encor vn peu Iupiter ne veut pas,
Faute d'instruction que tu perde tes pas,
On te va députer le soin d'vne Maitresse,
Mais garde que Iunon la découure traitresse.

Iupiter.

Miserable oses tu?

Mome.

Ne pense quereller,
Que tes desseins ie n'aille aux Geants reueller,

Venus.

Ah! ce nom me redouble vne fiévreuse crainte,
Me represẽte aux yeux l'horrible image emprain-
Des Titans retournez Monstres pernicieux, (te
Qui fuitifs çà & là nous chasseront des Cieux.

Mome.

Du moins permettras tu que Mome se dérobe,
A leur fureur caché sous vn plis de ta robe.

Iupiter.

L'ordre mis que pourroit cette affaire esperer,
Ne craignons son issuë ores ne prosperer,
Auec peu de labeur ma parole vous donne,
De la proche victoire vne verte Couronne,

Chacun s'aille en son Ciel tranquille reposer,
Et au combat de là resolu disposer.

ACTE III.

VVLCAN, MERCVRE, MARS, PALLAS, BRONTE, IVPITER, Hercule, Mome, & les Parques.

SCENE I.

VVLCAN, MERCVRE, MARS, Pallas, Bronte.

Vulcan.

QVelle condition miserable si pleine
D'opprobres, de soucis, & d'vne ingrate peine,
Pourroit assuietir à ses fers inhumains
Vn plus chetif que moy des Dieux, où des humains?

Qui peut à meilleur droit plaindre ſon innocence,
Mal-heureux dez le iour premier de ma naiſſance,
Un Pere trop inique, une Mere ſoudain
M'expulſerent du Ciel trébuché par deſdain,
Et voulurent vanger deſſur leur creature
Cette déformité que cauſoit la Nature,
Depuis bien loin de ſeoir à la table des Dieux,
Pallas me refuſa comme ſpecte odieux,
Alors que ie penſoy me la conioindre à femme,
Reduit deſſous le ioug d'une adultere infame,
Qui me fauſſe la foy chaque iour mille fois,
Que tantoſt un Chaſſeur embraſſe dans les bois,
Maintenant le Bouuier Phrygien la poſſede,
Ores un furieux en mon lit me precede,
Un Mars l'oſe venir courtiſer effronté,
Dans mes lares polus contre ma volonté,
A l'heure iuſtement que les Fourneaux i'allume,
Que le trauail repris me panche ſur l'enclume,
Que deſſous un Marteau ſans ceſſe reſonant
Ie forge induſtrieux les armes du Tonant,

Est-ce la Iupiter le salaire me rendre, (dre?
Que de souffrir chacun sur ma couche entrepren-
Que du nombre infiny des foudres que tu pers
Contre ces rauisseurs d'aucun tu ne te sers?
Cherche cherche qui plus s'occupe à tel ouurage,
Où venge iusticier le foible qu'on outrage,
Ne pouuant ma priere à pitié t'émouuoir,
En l'Acheron portée elle aura ce pouuoir,
Tu me regretteras, ha! Mercure s'auance,
Et crain que mes regrets l'infidelle deuance,
Pour me faire la fable au peuple Olympien:
Qui t'ameine, hastif? parle Cylenien.

Mercure.

Le sujet inconnu, Iupiter te commande
Tenir des foudres prests en quantité plus grande,
De matiere plus fine & qui penetrent mieux,
Qu'alors que les Titans attaquerent les Dieux,
Actif exerce là tes Cyclopes des sorte,
Que parfaite bien tost la besogne on remporte.

Vulcan.

Mon esprit martelé pense ailleurs qu'a forger.

Mercure.

Apres ce mandement, si n'as tu que songer.

Vulcan.

Iupiter desormais la iustice me face,
Où bien mette vn Rocher insensible en ma place.

Mercure.

Tes Caprices croy moy ne sont pas de saison,
Veu le trouble qui tient la Celeste maison.

Vulcan.

Soit que ce soit Vulcan coupable ne l'excite.

Mercure.

Mais le commun peril à ton deuoir t'incite,

Vulcan,

Declare le motif que l'on s'aduise apres,

Mercure.

L'Oracle souuerain me le defend expres,
Outre que mon loisir impugne ta demande.

Vulcan.

Me voila pas tousiours le mépris de la bande,
Qui d'affaires sçay moins que le moindre mortel,
A qui tout l'Uniuers donne à peine vn Autel,
Bien que nostre industrie égale necessaire,
L'intolerable orgueil d'vne troupe aduersaire,
Dure condition qui du resouuenir:
Bergues ho ! là dedans ne veut on pas venir?

Bronte.

Lequel demandes tu?

Vulcan.

N'importe, va de braise
Iusques à la moitié me remplir ma fournaise,
Nos outils à forger tenus prests sous la main.

Bronte.

Bien, Pere tu seras obey tout soudain,

Mercure.

Ta belle humeur me plaist à point nommé reprise,

Vulcan.

Trop facile, trop bonne, & simple on la mesprise:
Mais quoy sa patience vn iour eschappera,
Vn iour qui la decoit plus fine trompera,

Mercure.

Tu m'excepte non pas? cognoissant que Mercure,
En veritable amy tousjours ton mieux procure.

Vulcan.

Charlatan tu m'es plus qu'aucun autre suspect,

Mercure.

Onc ie ne te manquay toutefois de respect.

Vulcan.

Non lors que tu voulus abuser de ma peine.

*M*ercure.

Premier que le trauail te mette hors d'haleine,
Que tu ne puisse plus te distraire empéché;
Où le fil de ce glaiue apparoit rebouché,
Donne luy ie te prie vn tour dessur la meule,
Que s'il n'en est besoin la polisseure seule.

Vulcan.

Tel subit appareil presuppose vn dessein,
Qui me coule perplex la peur dedans le sein.

*M*ercure.

Tu sçauras assez tost sa friuole origine,
Dépéche qu'au retour leger je m'achemine.

Vulcan.

Bronte, apporte ma queux, celle dont au matin
I'aiguisoy les Ciseaux qui coupent le Destin;
Encore pourrois tu Atlantide nous dire
Pourquoy veut Iupiter tant de traits de son ire:

Mercure.

Quelque reuolte craint se murmure là haut,
Le surplus enquerir illicite ne faut.

Vulcan.

Ce peu suffit, ce peu presage que la Terre
Animeuse medite vne nouuelle guerre,
Que rouge de fureur on voit iournellement
Tracasser çà & la perpetuellement.

Mercure.

Tu ne t'abuses pas, silence, bouche close,
Si tu veux discourir pren sujet d'autre chose.

Vulcan.

Ma curiosité ne passe plus auant,
Vice que chacun sçait me tenir peu souuent,
Qu'exerce déplorable vne peine infinie,
Qui m'astraint volontaire à vne tyrannie,
Tu auras veu premier que de venir icy,
Ma Cyprine là haut,

Mercure.

Mars y estoit aussi:

Vulcan.

Euidente malice, éuidente & cruelle!
Que réponds tu de Mars où l'on t'informe d'elle?

Mercure.

A cause que tous deux se connoissent amis,
Et que les separer ne me semble permis.

Vulcan.

Ne me brocarde plus langue pestiferée,
La vengeance du tort ne seroit differée.

Mercure.

Cas étrange de croire vn scrupule ombrageux,
Qui te fera Vulcan perdre trop courageux!

Vulcan.

Tien, oste toy d'icy, ta presence me fasche,

Mercure.

Trauaille à ce qui t'est enchargé, sans relasche,

Vulcan.

Aquite ton office, & me laisse le mien,

Mercure.

Ne crain que là dessus Mercure attente rien,
Sinon qu'heureux en femme imagine ta vie
Plus digne mille fois de pitié que d'enuie,
A Dieu ialoux:

Vulcan.

Bastard, effronté macquereau,
Si i'osois pour te suiure élogner le Fourneau,
Ta fiance poltrone en tes aisles consiste,
Et que boiteux ma iambe au courage resiste;
Voila donc le payement de t'auoir émoulu

Ton armeure plustost que tu ne l'as voulu,
Voila que mes trauaux moissonnent d'ordinaire,
Voila ce qu'aux ingrats profite de bien faire,
Voila comme opprimé dessous ces inhumains:
Si repasseras-tu quelque iour par mes mains,
De sorte chastié quoy qu'apres en aduienne;
Ha ! quelqu'vne semblable à la Tritoniénne,
S'achemine, c'est elle, & mon ame ressent
De la premiere flame vn brandon renaissant:
Va courtois l'accueillir, & nettoye la crasse
Qu'vne sueur poudreuse a colée à ta face,
Possible, nullement, son veritable aspect
Emporte le dessein de ne sçay quel respect.

Pallas.

Bien qu'a mon grand regret l'heure fort mal choisie
On te trouue empesché, fay moy la courtoisie
De donner à ce fer vne pointe soudain,
Qui merite Pallas, & sorte de ta main.

Vulcan.

Vierge l'honneur du Ciel, sa belliqueuse gloire,
A ta deuotion tousiours tu me peux croire,

Tousiours esclaue prest d'obeyr à ta voix,
Que rendre heureux jadis moins fiere tu pouuois,
Montre, cela vaut fait:

Pallas.

Tu as tort de te plaindre,
Connoissant que mõ vœu ne se sçauroit enfraindre,
Outre que tu gagnas au change vne beauté.

Vulcan.

Ah! tu me fais mourir pire de cruauté.

Pallas.

La raison?

Vulcan.

Tu le sçais trop bien à la mal-heure.

Pallas.

Il faut que de son sort chacun content demeure.

Vulcan.

Non pas moy qui ne puis plus viure en la façon.

Pallas.

Beaucoup se font aussi mal-heureux par soupcon.

Vulcan.

Appelles tu soupcon alors que le coupable

Nous donne à manier la verité palpable?
Les crimes auerez d'vn million de témoins,
Regarde, est elle bien, la veux tu plus où moins?

Pallas.

Non du tout à mon gré mille mercis, auise
A te seruir de moy pour tant de peine prise,
Adieu Vulcan:

Vulcan.

Mauuaise adieu, n'épargne pas
Vn qui voudroit baiser la trace de tes pas,
Substituee aulieu, souhait sans apparence;
Mais i'appercoy venir superbe d'asseurance
Mon riual adultere, O que si la terreur
De ce Dieu carnacier n'empéchoit ma fureur!

Mars.

Boiteux fay vistement ce que plus necessaire,
Mon Espieu visité tu iugeras à faire;
Vne nouuelle trempe adiouster conuiendroit,
Qui le tranchant apres ramoly ne craindroit,
Tu rechignes en vain ta trogne malcontente,
Mon loisir ne permet non pas la moindre attẽte.

Vulcan.

Tout l'ouurage me vient accabler à la fois,

Et seruy, que de reste on t'en doiue tu crois.

Mars.

Le seruice requis Iupiter te le mande
Et de te commander mon grade me commande.

Vulcan.

Mon grade ne s'estime inferieur au tien.

Mars.

Muet dépéche toy, tu ne feras que bien,

Vulcan.

Cent bras insuffisants n'y peuuent satisfaire,
A toute heure opprimé d'affaire sur affaire.

Mars.

Te souuienne qu'on va t'apprester du repos,
Ou n'adioûte de foy iamais à nos propos.

Vulcan.

Bronte accommode luy,

Mars.

N'emprunte que toymême,
L'importance le veut extrémement extréme.

Vulcan.

Or sus donne, voyons que i'auise à sortir
Des mains d'vn temeraire & à m'en garantir.

Mars.

Mars temeraire donc ? tu abuses infame
De l'antique amitié que l'on porte à ta femme.

Vulcan.

Fussiez vous, ô quel heur ! ensemble chez Pluton,
L'eternel passetemps des rages d'Alecton.

Mars.

Auec elle l'Enfer vn beau Ciel me ressemble,
Tant de conformité nos courages assemble.

Vulcan.

Iupiter le sçaura supplié derechef,
Que si pareil affront n'esclate sur ton chef,
S'il refuse à ma plainte vne breue iustice,
D'autres que moy feront ce mecanique office.
Tien mal-heureux ton arme:

Mars.

Afin de t'appaiser,
En ta faueur ie vay ta Cyprine baiser.

Vulcan.

O honte ! O desespoir qui déchire mon ame !
Tandis qu'enueloppé de charbons & de flame,
Tu te tuës chetif à seruir ces ingrats,
Vn suborneur estreint ton espouse en ses bras,
Qui pis, s'ose vanter de l'outrage à ta face,

Au cas que Iupiter la vengeance ne face,
Ces foudres acheuez ie proteste quiter
L'Ætneane demeure, & l'Auerne habiter.

SCENE II.

IVPITER, HERCVLE, MOME, Mars, Pallas, *M*ercure, les Parques.

Iupiter.

TV sois le bien venu vif pourtraict magnanime,
Que parmy les mortels ta vertu legitime,
A qui mandé le Ciel defere mesme honneur,
Ren toy donc desormais capable du bon-heur,
Fay qu'à l'espoir commun ta vaillance réponde,
Dedans l'Olympe tel que tu parus au monde,
Le fleau punisseur des fiers Terre-nez,
Qui veulent m'arracher le Sceptre mutinez,
Sujet plus glorieux, plus illustre, plus digne
Ne pouuoit auenir que ce combat insigne,

Où l'épreuue donnée auiourd'huy te fait fort,
D'estre au nombre de ceux que redoute la mort,
Qui gouſtent auec moy le Nectar, l'Ambroſie,
Qu'vne odeur de victime agreable choiſie
Pénetre iuſqu'icy, bref qui dois eſperer
Te voir également des humains honorer.

Hercule.

Prince & Pere des Dieux, ma dextre ne demã- [de,
Que l'accompliſſement de ta iuſte demande,
Que la preuue donnée à ſemblable ſecours,
Auſſi propre aux effects, que rude en mes diſcours;
Au cas que le courage intimidé recule,
Du ſejour Olympique expulſe ton Hercule,
Enfant dégenereux, qu'vn coup de foudre torts
Me confine là bas vaine ombre auec les Morts.

Mome.

Tu és mon homme à qui la vantiſe n'échappe,
Et pareil au Maſtin, qui mord pl⁹ qu'il ne jappe;
Toutefois Iupiter ie t'appren que gourmand
Tu ne le verras onc à la table dormant,
Que d'heure tu peux biẽ te pouruoir d'Ambroſie,
Si tu veux que ſa faim gloutonne on raſſaſie.

Mars.

Ta langue à la parfin te portera mal-heur,

Mome.

Mais luy va t'emporter le prix de la valeur,

Mars.

Premier que cela fust, la Terre coniurée
Nous deposséderoit de la Voute aZurée,
Ainsi que l'Uniuers ne connoist qu'vn Soleil.

Iupiter.

Tu seras compagnon de folie & pareil,
Prenant garde à ces mots láchez à la volée,
Qu'endure maintefois ma grandeur controlée,
Plus sage contien toy sous le frein du déuoir,
Vous n'auez où ie suis l'vn sur l'autre que voir,
Chacun face à l'enuy le deu de son office,
Sans que l'ambition la discorde nourrisse.

Pallas.

Où son feu perilleux trouue l'accez permis,
Onc à perfection bel exploit ne fust mis.

Iupiter.

Là gist le principal, que ce zele vnanime,
Contre les ennemis indomteZ vous anime,
Qu'apres ce beau chef d'œuure, ô supréme renfort!
La trouppe vient à nous qui dispose du sort.

Mercure.

Ton frere preferant l'amitié fraternelle
A sa propre asseurance & Parques eternelle,
Te le preste secours, capable de tenir
Sous ta sujection les perils à venir.

Clothon.

Pere tu le peux croire, autre suiet n'ameine
Nostre trouppe vers toy d'humble pieté pleine,
Trouppe qui te predit les Geants déconfits,
Trouppe qui sçait le terme à leurs Destins prefix,
Qui te plege la Terre orpheline soumise,
A demander pardon de l'offense commise,
Que ta clemence accorde, asseuré desormais
Telles rebellions s'esteindre pour iamais.

Iupiter.

O douce prophetie! O Vierges fauorables!
Que l'Olympe vous doit de graces memorables!
Sa dextre, son appuy, son ancre, son rempart,
Ie proteste le Styx n'oublier de ma part,
Un signalé bienfait qui tout autre surpasse;
Or chacun du combat vienne prendre sa place,
Non combat, mais plustost Celeste passetemps,
Qui fera ces mutins compagnons des Titans.

ACTE IIII.

LA TERRE, BRIARE'E, TIPHOEE, ALCIONEE, TR. DE GEANS, IVPITER, *M*ars, Hercule, Apollon, Pallas, Bacchus, Iunon *M*ercure, & Porphirion.

SCENE I.

LA TERRE, BRIAREE, TIPHOEE, Trouppe de Geans.

La Terre.

INuincibles enfants d'vne Mere feconde,
La fortune vos vœux à cette heure secon-
de,
Voyez le Ciel trembler de crainte regardant
Ce triple Mont anté sa hauteur excedant,
Voyez que l'ennemy troupe lâche & coüarde,

Aucune resistance encores ne hazarde:
On le braue, on l'assiege, on l'approche si prez,
Qu'vn deffy ne se peut signaler plus exprez,
Sans voir qui valeureux vous ose faire teste,
Plus craintifs que Pigeons surpris de la tempeste,
Plus craintifs que le Cerf inuesty dans son fort,
Qui voit de toutes parts vne image de mort,
Ce superbe appareil iusqu'en l'ame l'estone,
Ne l'homicide Mars, ne l'Archer de Latone,
Non plus que ce bastard parmy le foudre né,
N'escarmouchent le champ de bataille donné,
Signe victorieux, auantcoureur presage,
Que n'en reconnoistrez aucun par le visage,
Que plus vistes à fuir que legers Aquilons,
Vous n'en verrez sinon le dos & les talons,
Possible que sçait on? la canaille timide,
Fuitifue aura desia laissé le Throsne vuide,
Où tout enuironnez des Astres radieux,
L'Olympique seiour vo⁹ attẽd nouueaux Dieux;
Ah! quel aise, ah! quel heur de voir ma geniture
Souueraine donner les loix à la Nature!

Mon époux liberé de l'opprobre des fers,
Maintenant les moyens si faciles offers,
Qu'on regagne hardis le celeste heritage,
Qu'on remette l'Erebe & les eaux en partage,
L'ordre mis entre vous que requiert le combat,
Auquel i'assisteray par maniere d'ébat.

Briarée.

Trouuerois tu pas bon auant la force ouuerte,
Que i'allasse premier faire vne découuerte?
Connoistre sur les lieux l'estat des ennemis,
Si sur la deffensiue ores ils se sont mis,
Où si la peur les iette en fuite pesle méle,
Que de cent de nos dards vne orageuse gréle
Termine ce labeur, les desface du tout,
Sans d'autres empécher i'en puis venir à bout.

Tiphœé.

La pointe à ma valeur capable concedée,
Belle charge d'aucun ne sera possedée,
Plustot qu'on me rauit ce droit de primauté,
Que ma gloire souffrit vne déloyauté,
Mes forces soustiendront la fraternelle bande,
L'hõneur plus que l'Empire esperé me cõmande,
Acquis que l'on m'en face apres la moindre part,

Mais le tiltre de chef ailleurs ne se départ.

Alcionée.

Quel tiltre obiectes tu? dessous quelle asseurance
T'oserois tu briguer pareille preference?
Mon suffrage receu ne l'authorise point,
Scache que moins que toy la gloire ne m'époint,
Que la méme valeur, & que la méme enuie
Me cousteront plustot l'usufruit de la vie,
Qu'aucun coure premier en la lice à present,
Ma Mere tu connois si ie suis suffisant.

La Terre.

Factieux n'allumez ces contentions vaines,
Qui de vous ne presume autant de Capitaines?
Chacun égal, chacun digne que son pouuoir
Autre superieur ne vueille receuoir:
Toutefois diuiser cette grand force vnie,
Rompre de vos desirs fraternels l'armonie,
Indubitablement ruyne ce dessein;
Plustot que telle Eryne embraze vostre sein,
Que l'exploit glorieux auorte à sa naissance,
A faute de concorde, & non pas de puissance,
Mes fils amortissez dessur moy ce courroux:
Faites de vostre Mere vne butte à vos coups,

Elle

Elle tolerera pareille destinée,
Mieux que de ces enfans la rancune obstinée,
O la honte ! ô l'opprobre ! ô que lors à bon droit,
L'ennemy du discord épris se préuaudroit!
Mon espoir, mes projets conuertis en fumée,
Déplorable butin de sa rage animee
Ah! chere geniture, oste ce different
Selon que tu verras les grades conferant.

Briarée.

Toy méme regle nous sage d'experience,
Neutre qui le pourroit mieux faire en conscience?
Au tien plus absolu mon vouloir se soumet,
Bref toute autorité de iustice remet.

Tiphoée.

Ouy, ma Mere tu dois disposer souueraine
Des actions de ceux dont l'humeur trop hautaine
Desire vn contrepoids égal à maintenir
L'ordre sans qui ne peut que malheur auenir:
Prononce hardiment ce decret salutaire,
Qui oblige les tiens d'obeyr & se taire.

Alcionée.

Mon courage ne craint de n'auoir balancé,

R

Qui marche apres sa gloire en l'estour commencé,
Ne differe plus rien bonne Mere, partage
Les grades à monter au Celeste heritage.

La Terre.

Puis que l'égalité vous doit mettre d'accord,
Faites de front ensemble vne charge d'abord,
Encelade conioint ma quatriéme esperance,
A ses freres pareil de force & d'asseurance;
Ainsi qu'vn tourbillon trauerse furieux,
Qu'on emporte d'assaut le Ciel, victorieux,
Qu'on brise, qu'on terrace vnis de violence,
Que mille dards à coup réueillent le silence
De ces Dieux que la peur assoupit endormis,
Qu'on trébusche aux enfers les cõmuns ennemis,
Tel rude chamaillis, stratageme notable,
Par le nombre augmenté deuiẽt plus redoutable,
Quatre fleuues en vn mutuels de secours,
N'apprehendent qu'aucun diuertisse leur cours,
Pareils l'Olympe n'a resistance opposée,
Qui puisse a vostre effort seruir que de risee,
Encore soustenus, au besoin secondez
De ces moindres soldats à qui vous cõmandez:

Or le seiour nuisible acheuons l'entreprise,
L'occasion fuiroit, qui chauue n'est reprise.

Briarée

Perisse malheureux quiconque veut couard,
Tant soit peu du combat differer le hazard,
Quiconque à ton vouloir docile ne se range,
Quiconque ne me suit affamé de loüange;
Allons race guerriere employer nos apprests,
Et le discours laissé ioindre ces Dieux de prez.

Tiphoée.

La canaille desia fuitiue, épouuantee,
Au combat n'attendra cette flotte indomtée,
Seul soucy qui me tient, seul regret de n'auoir
Où montrer à l'enuy son belliqueux pouuoir;
Toutefois on verra l'experience faite,
Et ne faut obtenir la victoire imparfaite,
Eux captifs attrapez iusqu'à vn mis aux fers,
Iusques à vn reclus dans le creux des Enfers.

SCENE II.

IVPITER, MARS, HERCVLE, APOLLON, PALLAS, BACCHVS, Mercure, Briarée, Tiphoée, Alcionée, La Terre, Tr. de Geans, Iunon, Porphirion.

Iupiter.

L'Heure approche Immortels, l'heure bien fortunée,
A la douce moisson d'vne palme ordonnée,
Qui tousiours verdoyante en sa gloire produit
D'vne eternelle paix le delectable fruit,
Ce labeur sans labeur fertile nous asseure
Pour les siecles futurs vne puissance seure,
La Terre n'ose plus iamais se reuolter,
Iamais contre le Ciel de Monstres auorter,
Semblable chastiment l'appriuoise farouche,
On luy donne le mors capable dans la bouche,

Sans plus à mon exemple auides combattans,
Donnez vous le loisir d'vn guerrier passe-
temps,
Donnez vous le loisir décarter cét orage
De rompre les boüillons de leur aueugle ra-
ge,
Pareille aux flots marins qui menacent le
bord,
Mais dont l'orgueil se creue à vn premier abord;
L'ordre que l'on tiendra, le voicy chere bande:
Chef à la teste ainsi que ma charge commande,
Du plustot coup à coup que nos foudres láchez
Auront les plus mauuais des Geans trébuchez,
Pallas, Alcide, & Mars succedent en la place,
(Reláche d'vn moment qui ma dextre delasse)
Vous autres trois apres d'arriere-garde mis,
Ne fondans qu'au besoin dessur les ennemis,
Pilote vous m'auez prest à toute occurrence,
Si la difficulté trompe nostre esperance,
Si la bataille dure à sa gloire suruend,
Chose ez desperez qui arriue souuent.

Mars.

Ta supréme grandeur se prophane auilie

Vers ces Monstres issus d'vne fangeuse lie
Pere tien mieux ton rang, épargne ton pouuoir
En suiet qui merite à courroux l'émouuoir,
Moy seul que l'Uniuers indomtable redoute,
Mettray des Terre-nez le camp à vau de route,
Moy seul dissiperay leur temeraire effort,
Qui ne demande point ne second, ne renfort.

Hercule.

L'épreuue me conuient de ce premier seruice,
Que l'Olympe repute aux allarmes nouice,
Reçoy Saturnien l'offre de ma valeur,
Fay son premier essay l'opposant à la leur,
Que du moins auec eux i'attaque l'escarmouche,
Mille à coup écrasez sous ma noüeuse souche.

Apollon.

Un exploit qui m'aquit le nom de Pythien,
Prouue que la victoire en ma dextre ie tien,
Apris à décocher depuis l'heure premiere,
Que le iour sombre alors me presta sa lumiere,
O vergogneuse attente! on deust, on deust aller.

Pallas.

Plus sage seulement auise à mieux parler.

Entreprendre indiscret dessur son Capitaine,
Ne part que d'vn excez de presomption vaine,
Ne differe que peu du reuolte mutin,
Laissons nostre cõduite aux Vierges du Destin.

Bacchus.

Leur mandement receu mon courage s'apprête,
Comme vn braue Limier lâché dessur la beste,
A rendre le combat, à rendre le deuoir,
Mercure nous fera des nouuelles sçauoir.

Mercure.

Apporte Iupiter la prompte resistance,
Ou cherche vn autre Ciel auec autre assistance,
Les Parques desormais lasses de soustenir,
Au secours, & soudain te coniurent venir,
Ces Geans éleuez sur leur triple Machine,
Commencent à forcer nostre porte aimantine,
Armez de feux, de traits, d'arbres, & de cailloux;
O stupides, he! quoy ne les entendez vous,
Qui de leur bruit confus surpassent le tonnerre,
Sous qui le Pole tremble & resonne la Terre?
Arme arme, que chacun s'efforce valeureux,
Sur peine de se voir esclaue malheureux.

Iupiter.

Sans trouble, sans effroy, qu'en bon ordre on me suyue,
Que nos foudres lancez la victoire on poursuyue,
Foudres qui les sçauront réprimer éperdus,
Foudres plustot sentis mille fois qu'entendus,
Vien me les tendre prests mon fidelle Mercure,
O Venerable Styx derechef ie te iure,
Qu'vn seul ne restera de ce nombre maudit,
Que veut perdre la Mere impieuse à credit.

Combat.

Alcionée transpercé d'vn coup de fléche par Hercule.

Courage, saisissons la premiere auenuë,
A trauers de ces feux éclatez de la nuë,
O desastre! vne fléche en trahison m'ateint,
Me trébuche du Ciel, & sa lampe m'esteint!

Iunon pressee par Porphirion.

Iupiter au secours, vn sacrilege infame
S'adresse violent à l'honneur de ta femme,

Porphirion.

Ta vaine resistance augmente mon ardeur,

Iupiter
parlant à Hercule.

Tire mon fils, O coup adextre & de grand heur!
Le nostre acheuera de le reduire en cendre,
Il va ce rauisseur dedans l'Orque décendre.

La Terre.

Poursuiuez courageux, l'épouuante les tient,
A vn leger effort la victoire appartient,
Mes fils plustot mourir que rebrousser arriere,
Que venus au milieu, n'affranchir la carriere,
Que ne vaincre du tout : ô trop inique sort!
Briarée bronchant mon principal support,
Las! helas desormais ce dessein fait naufrage.

Briarée
atteint du foudre.

Ma Mere appaise moy la douleur d'vne rage,
Que ce feu déloial m'allume dans les os,
Ou en ton large sein me trouue du repos,
Me coupe ces cent bras inutiles aux armes,
Ah! qui pensoit auoir à combattre des charmes?

Alcionée
aussi atteint.

Secours, verse marâtre vn fleuue sur ce corps,

Qui brusle miserable & dedans & dehors,
Marâtre d'enuoier ta race magnanime,
A la Parque certaine infernalle victime:
Couure Terre ma honte, ou finy le tourment
De l'inuisible feu qui me ronge gourmand:

La Terre.

O supréme desastre ! helas mon Encelade
Tombe dernier surpris de la méme embuscade,
Mimante l'a suiuy & nul des miens l'à haut
N'ose plus que de loin continuer l'assaut,
Ne pense intimidé sinon de sa retraite,
Bref mon œil ne voit moins qu'vne entiere deffaite,
Les chefs occis que doit le surplus esperer?
Commence pauure Mere à te défigurer,
Arrache à pleines, mains ta perruque chenuë,
Deffie l'inhumain qui tonne dans la nuë:
Inique rauisseur du droit de mon époux,
Espuise dessur moy ton forcené courroux,
Embraze inexorable, extermine la Terre
Sur qui tu te preuaux d'vn perfide tonnerre;
Aussi bien prolongeant la trame de mes iours,

Ce ſein renourrira méme ennemy touſiours,
Tu regneras en peur parmy l'incertitude,
Regne qui te ſera pis qu'vne ſeruitude,
Et ne preſume pas que les ſiecles ſuiuants
A ton occaſion ie ſouffre les viuants,
Sterile deuenuë, ains marátre commune,
I'épancheray ſur eux le fiel de ma rancune,
Mes preſents nourriciers leurs deuiendront mortels,
Affin qu'aucun ne puiſſe honorer tes Autels.

ACTE V.

IVPITER, CLOTON, HERCVLE, Mars, Pallas, *M*ome, Iunon, Mercure, Venus, Apollon, Hebe.

SCENE I.

Iupiter.

PAisibles liberez de soucis & de crainte,
Chere trouppe compagne aussi belle que sainte,
La fidelité méme, & la méme valeur,
A qui iamais peril ne change la couleur,
Un deuoir maintenant équitable commande,
Qu'à tous selon le poids du merite ie rende:
Que ma loüange à tous diuise le Laurier,
Non d'vn exploit, mais bien d'vn miracle guerrier,
Onc au reuolte épris des Titans cét Empire

Ne courut attaqué vne fortune pire,
One secours ne sçauroit de Monarque obliger,
Qui vist plus que i'ay fait son état en danger;
Mais vous à qui la gloire inspire le courage,
Presque plustot qu'émeu me dissipez l'orage,
Ce trauail departy me rend à moins de rien
Tranquille possesseur du Throsne Olympien,
Vous autres, nommément pucelles Erebiques,
Qui tournez le mal-heur sur les œuures ini-
ques,
Iupiter pourroit tout ce qui se peut penser,
Vn semblable plaisir pouuant recompenser.

Clothon.

„ La vertu n'a que soy de plus riche salaire,
Or comme le Soleil d'autre feu ne s'éclaire,
Nous ne pouuons enuers le souuerain Moteur
Meriter d'aucun bien, veu qu'il en est l'auteur,
Veu que la pieté, que la charge commise
Les Parques obligeoit à pareille entremise:
Vy Pere en bon repos, obey desormais,
Que reuolte où discord ne l'altere iamais,
Que sous ton Regne heureux d'eternelle durée,
Puissent florir Themis & sa compagne Astrée,

L'office que tu sçais nous remeine là bas
Annoncer à Pluton l'honneur de tes combas,
Annoncer à Pluton que là tourbe punie
Des fiers Terre-nez a sa crainte finie,
Nouuelle qui retient en bride ses espris,
Ia presque du desir de tel reuolte pris.

Iupiter.

Asseurez mon Germain qu'en l'amitié paruë,
Nostre Celeste Cour au besoin secouruë,
Son seruice luy voüe, ou pareil accident
(Ce qui aduienne pas) le prendroit imprudent.

Clothon.

Tu seras obey de courage & de Zele,
Sus mes sœurs repassons en la nuict eternelle.

Iupiter.

Tandis que le festin se prepare, venez
Tous le chef du Rameau Phœbean couronnez,
Que chacun l'allaigresse en l'ame m'enuironne,
Et selon sa vertu la loüange moissonne,
Discourons du combat, ainsi les Matelots,
Que l'art à garentis de l'orage des flots,
S'entredisent ioyeux la diuerse industrie,

Qui les remet au sein de leur chere patrie:
Sans doute que chacun merite receuoir
Mon témoignage exprez sur ce braue deuoir;
Mais pourquoy susciter entre vous quelque en-
uie?
D'égale pieté cette trouppe rauie
Merite égal honneur, merite iustement
Participer heureuse à mon contentement,
Merite apres la nostre vne gloire seconde,
Merite apres la nostre vne gloire feconde,
De victimes, de vœux, de parfums & d'Autels;
Outre les sacrez droits de ma table immortels,
Approche mon Thebain, vien belliqueuse race,
Digne de Iupiter, que ton Pere t'embrasse,
Ton redoutable effort belle épreuue à mes yeux,
S'obtient la primauté d'vn heur victorieux.

Hercule.

Ta presence diuine a sur nous espanduë
La force outre sa force inuincible renduë;
Et me sembloit suffire à ces Monstres deffaits
Plus affreux de regard, qu'effroyables d'effets,
Puis la confusion par leur trouppe receuë,
Ne pouuoit enfanter qu'vne honteuse issuë.

Mars.

Entre ce nombre épois d'ennemis opposez,
Ma dextre dédaignant les Lauriers plus aisez,
Se vante d'auoir mis à mort leur esperance,
Enorme de stature, enorme d'asseurance,
Qui ton foudre apperceu (toy méme en és témoin)
Vouloit à corps perdu te le rauir au poin.

Pallas.

Le deuoir me deffend de seruir indiscrette
A mes propres exploits d'odieuse Trompette,
Suffit que ce mauuais qui l'Olympe écheloit,
Qui d'horrible hauteur les Astres égaloit,
Atteint d'vn coup de pique à trauers la poitrine,
Sçait que Pallas ne nuit à la trouppe diuine.

Bacchus.

M'estime qui voudra pendant l'orage épris,
Autre plus valeureux n'a disputé le prix,
Autre qui craignist moins la fortune des armes,
A la Terre auiourdhuy n'a plus causé de larmes,
Plus rompu les efforts de ses fils malheureux,
Où il en est besoin que trop auantureux.

Mome.

Mome.

Ma proüesse sur tout apparoist signalée
En ce qu'aucun ne m'a veu fuir en la mestée,
Que ceux que mon courage a peu heurter alors,
S'entend de l'ennemy, sont bien bleçeZ où morts,
Si le vouloir suffit & l'effet represente,
Tu n'auras Iupiter de Palme suffisante.

Iunon.

O Cieux! quelle fortune a couru mon honneur,
De ce Monstre attaqué violent suborneur!
Le simple souuenir me pâme espouuantée.

Mome.

Confesse Iupiter toute feintise ostée,
Quoncques tu n'approchas les cornes de si prés:
Et que fort bien t'a pris de te trouuer aupres:

Iupiter.

Celuy t'a preuenu la notable infamie,
Que ta haine voulut de marâtre ennemie
Perdre cent mille fois, ce Thebain mon support,
L'outrageux rauisseur a puny de la mort;
Pourras-tu desormais vers luy n'estre appaisée,

S

La place à sa vertu dans le Ciel refusée?
Pourras-tu ne l'aymer d'vn acte si clement,
Sans qui tu succombois à ce violement?

Iunon.

Non certes, le bien faict excede ma puissance,
Ma ialousie à tort foula son innocence,
Reconnu quant à nous digne Bourgeois des Cieux,
Vn salaire sans plus me reste pretieux:
Hebe Vierge, beauté qui me doit vn tel gendre,
S'il te plaist Iupiter le faire condescendre.

Iupiter.

Tu ne sçaurois mon fils meilleur party choisir,
Ores qu'vn siecle entiert en donnast le loisir,
Deesse Presidence à la Ieunesse, pense
Que tes trauaux auront égale recompense,
Qu'aucune Deité ne se prenaut sur toy,
Ains n'approche ton heur en la iugale loy.

Hercule.

Pere ta volonté possede mon courage,
Sous ton auspice saint acheuons cét ouurage,
Qui me reconcilie à la grande Iunon,
Et outre son appuy m'eternise de nom.

Iupiter.

Va la faire venir aymable Cytherée,
De nuptiaux habits pompeusement parée,
Iaçoit que sa beauté, miracle nompareil,
A captiuer vn cœur ne veuille autre appareil.

Mome.

Vne belle maistresse, & vne bonne table,
Se nomme en deux façons auantage notable,
Le logis des meilleurs, que demanderois tu,
Qui se pût adiouster salaire à ta vertu?
I'oublioy le plaisir que Mome te reserue
Pourueu qu'en amitié ta douceur le conserue,
Que tu ne sois ainsi que ce Mars querelleux,
L'antipatie alors cruelle entre nous deux,
Or sus resiouy toy de ta bonne auanture,
Et contemple venir ton épouse future.

Hercule.

Alcide ne vit onc de prodige si beau,
L'autre monde quittant il sortit du tombeau:
Que de chastes attraits! que de modeste grace!
Vn Roc s'animeroit, vn marbre, ou vne glace.

Mome.

Bon courage, voila nostre rustre en humeur,

Non sans raison si prest de cueillir ce fruit
meur:

Iunon.

Voy ma fille vn époux que Iupiter te donne,
Vn la gloire des Dieux, l'appuy de sa Couronne,
Vn que ie te commande aymer fidellement,
Honorer & cherir perpetuellement,
Faueurs en son endroit mutuelles trouuees,
Faueurs en son endroit communes éprouuees,
Qui n'oublira iamais vn deuoir d'amitié
A son ame demie, à sa douce moitié.

Hebe.

Tu sçais Reine des Dieux, que mon obeyssance
Humble ne peut sortir du ioug de ta puissance,
Et ne recognoistras que le méme deuoir
Enuers l'époux duquel tu me daignes pouruoir.

Hercule.

Deesse qui rauis les ames par la veuë,
De ma felicité claire Aurore impourueuë,
Sois seure qu'vn esclaue asseruy desormais,
D'amour ny de respect ne te manque iamais.

Mome.

Voila clorre vn marché ſelon ma fantaiſie,
Qui ne puis n'admirer l'étrange courtoiſie
De ce lourdaut d'Hercule, ah! folaſtre Cypris
Ta race opere là qui le ruſtre tient pris.

Mercure.

Pere le feſtin preſt n'attend que ta venuë,
On a mis le couuert.

Mome.

Acheue, continuë,
Ta nouuelle m'agrée, O gentil Meſſager!

Iupiter.

Chacun vienne en ſa place & d'ordre s'arranger,
Iunon tu feras ſeoir ton gendre & ſa Charite,
Où l'Hymenée vn lieu d'eminence merite,
Donne, verſe de l'eau Ganymede ſoudain,
Encor, encor vn peu deſſur cet autre main.

Iunon.

Vis à vis opposé tu pourras à ton aiſe
Détremper de regards vne amoureuſe braiſe,
Heureux trois fois heureux en ce principal point,
Que t'a moiſſon s'approche, & ne l'aguiras point.

Iupiter.

Apporte moy premier la coupe toute pleine,
Qu'apres i'entends chacun épuiser d'vne haleine,
Couronne la de fleurs, dépéche Phrigien,
Que de delicieux on ne m'obmette rien:
Sus Celestes plegez Iupiter qui va boire,
Et ce Nectar consacre au Pere de victoire,
Fay la ronde, que tous succedent à leur tour,
Peut-on trop celebrer ce glorieux retour?

Mome.

Non, Ganymede à moy, ten la couppe, ne priue
Mome le valeureux de sa prerogatiue,
Tu tu te moques ie croy pendart effeminé,
Rogue d'auoir le droit de Iunon butiné.

Iupiter.

Qu'on le chasse d'icy la langue de vipere,

Mome.

Tantost i'ayme mieux boire & ne rien dire Pere.

Hercule.

Dessous ton bon plaisir i'oseray saluer,

Mome.

Pousse, courage, il n'est que de s'éuertuer,

Hercule.

Les graces de ma belle au nom de l'Hymenée,

Mome.

Sa nouuelle amitié quoy que passionnée,
Ne l'empéche de boire, & me confessez tous,
Qu'il fait icy meilleur qu'en la presse des coups.

Mars.

Ouy pour ceux dōt la table est la volupté seule,
Et qui ont comme toy le courage à la gueule.

Iupiter.

Mome, où te tenois tu caché durant l'ébat.

Mome.

Auec la Cytheride en merueilleux debat,

Iupiter.

Sur quoy?

Mome.

Tu le sçauras, demy morte de crainte,
Serre, luy ay-ie dit, d'vne amoureuse estrainte
Mome ton bon amy qui t'offre le couuert,
Qui te garantira si la bataille on perd,
Mais pour n'estre tant beau ma priere inutile,

Venus.

Pere que de l'Olympe ou ce traistre on exile.

Iupiter.

Que veux tu ? ce freslon Iupiter] n'espargnant,
T'oblige d'endurer son aiguillon poignant;
Mais vn muet silence obscurcit nostre ioye,

Mome.

A cause que chacun des machoires s'employe,

Iupiter.

Recomble de Nectar mon hanap l'apportant,
Quiconque m'aymera de suite en face autant.

Mome.

Mon Zele te va rendre vne preuue notoire,
Que nul d'eux ne m'égale en matiere de boire.

Apres que les Dieux ont beu.

Iupiter.

Telle action me plaist qui témoigne le cœur,
Desormais Apollon donne à ce sacré Chœur
Quelque accord que ta voix à la Lyre marie,
Que sa douceur aux traits de l'Archer apparie.

Apollon.

Le silence obtenu Pere, tu as apres
Vn beau chant de victoire en ton honneur expres.

Iupiter.

Que chaçun attentif à cette heure l'écoute,

Mome.

De la pance la dance il n'y a point de doute,
Ma disposition te requiert que du moins
Elle paroisse aux yeux de tant de bons témoings?

Iupiter.

Ne te trauaille pas, nous la tenons pour veuë,
D'extreme agilité nous la tenons pourueuë,
Paix, ne t'ingere plus de parler importun,

Mome

Parler sans dire mot, sera-ce pas tout vn?

Apollon
chantant.

Trouppe compagne au Dieu supréme,
Dessur qui ne peut le trépas,
Suy ma voix, & d'vn zele méme
Maintenant ne t'épargne pas
A chanter la belle victoire,
Du grand Iupiter ton recours,
Qui pour te conseruer sa gloire
Ne veut que son bras de secours.

Contre luy la Terre mutine
S'éleue factieuse en vain,
Contre sa presence diuine,
L'orgueil du fresle genre humain
Ressemble au nuage qui passe,
Ressemble à l'ombre d'vne nuit,
Qui disparoist lors que ma face
Sur celles des hauts Monts reluit.

Equitable arbitre du monde,
Souuerain Monarque des Rois,
Que le Ciel, que la Terre, & l'Onde
Tremblent craintifs dessous tes loix,
Quiconque Geant se rebelle,
Trouue leur deplorable sort,
Et qu'il ait de peine mortelle,
L'horreur d'vne immortelle mort.

Troupe compagne au Dieu supréme,
Dessur qui ne peut le trépas,
Suy ma voix, & d'vn zele méme
Maintenant ne t'épargne pas
A chanter l'heureuse victoire,

Du grand Iupiter ton recours,
Qui pour te conseruer sa gloire
Ne veut que son bras de secours.

Iupiter.

Desormais du festin la liesse accomplie,
Ma priere la troupe en commandant supplie.
Qu'ensemble elle nourrisse vne saincte vnion,
Qu'elle abhorre chassez les serpens d'Enyon,
Qu'vne vraye amitié à l'enuy cultiuée,
Ne reserue rancune où publique, où priuée;
Ainsi son heur atteint à la perfection,
Ainsi seure tousiours en ma protection,
Ennemy quel qu'il soit ne luy donne de crainte,
Allez vous reposer, allez brigade sainte:
Toy Iunon conduiras ton gendre au lit nopcier,
Qui te doit de la peine apres remercier.

FELISMENE,
TRAGI-COMEDIE.

PAR ALEXANDRE HARDY, Parisien.

LES ACTEURS.

D. ANTHOINE.
D. SANCHO.
D. FELIX.
FELISMENE,
CELIE.
NOVRICE.
ADOLPHE.
LVPOLDE.
FERNANDE.
PAGE.
SYRENE.
DVARDE.
DANTE.
DIANE.
TR. DE BERGERS.

ARGVMENT.

DOm Felix ieune Caualier issu de l'vne des plus nobles & riches familles de Tolede, contracte vne amitié mutuelle & clandestine auec Felismene, autant accomplie en vertus, que rare en beauté: mais inegale à ce Gentil-homme quant aux biens de fortune. Le Pere de D. Felix sourdement aduerty de leurs amours, enuoye son fils à la Cour de l'Empereur, pour luy procurer pendãt l'absence vn party plus auantageux & digne de luy; Dom Felix à ce depart cõsole sa maistresse en l'espoir d'vn prõpt retour qui consommeroit leur mariage, mais arriué à la Cour, Cœlie parente de l'Empereur, & belle en perfection, luy fait oublier sa premiere maistresse, qui le va trouuer déguisee en masle, sur vn legitime soupçõ de son inconstance, s'introduit sans estre connuë, à son seruice, & s'employe, quoy qu'à contrecœur, pour luy faciliter la iouyssance de Coelie, qui en deuint amoureuse, & au refus de celle que la cõformité du sexe rendoit incapable de la contenter, entre en telle rage de desespoir, qu'elle meurt subitement, Là dessus vn Seigneur Alleman corriual de Dom Felix & son mortel ennemy luy impute la mort de ceste ieune Princesse par quelque poison, le court comme celuy que l'espouuante auoit mis en fuite, & le rattient au propre lieu où Felismene, à l'heure hors son seruice, & deuenuë Bergere, luy preste secours contre ses ennemis, desquels à l'ayde de ceste Amazone il emporte la victoire; ce qui ocasionne leur reconnoissãce & en suite vn heureux mariage ce suiet tiré de la Diane Mõtemaior sur le Theatre François, ne doit rien aux plus excellents.

FELISMENE, TRAGI-COMEDIE,

ACTE I.

D. ANTHOINE, D. SANCHO, D. Felix, & Felismene.

SCENE I.

D. ANTHOINE, D. SANCHO, & D. Felix.

D. Anthoine.

SOubz le rond ſpacieux embraſſé de Neptune,
Si mortel fuſt iamais content de ſa fortune,

Si

Si mortel a vescu (rare felicité)
Presque affranchy des loix de toute aduersité,
L'Uniuers doit entier vn pourtraict à ma vie,
Où vaincœur so⁹ mes pieds on enchaisne l'enuie,
Où ie face mentir quiconque ne croit pas
L'heur de l'homme acomply parauant le tré-
pas,
Soit qu'on veuille peser l'illustre parentage,
Où sa propre vertu, merueilleux auantage,
La santé, les amis, la proüesse, les biens,
Estre honoré des Rois, & bien voulu des
siens,
Graces au Tout-puissant ma vieillesse chenuë
Sur les mieux fortunez a la palme obtenuë;
Méme en ce dernier point, que du sepulchre en-
clos,
Un vif pourtrait laissé resuscite mon los,
Un fils dont la prudence au courage s'égale,
De nature courtoise, accorte, liberale,
Meur, discret, moderé, qui Lyonceau n'attend,
L'œil furieux au guet, le poulmon haletant,
Que quelque digne obiect, quelque sortable
proye,

Où vn premier essay de valeur se déploye:
Car stupide le voir, paresseux, casanier,
Entre les voluptez infames prisonnier,
I'aymeroy beaucoup mieux que ma memoire é-
teinte,
Du sang dégenereux ne receut vne atteinte,
On doit moins les enfans que la gloire estimer,
Tout amour enuers eux idolatre à blâmer,
Satisfait là dessus mon esprit se repose,
Attendant de pied coy que le Ciel en dispose,
Immortel Citoyen de son stable séjour:
Mais vn affaire expres me demande à la Cour,
Qui ce penser sursis ne souffre de remise,
Et crain mesme d'auoir passé l'heure promise,
Nous le sçaurons, il faut ma monstre consulter,
Bon Dieu! quelque importun vient encor m'arre-
Nullemēt, le meilleur de nos amis s'auance, (ster,
Et vn desespoir courtois veut que ie le déuance.

D. Sancho.

Certain cas m'amenoit à l'extréme important,
Qui sur l'vnique espoir d'vn vieil Pere s'étend,
Espoir prest à broncher, prest à faire naufrage,
Qui d'heure ne voudra contre-luter l'orage,

Qui d'heure ne voudra dessur l'auis receu,
Preuenir les aguets d'vn serpent aperçeu,
Preuenir le peril cause de sa piqueure,
Depuis que tant soit peu on neglige la cure.

D. Anthoine.

Arbitre des humains ren l'augure trompeur,
Qui mon sang à ces mots caille de froide peur,
Dites, dites sans plus déguiser la matiere,
Donnez à tel auis son ouuerture entiere.

D. Sancho.

Parfois la verité Soleil trop radieux,
Qui se découure à coup nous offense les yeux,
Lors principalement qu'vne chose affectée,
Du vice qu'elle cache apparoist infectée;
Or intimes amis ayie à vous declarer
Que l'Amour ce Tyran commence à s'emparer
De la ieune raison de celuy que nature
Vous surroge heritier apres la sepulture,
Et là ne s'agit point d'vn amour passager,
Qui n'a pas le loisir de s'asseoir pour changer,
La beauté qui le tient grandement inégale,
Aspire à l'attraper sous la torche iugale,

Possible des parens instruite, qui rusez
Comme Veneurs experts en embusche posez,
Desirent sur la proye acharné le surprendre,
Et legitime époux au lieu d'amy le rendre,
Destournez auerty ce fascheux accident,
Qui de vos ans chenus hasteroit l'occident.

D. Anthoine.

Ouy certes le regret d'vne bru mal choisie
Sans mon consentement selon sa frenaisie;
Regret plus douloureux que le pire trépas,
Quoy que proche; au cercueil precipite mes pas
L'impie reuolté de nostre obeissance,
S'vsurper temeraire vne telle licence?
Enfraindre le respect paternel effronté,
Et oser prendre loy que de ma volonté?
Monstre pernicieux, parricide vipere,
Apres tel attentat flechible ne m'espere,
Tu mourras à l'instant estouffé de ces mains
Qui rendront ma iustice exemplaire aux humains.

D. Sancho.

La Passion messied où la douceur prudente
Redresse quelque chose en ruine pendante,

Diuertissant ailleurs ce desir ocieux,
Il n'y a de quoy s'affliger soucieux.

D. Anthoine.

Pourueu qu'vn repentir succede à la folie,
Que la loy de l'Hymen furtiue ne le lie,
Ma clémence luy est ce qu'elle fut iadis;
Mais qui de sa franchise a les liens ourdis?
Vne fille s'entend du vulgaire, & rusée,
Obtient sur l'indiscret cette victoire aisée.

D. Sancho.

Extreme de beauté, entiere de renom,
Mediocre en moyens, Felismene elle a nom,
Sous l'aisle des parents vertueux éleuée,
Sa hantise à vn seul Dom Felix reseruée,
Particularitez que voisin curieux
Chaque iour ie remarque auec ces propres yeux;
Outre qu'à contempler leurs caresses mignardes,
Vn feu d'amour naistroit eZ ames plus coüardes,
Mille humides baisers, mille folastres jeux,
Couler vne main libre autour d'vn col neigeux,
Ne manquent d'ordinaire: & monstrent l'apparence,

Qu'vn Hymen conspiré les nourrit d'esperance,
Intolerable choix, veu que telle maison
A la vostre ne peut faire comparaison.

D. Anthoine.

L'Aygle fuira de peur la Colombe imbecile,
Le Nocher aymera les gouffres de Sicile.
L'Abeille les frelons, & les naissantes fleurs
De l'ardent Syrien les mortelles chaleurs,
Premier que mon suffrage approuue l'alliance,
Que ma gloire trahir de certaine science,
Ce seroit le trahir souffrant que l'insensé
Effectuast l'erreur du dessein commencé,
Que semblable party le prist à la pipée,
Ma puissance absoluë alors anticipée :
Iamais, iamais; or veux-ie arracher peu à peu
De son ame l'obiet qui attise ce feu,
Rompre l'oisiueté pestifere nourrice
D'vn venin furieux qui dans l'ame se glisse,
Voicy cõment, la Cour de l'Empereur vn tẽps
Luy plongera l'esprit en diuers passetemps,
Façonnera ses mœurs & polira sa grace,
Outre le plus acquis d'vne modeste audace,
Familiere à quiconque au mépris des dangers,

Court cupide d'honneur, les pays estrangers,
Distrait l'impression premiere diuertie,
Et d'vn rien prouenuë en vn rien conuertie,
Nous luy aurōs pourueu de maistresse au retour,
Qui d'aymables nepueux le face Pere vn iour.

D. Sancho.

Resolution sage autant que salutaire;
Ains organe plustot de force volontaire,
Qui perdu le rameine au sentier de vertu
Difficile à tenir espineux & tortu;
Ne plus ne moins peut on faire qu'auec adresse
Vne branche courbee aisément se redresse,
Que rompt la violence : ainsi luy changez vous
L'insupportable fiel de ce breuuage en dous;
Toutefois comme amy derechef i'ose dire,
Que ce chancre au plustot le Cautere desire,
Que tel feu plus épris desormais ne s'esteint,
Et le haut deuoré du bastiment atteint.

D. Anthoine.

Mes yeux ne gousteront le somne fauorable,
Auant que i'effectuë ce conseil secourable
Sans remise quelconque, Ah! le voicy qui sort,
Vous me permettrez bien seul à seul son abord,

Adieu, mille mercis,

D. Sancho.

Sur tout que la clemence
Semblable execution paternelle commence.

D. Anthoine.

Prepare toy l'oreille attentiue à ma voix,
La fleur de ton printemps s'escoule, tu le vois,
Fayneante, inutile, ocieuse, inconnuë,
Fleur qui passe plustot qu'vne legere nuë,
Propre aux actes de gloire, & qui perduë apres
Nous laisse deuorer à d'importuns regrets,
Reste irrecuperable, enuironnant de honte,
Qui la faire valoir à temps n'a tenu conte:
Euite cher espoir ce naufrage preueu,
Labeur facile à toy de mon conseil pourueu,
Conseil que chacun sçait emporter son oracle,
De qui le prompt effet ne connoist point d'obstacle,
Sans discours vn voyage acquiert chez les Germains
Ce qu'Vlysse s'acquit du reste des humains,
Te depaysera non parmy la commune,
De qui les salles mœurs imitent la fortune,

Mais telle que là haut Iupiter tient ſa Cour,
Où Mars n'empéche pas la preſence d'Amour,
Cæſar t'éblouyra dans la douce merueille
De la ſienne ſinon preferable, pareille,
Cour fameuſe qui ſert d'aymant à la valeur,
Et applique aux vertus la derniere couleur:
Fay donc ores eſtat en decent équipage,
En magnifique train d'accomplir ce voyage,
Que trois ou quatre mois expirez borneront;
Il ſemble dédaigneux, que tu rides le front,
Qu'vn murmure ſecret refrené de la crainte,
S'estouffe & ſe remaſche en la bouche contrainte,
Parle, n'vſe de feinte, ou de retention,
Ouure ce que tu as dedans l'intention.

D. Felix.

Beaucoup changent de Ciel ſans changer de nature,
Ne ſement qu'vn trauail ingrat à l'auanture,
Pour voir les nations qu'éclaire le Soleil,
Du matin iuſqu'où las il ſe plonge au ſommeil,
Mon foible eſprit ne peut croire la Germanie
Feconde en raretez que l'Eſpagne nous nie,

Croire ses nourriçons plus ciuils, plus guerriers,
Ne qui plantent si loin leurs celebres lauriers:
Celuy blesse impieux le los de sa patrie,
Qui cueille telles fleurs en quelque autre prairie,
Qui cherche qu'en son champ la gloire à moissonner;
Et me vueillez Monsieur encore pardonner,
Si ie dy que venu sur le declin de l'âge,
Un deuoir filial veut que ie vous soulage,
Inseparable aux pas, inseparable aux yeux
De qui m'a concedé la lumiere des Cieux.

D. Anthoine.

Tu es trop raisonnable & plein d'obedience,
Permets moy que mon sort ie prenne en patience,
D'autres à ton deffaut me solliciteront,
Qui mes caduques iours ne precipiteront,
Le lien principal qui te garrotte l'ame,
Insensible renduë à la crainte du blâme,
Passe dessous silence & dissimule en vain:
Tien plus fermes ces mots que quelque mur d'airain,
Sur peine d'encourir la haine paternelle
Armee à ta ruine, ennemie eternelle:

Il me plaist que resout au voyage prescrit,
Tu purges d'vn ennuy soupçonneux mon esprit,
Sans delay, subterfuge aucun, replique, ou clause,
Et bref sans prendre plus connoissance de cause,
Tu m'entends à ce coup qui parle clairement,
Qui veux estre obey dessur l'heure, autrement.

D. Felix.

Me foudroie le Ciel d'vn éclat de son ire,
Plustost que d'oser onc rebelle vous dédire,
Quoy? que mon desir souffre vn indicible effort,
Le vostre preferé triomphera plus fort:

D. Anthoine.

Ainsi ne doute pas ton voyage prospere,
Ainsi tu trouuerras à la fin, que bon pere
I'auray plus eu d'esgard que toy mesme à ton bien,
Medite là dessus, & vn iour t'en souuien.

SCENE II.

FELISMENE, ET DOM FELIX.

Felismene.

LE bouton degoutant des larmes de l'Aurore,
Plus auide n'attend le Soleil à s'éclorre,
Les petits Oisillons dans le nid affamez,
Vn repas incertain de leurs parents aymez,
La Tourtre sa moitié par le bois écartée,
Le Pilote vn bon vent à sa Nef arrestée,
Que fievreuse d'amour i'attens ce beau pourtrait,
Cét aymable voleur qui mon ame soustrait,
Etrange passion! voire étrange de sorte,
Que ma honte quasi la reconnoist plus forte,
Pareille a ces torrens de collere écumeux,
Qui entraisnent cailloux & arbres auec eux;
Mon Felix ses Soleils n'eclipse, qu'à méme heure

Angoiſſeuſe d'ennuy mille fois ie ne meure,
Aux rayons approchez de leur double flambeau,
Mon corps reprent ſon ame & quitte le tombeau,
Que tardes tu cruel ores qu'vne promeſſe
De baiſers confirmée accuſe ta pareſſe?
Obligé dés herſoir la main dedans la main,
N'attendre à me reuoir naiſtre le lendemain,
Qui ſe paſſe tantoſt, Feliſmene trompée:
Voila de ces mocqueurs l'ordinaire pipée,
Sommes nous vne fois ſurpriſes à leur glus,
S'acquiter du deuoir apres il ne chaut plus;
Toutefois iuſqu'icy ta fidelle Innocence
Prouue que quelque obſtacle ameine telle abſence,
Prolonge malgré toy ce long terme ennuyeux,
Ah! bons Dieux le voicy comme vn Ciel pluuieux,
Le front morne, l'air gay diſparu de ſa face,
He! mon heur à vous voir ſi triſte ie trépaſſe:

D. Felix.

Triſte à la verité plus que le criminel,

Au supplice tiré d'vn Arrest solemnel,
Plus qu'vn poisson rauy de l'élement humide,
Qu'vn voyageur surpris du brigand homicide,
Las! ma vie arme toy de constance au besoin,
Nos deux corps separez les cœurs ne seront loin.

Felismene.

Qui les peut separer ?

D. Felix.

Vne maligne enuie,

Felismene.

O rigoureux destins! c'est donc fait de ma vie.

D. Felix.

Conspirent l'Vniuers, les Astres & les Cieux,
Amour ne me sera que le tien precieux.

Felismene.

Où vous exileroit mon malheur déplorable?

D. Felix.

Où porte le vouloir d'vn pere inexorable.

Felismene.

Quelque Argus mal-veillant nous aura deferez,

D. Felix.

Que puissent aux enfers ses manes torturez

Souffrir plus qu'Ixion, que Tantale, & Phlegie,
L'outrage de sa langue expiant mal regie.

Felismene.

Si tu vanges Amour tes sujets innocens,
Comble d'vne fureur maniaque ses sens,
Qui sans aucun repos luy ronge les entrailles,
L'espouuante de cris, d'horreurs, de funerailles,
Que sa fin soit honteuse, & ses coulpables iours
Languissent opprimez de miseres tousiours.

D. Felix.

Allege ta douleur sur la mienne compagne,
Aussi que peu de mois me rendent à l'Espagne.

Felismene.

Mois qui me dureront plus que siecles entiers,
Mais le lieu de l'exil, mō ame? en quels quartiers?

D. Felix.

La Cour de l'Empereur bornera mon voyage.

Felismene.

Vostre pere y brassant quelque sourd mariage?
Ne me le celez point.

D. Felix.

Ignare de cela
Ie marche sans sçauoir l'intention qu'il a,

Trop bien fort asseuré, que violence aucune,
Que menaçe opposeé, ou crainte de rancune
N'ébranleront ma foy victorieux rocher,
Qui la rage des flots dissipe à l'approcher,
Mon cœur te le proteste, & consent que parjure
Tu l'arraches du sein pour vanger telle iniure:
Adieu mon esperance, adieu chaste moitié,
Sus que mille baisers seellent nostre amitié,
Et reprime ces pleurs qui me transissent l'ame,
Qui de peu courageux m'attacheront le blâme,
Ensemble reunis premier qu'il soit long temps,
Nos desirs à iamais iouyssent d'un printemps.

Felismene.

Vagabond acceptez mon seruice, ma suite,
Inuincible au trauail dessous vostre conduite,
Passons iusqu'où Phœbus allume son flambeau,
Pelerins découurons quelque monde nouueau,
Vous ne pouuez choisir de plus soluable écorte,
Qui dans vn foible corps cache vne ame plus forte.

D. Felix.

Tu ne fais qu'irriter mon vlcere cuisant,

Adieu

A Dieu, tien moy tousiours du courage present,
Et que ie presse encore cette leure de rose
Ah! l'extréme douleur le silence m'impose,
Qui ne me permet plus de seiourner icy,
Où mille Argus nous ont à leur fiere mercy.

Felismene.

Tu te dérobes donc à ta dame pâmée,
L'oreille à sa priere ocieuse fermée!
Tu ne veux inhumain la conioindre à tes pas,
Tu l'abandonnes seule entre mille trépas,
Atten barbare atten, permets que ta captiue
Honore ce triomphe amoureux & te suiue:
Un contraire dessein s'oppose à ton vouloir,
Qui sincere ne peut de rien se preualoir,
Qui me laisse contraint à la mercy des larmes,
Des ennuis, des soupçons, eternels en alarmes,
Allons, puisque le sort nous le prescrit ainsi,
Un repaire trouuer de tenebres noircy,
Nous reclure au profond d'une grotte sauuage,
Qui parauant l'Hymen celebre mon veuuage,
Où ces yeux débondez ne cessent de pleurer,
Ma bouche de gemir, mon cœur de souspirer.

ACTE II.

ADOLFE, DOM FELIX, CELIE, FELISMENE, PAGE.

SCENE I.

Adolphe seul.

Que ce braue estrãger a l'audace effrontée,
Engeance de la terre en fureur auortée,
Ou qu'Ixion plustot de la nuë a produit,
Qu'anime l'impudence, & que l'orgueil seduit,
S'emancipe d'oser (sacrilege manie)
Pretendre sur l'honneur de nostre Germanie?
Briguant presomptueux la chaste priuauté
Des celestes faueurs d'vne telle beauté;
Nous n'osons que muets reuerer son idole,
Nous n'osons que d'oracle attendre sa parole;
Luy, ce rogue Espagnol, a desia le pouuoir,
Impudent comme il est, de parler & de voir,

A desia plus hardy la place reconnuë,
Place qui se pourroit perdre à la continuë,
Se perdre entre les mains d'vn perfide estranger.
Déplie ton courage obuiant au danger,
Le sujet glorieux à ce deuoir te lie,
Esclaue des beautez diuines de Celie;
Mais à qui le respect modere le desir,
Meilleure occasion tu ne sçaurois choisir,
Ne qui l'oblige plus d'vn gouffre preseruée,
A reconnoistre apres ta franchise esprouuée,
Veille donc auisé ce riual tellement,
Qu'il ne puisse tes lacs eschapper nullement.

SCENE II.

DOM FELIX, CELIE, ADOLPHE.

Dom Felix.

L'Ouurier auoit bien remarqué ta nature
Qui te feignit premier aueugle en sa peinture,

Du moins, puissant Amour, és iournaliers effets
Les tiens priuez de veuë vn espace tu fais,
Tesmoin l'opinion que ma flame naissante
Souloit iadis auoir de Felismene absente,
Seule ie l'estimoy capable meriter
Une place d'espouse au lit de Iupiter,
Que des perfections Phœnix incomparable,
Autre à més yeux iamais ne viẽdroit preferable;
Voyla que neantmoins ce miracle estranger
Tel erreur démenty me contraint de changer,
Cypris n'habite plus en Paphe, ou en Cythere,
C'est icy que chacun pudique la reuere,
C'est icy que Celie erige ses autels,
Et captiue à bon droit les courages mortels,
Rauis de prime abord, que le regard contemple
Deux clairs astres charmeurs qui esclairent ce temple,
Puis la voûte d'vn front d'albastre bien poly,
Et ce tertre iumeau si mignard, si ioly,
Qui se soustient apres de colomnes d'yuoire,
O Cieux! m'en rafraichir l'agreable memoire,
Redouble des ardeurs qui ne s'expriment point,
Il est vray qu'vn remors aucunement me point,

De l'Ænone credule en attente laissée,
Une pudique Helene occupant ma pensée ;
Pourquoy? Iupin se rit du parjure amoureux,
Qui refuse son heur ne merite estre heureux:
Ioint que l'extraction ce party m'apparie,
Et qu'à moindre sujet le plus ferme varie,
Dõnons le foible au fort: mais resueur voy-ie pas
Cét Aurore d'Amour opposee à mes pas,
Qui sort de son Palais? ouy, compose ta face,
Te fraiant peu à peu le chemin de sa grace,
Auec l'humilité qui penetre par tout,
Et des difficultez plus grandes vient a bout.

Celie.

Volontiers qu'esbahy vous trouuez fort estrãge
Du naturel climat l'incompatible échange
A ce pais grossier, qui d'aymable n'a rien,
Et où les beaux esprits ne trouuent d'entretien.

D. Felix.

Une merueille icy, merueille vnique au monde,
Plus que les Elisez rend la plage feconde
En des contentements qui rauissent les Dieux,
Qui nous tirent charmez les ames par les yeux,
Qui vray Lothe depuis sa douceur engloutie

Me feroit reuenir des deserts de Scytie,
Attaché desormais à ce diuin sejour,
Où vos Astres bessõs m'allument vn beau iour.

Celie.

La loüange retourne à l'auteur qui la donne,
Prise sur vn sujet que n'estime personne,
Qui le moindre n'attire à son élection,
La stupidité méme & l'imperfection,
Ou ce peu qu'il auroit de loüable est de croire
Ne meriter d'aucun la veuë & la memoire,
Que quiconque m'auroit voüé de l'amitié,
Merite peu d'enuie & beaucoup de pitié.

D. Felix.

O foudres que Python inutiles desserre
Sur ce pauure captif prosterné contre terre,
Le Comite impiteux ne renforce les fers
Qu'aux forçats, dõt ils sont malaisemẽt souffert;
Pourquoy donc dégorger ce fleuue de bien dire,
Nouuel appas qui croist mõ amoureux martyre?
Bon Dieu! la passion force la verité,
Manifeste en ces mots pleins de temerité,
Diuine les Dieux seuls vous doiuent leur seruice,
L'entreprendre mortel merite vn grand supplice;

Quant aux tiltres aquis par la commune voix,
L'Espagnol entre tout a celuy de courtois,
Docte à dissimuler, qui porte non sans grace
Sur la langue en vn temps & la flame & la glace,
Faueurs qu'à nous grossiers la Nature interdit,
Moy d'humeur qui ne croy pas tout ce qu'on me dit,
Qui discerne à peu pres vn trait de moquerie,
Et qui de mes deffauts suis ayse que lon rie.

D. Felix.

Voila trop outrager vne innocence à tort,
Tel soupçon de moqueur me fait pis que la mort,
Mal croyable soupçon, car l'immortelle Essence
A mieux de nos pensers que nous la connoissance,
Et vouloir ignorer ma palpable langueur,
Monstre vne feinte à nu qu'enfante la rigueur.

Celie.

Pareille violence excessiue ne dure,
Des feux si tost espris touchent leur sepulture;
Ioint que ma liberté faict le ioug amoureux,

Et se veut maintenir en son estat heureux.

D. Felix.

Helas! vous dites vray, ma flame inmoderée
Ne permet à mes jours vne longue durée,
Sa naissance me tuë, elle trouble mes sens
De le plus receler dedans l'ame impuissans;
L'espreuue toutefois que vostre deffiance
Veut de ma loyauté, veut de ma patience,
Ne manquera pourueu que lon me face voir
Luire quelque bluette apparente d'espoir,
Que l'Empire accepté sur mes desirs vous plaise,
Que de chastes faueurs entretiennent ma braise.

Celie.

Croyez qu'indifferente à tous pour ce regard,
Chacun sans demander tire vne égale part,
A dieu Mõsieur, voila trop s'étendre en paroles
Sur choses de neant, ridicules friuoles.

D. Felix.

Dites que voila trop enuier ce peu d'heur,
Que l'equité concede à ma deuote ardeur,
A dieu mon beau soleil, adieu chere homicide,
Puisse le trait subtil de l'Archer Cytheride,
A la premiere veuë ouurir vn cœur d'airain,

Chef-d'œuure ſignalé qui merite ſa main.

Celie.

Fay le paſſionné, le piteux qui rend l'ame,
D'ingrate, de meurtriere applique moy le blâme,
Le Ciel ſourd à tes cris inuoque l'Acheron,
Tu n'auances rien plus que ſi le bucheron
Cuidoit au premier coup que ſon trenchant deſ-ſerre,
Abbatre vne cheſne haut menacé du tonnerre;
Mille exemples diuers m'apprennẽt chaque iour
Le naufrage encouru de ces ruſes d'amour,
Naufrage irreparable & qui honteux deuore
Vn ioyau plus priſé que tous ceux de l'Aurore,
Preueu ie ne le crain; mais qui m'ameine icy
Son importun ſecond autre amoureux tranſy?

Adolphe.

Que vous auez ſouffert n'aguere ma Princeſſe
Contrainte d'eſcouter ce freſlon qui ne ceſſe
De rebruire ennuyeux quelques propos perdus,
Ains pieges à l'honneur du brauache tendus,
Pieges qu'vne Pallas ne redoute prudente,
Or telle Nation de nature impudente,
Imite ces ſerpents qui tapis ſous les fleurs

Impriment au rustic de mortelles douleurs,
Vn hypocrite face cache sa perfidie,
Qui se glisse par tout effrontement hardie,
Et glissée vne fois sous la peau de Regnard
Regne apres tyrannique en Lyon sans égard,
Auis que receurez d'agreable victime
Cõme les Dieux qui font du seul courage estime.

Celie.

Mon honneur deffiant & en garde tousiours,
Aucuns pieges ne craint que tendent les discours,
Auerty du deuoir n'a besoin qu'on l'auise,
Sçait des mieux discerner le vray de la feintise;
I'approuue neantmoins pareille intention
Qui s'obtiendra chez moy lieu d'obligation.

Adolphe.

M'extermine le Ciel auparauant que croire
Sa poursuite entamer vostre pudique gloire;
Mais Madame, plusieurs de ces mouches de Cour,
Plusieurs aussi touchez d'vn vertueux amour
Goustent mal ses façons, trouuent sa procedure
Enuers vostre grandeur intolerable & dure:
L'Icare ose pousser son vol audacieux

Droit à ce beau ſoleil redouté de nos yeux,
Aborde familier à toute heure ſa ſainte
Que nous ne contẽplons venerable qu'en crainte,
Nous de méme païs plus dignes mille fois
De viure humbles vaſſaux ſous l'honneur de ſes loix,
Senſible creuecœur à l'atteinte mortelle,
Qui boüillãt de courroux me tuë & me martelle,
Qui luy pourroit bien toſt funeſte deuenir
S'il ne ſe monſtre vn peu plus ſage à l'auenir.

Celie.

Nul ne doit s'offencer de ce qui ne m'offence,
Ma reputation ſeure ſous ma deffenſe.

Adolphe.

Ne faites que laſcher la parole, & ſoudain
Vous verrez abaiſſé l'orgueil de ce hautain,

Celie.

Eſtranger ſur la foy publique, vn priuilege
Enfraindre en ſon endroit eſt pis que ſacrilege,

Adolphe.

L'appeller d'homme à homme où vont les gens d'honneur,
Traite trop dignement vn laſche ſuborneur.

Celie.

Rien moins, voſtre querelle inique & mal fondée,
D'vn ſemblable ſuccez paroiſtroit ſecondée.

Adolphe.

Ma vie à ce ſujet neglige le trépas,
Et d'autres à l'égal iuſtes n'eſtiment pas.

Celie.

De mon conſentement on ne peut l'entreprendre,

Adolphe.

Tel oracle oppoſé lors ſeroit ſe méprendre:

Celie.

La bonne volonté paruë en l'offre fait
M'obligera Monſieur plus que le meſme effet.

Adolphe.

Recõpenſe qui vaut plus qu'vn ſuperbe Empire,

Celie.

Pour l'heure vous n'auez autre choſe à me dire?

Adolphe.

Sinon que la douleur honteuſe ſans diſcours,
Plus que ces effrontez merite de ſecours.

Celie.

On y auiſera l'heure propre choiſie,

Cependant ostez vous un ver de jalousie,
Qui germé sans propos & sans occasion
N'apporteroit enfin qu'une confusion.

Adolphe.

O sexe frauduleux de qui l'ame fardée
Affine les plus fins en sa poison gardée!
Inconstant animal que paist la nouueauté,
Crocodile pleureux que paist la cruauté,
Qui l'obiet plus difforme affecte dauantage,
A qui du Ciel escheut la malice en partage,
Ruse, fein, dissimule, à ce mestier apris,
L'insolent estranger emporte nostre pris,
Le lustre t'éblouit de sa pompe ordinaire,
D'acuëil farouche à nous, tu luy ris debonaire,
Ton oreille reçoit son murmure enchanteur,
Preste à faire dans peu naufrage de l'honneur.
Marchez discretement, car au defaut i'atteste
Le pouuoir infiny du Monarque celeste,
Descouuerts vous laisser planté dessur le front,
A jamais diffamez un remarquable affront.

SCENE II.

FELISMENE, PAGE, DOM FELIX.

Felismene.

AIslé porte-Carquois qui ta flame feconde
Fais regner en l'Olympe, en la Terre & en (l'Onde,
Parmy l'infinité de tes lauriers aquis.
Publie que le mien t'honore plus exquis,
Que ce n'est rien d'auoir Iupiter peu resoudre,
Despoüillé de l'Ægide & des armes du foudre,
A deuenir Taureau, prendre forme d'éclair,
Pleuuoir en goutes d'or des nuages de l'air,
Dans le giron captif de la Vierge d'Acrise:
Ta force paroist mieux en ma figure prise,
Et sa metamorphose a plus de nouueauté,
Et mon inique sort a plus de cruauté,
Pauure fille qui vient descouurir inconnuë
Sous vn masle semblant, & d'assistance nuë

L'enorme trahison du volage trompeur
A qui le iuste Ciel parjuré ne fait peur,
Hier que i'arriuoy pensiue sur la brune
Le cœur en sa tristesse augurant l'infortune:
Apres souper voicy l'émeute d'vn grand bruit,
Au nombre des flambeaux la ruë entiere luit,
Curieuse soudain de voir que ce peut estre
Nous mettons l'hoste & moy la teste à la fe-
nestre,
Vn doux Concert de Luths mariez à la voix,
Par deux heures ou plus repris à plusieurs fois
Me suruendit helas! ce plaisir, informée
Que certain Espagnol à sa Charite aymée
Donnoit pour serenade vn tel ébatement:
Lors mon œil sur la troupe élancé prestement,
Immobile confuse auise le barbare
Qui dans ses nouueaux feux mon sepulchre pre-
pare,
Toutefois que sçait-on? possible tel amour
Esclos des vanitez compagnes d'vne Cour.
N'a que la simple escorce & la vaine apparence,
T'appuyer la dessus n'est pas grande asseurance,
Rodant expres i'atten sortir de sa maison
Quelqu'vn qui me declare au vray la trahison,

Courage, de tel ſoin autant vaut deliurée,
Un ieune page vient qui porte ſa liurée,
Nous ſommes compagnon, de meſme nation,
Hazard qui me retourne à conſolation,
Attendu qu'eſtranger qui buſque la fortune,
Ie n'ay retraite icy ny connoiſſance aucune,
Que l'argent qui pis eſt commence de manquer,
Et la neceſſité cruelle à m'attaquer,
Vous me pouuez donner patriote vne adreſſe
Qui me retirera de miſere & d'oppreſſe.

Page.

Ouy, ouy tres volontiers, voire facilement
Pourueu que rencontré capable ſeulement
De ſeruir à la chambre, vn party chez mon maiſtre
S'offre tout à propos le meilleur qui peut eſtre.

Feliſmene.

Vous m'auez obligé le reſte de mes iours
Bien ſeur au demeurant d'vn bon amy touſiours;
Mais faites moy ſon nom ſçauoir à la pareille.

Page.

D. Felix de Guſman, l'exemple, la merueille
Des Caualiers du monde, en nobleſſe, en valeur,

Ou

Ou nous sommes trop bien, trop bien, sans vn malheur,
Que depuis peu de temps l'Amour qui le torture
Mille commissions à sa sainte procure;

Felismene.

O *fille infortunée!*

Page.

Enuoyez, qui haster
Vn habit somptueux, qui des lettres porter,
Cettuicy tenir prest le festin magnifique,
L'autre qu'à point nommé se face la musique;
Bref comme luy suggere vn amoureux desir,
Qui nous dérobe à tous les heures du loisir:

Felismene.

La vile seruitude inseparable apporte
Ces incommoditez à gens de nostre sorte,
Faciles à porter au moins prés d'vn Seigneur
Chez qui peut le prouffit se conjoindre à l'honneur.

Page.

Ma vie en ce regard pleigeroit ma parole,
Au surplus il n'a rien de l'humeur Espagnole,
Splendide outre mesure, & qui reconnoist fort,

Silence, ne bougez, c'est luy-mesme qui sort,
Veu ie ne feindray pas d'ofrir vostre seruice.

Felismene.

Remunere le Ciel ce courtois benefice,
Capable d'empécher, qu'vne necessité
Chetif ne me reduise à la mendicité.

D. Felix.

Page,

Page.

Monsieur,

D. Felix.

L'as tu entre ces mains renduë?

Page.

Non,

D. Felix.

Pourquoy?

Page.

Plus d'vne heure & demie attenduë,
Certaine Damoiselle acomplit ce deuoir,
Qui la responce doit me donner sur le soir.

D. Felix.

Ta langue à mon auis vn mensonge medite,
Sans dire le sujet de sa veuë interdite.

Page.

Si la Princeſſe a pris medecine aujourd'huy.

D. Felix.

Purge Amour la rigueur qui cauſe mon ennuy,
Eſchaufant les glaçons de cét ame cruelle,
On t'auoit commandé ne la donner qu'à elle:

Page.

Mais ſon commandement par vn autre apporté
De ſemblable proiet à l'eſpoir auorté.

D. Felix.

La Mer manquera d'eaux premier que toy d'excuſes,
A qui eſt-ce qu'icy diſcourant tu t'amuſes?

Page.

Ce ieune homme Eſpagnol quant à la nation,
Venu d'honeſte lieu cherche condition:
Se promet de vous rendre à la chambre ſeruice
Tel que ſerez content, ou en choſe qu'il puiſſe.

D. Felix.

Attendez au logis enſemble mon retour,
Là nous verrons que c'eſt, ie ne feray qu'vn tour
Vers la belle priſon qui captiue mon ame,
Vers le Soleil ingrat qui luy cache ſa flame,
Qui d'vn ſimple rayon déplié gracieux,

Me contenteroit plus que l'Empire des Cieux.

Page.

La beauté qui me plaiſt, que i'adore cherie,
Nous l'allons viſiter à la ſommellerie,
Blanche & vermeille ell'a de ſa douce liqueur
Qui chaſſe les ſoucis & réjouit le cœur.

Felismene.

Permettez moy d'aller quelqu'autre part attendre
Un peu mal diſpoſé.

Page.

Point, ma preſence engendre
Et la ſoif, & la faim, admirable pouuoir
Dont l'eſpreuue ſoudain ie vous vay faire voir.

ACTE III.

FELISMENE, DOM FELIX, & CELIE.

Felismene.

QVe demandes-tu plus ? le muable Prothée,
Le parjure affronteur, l'execrable, l'Athée
Desormais a perdu la memoire de toy,
D'vn amour estranger forcené hors de soy,
L'infame Scelerat ne te croit plus au monde,
N'a crainte que son chef de ton crime réponde,
Que tu puisses vanger Medée en cruauté,
L'attentat reconnu de sa déloyauté:
Rien moins, tu ne sçaurois iusques là malheureuse
De persister encor' idolatre amoureuse,
De plaindre le tourment que souffre l'insensé;
Constante poursuy donc vn chef-d'œuure auancé

Flatte sa passion, facilite employée
La moisson des faueurs de sa Dame octroyée,
Conduy-le par la main à son contentement,
Et où tu le verras ioüir parfaitement
Apres te sacrifie aux pieds de l'infidelle,
Vaine ombre deualée en la nuit eternelle,
Qui reuiendras auec les Eumenides Sœurs,
Horrible, du repos luy rauir ces douceurs,
A son ame attacher vne ardente furie
Qui ne sera non pas dans l'Auerne guarie,
La resolution immuable me tient,
Tempere ce courrous, car le voicy qui vient
Et de l'œil attentif recourt vne missiue
Ou, chose indubitable, on te trahit chetiue.

D. Felix.

D'vn gentil naturel si accort & si meur,
Tu te trouues en tout conforme à mon humeur,
Admis dorénnauant és affaires secretes,
Mercure deputé qui l'ambassade traites,
Et pourueu que discret; ma liberalité
Te rend heureux vn iour outre la qualité;
Or plus ie t'enuisage & plus certaine Dame
Represente ébahy sa figure en mon ame,

Approche, ne fein point de dire ton auis
Sur ces lettres qui sont ordinaires deuis,
Enuoyez de ma part à la Reine des belles:
Tu me fasches au cas que leurs defauts tu celles.
Qu'vne seruile crainte empéche que flateur
Tu n'en sois maintenant fidelle correcteur.

Felismene.

Vouloir presomptueux controller la prudence?
Me preserue le Giel de pareille impudence,
L'honneur n'appartient pas à ces profanes yeux
De courir seulement sur le secret des Dieux.

D. Felix.

Ma licence suffit, pousse, ne te soucie,
D'ordinaire la veüe és Amans obscurcie
Fait des fautes que peut le moindre corriger,
Mon vouloir en vn mot, écarte le danger:
Tu rétiues honteux, enten donc la lecture,
Et ne m'épargne apres à ta libre censure.

Felismene la lettre leuë.

Rauy dans la douceur de termes si faconds,
Termes és passions amoureuses feconds,
I'estime qu'elle porte ingrate en sa poitrine

Au lieu de cœur humain vne roche marine
Où ſe doit amolir ſous la tendre pitié
Que merite de droit voſtre ſainte amitié.

D. Felix.

Meſſager agreable au poſſible, ta grace
A m'aquerir la ſienne a beaucoup d'efficace,

Feliſmene.

Du moins la volonté ſupplera le pouuoir,
Et il ne tiendra pas d'en faire ſon deuoir;

D. Felix.

L'accent le propre accent de rechef me raméne
Aux yeux du ſouuenir ma chere Feliſmene,

Feliſmene.

Vous nommeZ Monſeigneur, vne que mainte-
fois
I'oüy belle vanter par la commune voix,
Belle & honneſte auſſi, plus noble qu'opulente.

D. Felix.

La terre ne ſouſtient de Dame plus galante,
Tu luy reſſembles fort au viſage, aux façons,
Quiconque vous a veuë vous iugera beſſons.

Feliſmene.

Beaucoup ſe trouuerront de reſſemblance telle,

Non pour ce plustost ioints d'aucune parentelle.

D. Felix.

Son idée en la tienne excite là dedans
Un cahos orageux d'extrémes discordans,

Felismene.

Les premieres amours laissent emprainte à l'ame
Ce souuenir tousiours de leur plaisante flame.

D. Felix.

Adiouste que la foy promise a ces remors,
Peines chez l'infracteur pires que mille morts.

Felismene.

L'homme de bien la tient plus chere que la vie.

D. Felix.

Un contraire destin cette gloire m'enuie
D'accomplir mes proiets vers l'innocente, helas!
Qui moy perdu n'a plus ne support ne soulas.

Felismene.

L'Or s'éprouue afiné dans la rouge fournaise,
La foy dans les trauaux, l'absence, & le mal-aysе:

D. Felix.

L'équitable party de la raison tu tiens,
Mais Amour n'en a point, cruel tyran des siens,

Qui me captiue ailleurs, me garrote & me lie
Des Diuines beautez presentes de Celie,

Felismene.

Et possible que plus releueé en grandeur
Elle augmente l'appas d'vne amoureuse ardeur.

D. Felix

Ah! que ie voudroy bien pouuoir sans infamie
Cette-cy posseder épouse, & l'autre amye.

Felismene.

Telles extremitez conuienent aussi peu
Que de faire brusler la glace dans le feu.

D. Felix.

Suiuons donc resolus la derniere fortune
Sans qu'vn soin du passé l'heur present importune,
Felismene laissée en sa pudicité,
De supréme réfuge a la necessité;
Et s'il faut que mon cœur demeure à vne estrange,
Ces merites diuins sont pour gagner au change:
Va, ne demeure plus, ma Deesse trouuer,
Vigilant n'obmets rien qui la puisse éprouuer,

Rien qui m'appriuoisast sa nature farouche,
Et qui luy porte en l'ame vne amoureuse touche,
Tes paroles feront plus que lettre qui soit
Selon l'augure heureux que mon esprit conçoit,
Sur tout voy de la prendre à heure qui te donne
Le loisir du discours, & hardy ne t'étonne.

Felismene.

Vne difficulté le plus à redouter
Ce me semble dépend à la faire écouter.

D. Felix.

Prise seule, ie parle apres l'experience,
Plus que tu ne voudras tu obtiens d'audience.

Felismene.

Adonc s'efforcera mon incapacité
D'amolir la rigueur de sa ferocité.

D. Felix.

Pren garde aux mouuemens de l'ame en son visage
Sur qui se doit fonder le plus certain presage.

Felismene.

Certain non pas tousiours, plusieurs assés souuent
Vont par l'exterieur nostre ame deçeuant.

D. Felix.

Qui les ſcait recüeillir, vne parole, vn geſte
Des plus diſſimulez le deſſein manifeſte,

Feliſmene.

Tout mon poſſible mis,

D. Felix.

Tu me rendras content,
Il ſuffit la ſans doûte & plus outre s'eſtend ;

Feliſmene.

Face le Ciel benin qu'vne proſpere iſſuë
Ne demeure au retour l'opinion conceuë.

D. Felix.

Courage, ton exploit heureux ſuccedera,
Et mon cœur de ſalaire apres poſſedera;

Feliſmene.

On auanceroit peu ſi l'humeur ne l'incline,
Si ce corps preparé n'ayde ſa medecine.

D. Felix.

Simple tu le peux croire, elle me veut du bien
Va donc entremetteur fidelle, & ne reuien
Que le vouloir enquis, le vouloir de ma belle,
Sur l'heure qui me doit introduire chez elle,
Dy que le differer me conduit au trépas,

Ains que depuis ſa veuë abſent ie ne vy pas:

Feliſmene.

Encor que ce meſtier me connoiſſe nouice,
L'effet n'obmettra rien d'vn deſiré ſeruice.

D. Felix.

Sus achemine toy, & ſur l'inſtruction
Accomply tous les points de ta legation.

Feliſmene ſeule.

Dure legation qui coûtera la vie
A ſon Ambaſſadeur d'vn bon ſuccez ſuiuie,
Appelle la pluſtoſt inique trahiſon,
Qu'execute vn Amãt perclus de ſa raiſon. (me)
Par toy, contre toy-méme, ains contre celle (ôblâ-
Qui fut iadis ſon cœur & l'ame de ſon ame:
Rebrouſſe ſur tes pas miſerable, où cours-tu
Maquerelle ſeduire vne chaſte vertu?
Au goufre qui te pert, plonger vne innocente,
Premier que ton honneur ſoufre choſe indecente
Contrainte fay venir la Parque à ſon ſecours,
Non laiſſe ce torrent iouïr d'vn libre cours
Voy iuſques à la fin quel trait prendra l'affaire,
Affaire qui commis m'oblige à le parfaire:
Inueſtir vne place, & la prendre ſont deux,

Quelle fille ne craint à ce ieu haZardeux?
Princesse nommément de leger s'abandonne
Aux Chimeriques feux d'vne estrange personne?
Patiente, le temps produit des changemens
Qui trompent chaque iour nos louches iugemens,
Oeconome choisi de leurs flames couuertes,
A la fraude tu tiens mille trapes ouuertes,
Ne faut que supposer vn refus, vn dédain,
Qui ce fol precipite au desespoir soudain,
Qui les mette en diuorce, & rompe l'entreprise,
Ouy, mais telle action déloyale surprise
N'importe reconnuë: Amour t'excuse assez,
Puis ses desirs pour toy ne sont du tout glacez:
Il te plaint outragée, & en sa conscience
A ton ressouuenir n'a point de patience,
Me descouurir aussi ne se peut sans danger,
De l'Espagne venuë à ce bord estranger,
La honte dépoüillée, & sous masle apparance,
De ta pudicité donne peu d'asseurance,
Oncques la Gnosienne, ou celle qui iadis
Couronna les trauaux des Muciens hardis,
Maniaques d'amour n'eurent pareille audace,
Et que iugerois-tu de quelqu'autre en ta place?

O doutes espineux ! ô soupçons! ô martels !
Qui me perçent le sein troublé de coups mortels,
Pareile au Marinier que maistrise l'orage
Et qu'emporte contraint la fureur de sa rage,
Suy ton mauuais destin qui ne peut s'euiter:
Il faut proche du lieu ta promesse aquiter;
Seroit-ce point là bas sur le sueil ma riuale ?
Un presage mortel dans le cœur me deuale,
Ce superbe equipage, & ces signes expres
Te la monstrent helas! à ton dam de trop pres,
Plus belle que ne veut une ame disposée
Au change à tous obiets pour sa conqueste aisée;
Madame la valeur & la foy des humains
Un million de fois baisent vos belles mains,
Son ame en ce papier visible, qui reclame
La tardiue pitié d'une cruelle Dame.

Celie.

Certes voila choisir un ioly Meßager,
A ce conte le temps ne le fait point changer
Plus obstiné toujours en ces vaines poursuites,
Plus importun toujours en friuoles escrites,
La veuë toutefois ne nous coûtera rien

Comme qui ne ſcauroit faire ny mal ny bien.

Feliſmene à part.

Heureux commencement, la voix ny le viſage
N'arguent de beauté qui tourne à ſon vſage,
Le déloyal n'eſt pas où il penſe heurtant
Vn pudique rocher aux vagues reſiſtant:

Celie. la lettre leüe.

Mon amy dites luy qu'aux douleurs volontaires
Le malade a ſur ſoy les drogues ſalutaires,
Qu'on plaint le priſonnier auec peu de raiſon,
Qui de plein gré ſe veut bâtir vne priſon;
Au reſte, qu'implorer mon ſecours ne s'appelle
Sinon tendre à l'honneur vne embuſche mortelle,
Embuſche découuerte & qui n'aura d'effet,
M'a hantiſe pourtant luy nier tout à fait,
Non, ie ne l'enten pas, telle diſcourtoiſie
Ne me vint, ne viendra iamais en fantaiſie,
Seigneur tres-accomply i'admire ſes diſcours
Pourueu qu'à l'auenir ils prennent autre cours,
Et n'exigent auſſi d'heure particuliere,
Qui veux également à chacun familiere
Ne me donner en priſe aux Argus Courtiſans
Sur le moindre ſoupcon de médire artiſans.

Feliſmene

Felismene.

Puis-ie croire bons Dieux ! qu'vne bouche si belle
Prononce contre Amour sa sentence rebelle ?
Veuille ingrate meurtrir le Phœnix des amans ?
Ingrate à la Nature, à ses contentemens,
Qu'aueugle à discerner le vray de l'artifice,
Aueugle à conferer le sacré benefice
De vos chastes faueurs, tel dépost precieux,
Un plus digne que luy cherche dessous les Cieux ?
Point, si la cruauté iusques là vous transporte,
Deuant vostre beauté appellant ie me porte,
Desores asseuré de gagner mon procez
Si tost que la clemence y aura de l'accez.

Celie.

Qui pourroit resister, he ! quoy deux à combattre,
Prenons d'heure plustost la fuite que nous battre,
Ton maistre n'a vraiement quelque part que tu sois,
Besoin d'autre Auocat qui dispute ses droits,
D'Auocat plus capable en matiere de feindre,
Et d'allumer vn feu qu'il ne sçauroit esteindre.

Felismene.

Qu'il ne sçauroit esteindre? vn Heros genereux,
Vn Mars de la beauté des beautez amoureux?

Celie.

Tu prends mal mon propos, la douce Cytherée,
Et la mere des Dieux cette puissante Rhée,
Vn Atys, vn Adon voulurent preferer
A ceux chez qui la peur ne pouuoit demeurer.

Felismene.

Fléchible vous allez manier son courage
Comme qui l'auroit pris faisant le labourage.

Celie.

Depuis quand le sers-tu?

Felismene.

Vn troisiéme Soleil
Me poursuit ce bon-heur à nul autre pareil.

Celie.

Bon-heur supréme à luy, seruice que i'enuie,
De la subtilité de ton esprit rauie.

Felismene.

Suiet vil neantmoins, qui ne vaut le parler.

Celie.

Tu ne voudrois auec vn autre maistre aller?

Felismene.

Sienne au cas que l'Amour vos deux moitiez assemble,
Ie puis seruir en vn l'ame & le corps ensemble.

Celie.

Ta fortune seroit plus heureuse chez-moy,
Particulier s'entend, qu'à la suite d'vn Roy.

Felismene.

L'honneur ne m'appartient, & apres luy mon ame
Entiere se consacre à vne telle Dame.

Celie.

Auise, tu auras méme option toujours,
Méme party dãs huict, voire dans quinze iours,
Et afin que le cas plus facile ie rende,
A ton maistre plustost en feray la demande.

Felismene.

Parlons du principal, de relascher les fers
Par ce pauure captif vn long siecle soufferts,
Siecle, qui pesera la grandeur du martyre
Extréme, incomparable & qui ne se peut dire.

Celie.

Le moyen de te croire, ains ne me deffier,
De qui ne tâche rien qu'à le gratifier?

Tu feras mieux suspect de souffrir que lon t'ayme,
Songeant que charité commence par soy-méme.

Felismene.

L'honneur sauf vne Dame accorte trouue bien
Qui paye ses pareils & ne débourçe rien.

Celie.

Ton importunité gentille impetre chose
A quoy certes tout autre auroit la porte close,
Va ie luy récriray te voulant obliger,
Et l'obligation vaut ne la negliger,
Atten, deux traits de plume en font soudain l'office,
Ton maistre à toy sans plus tenu du benefice.

Felismene seule.

Me preferer qu'indigne oncques elle n'a veu,
Des foudres de l'Amour sent le coup impourueu,
Ces yeux parlent assez que la langue accompagne,
Voir desia peu s'en faut prieres en campagne,
Ah! l'indiscrete a beu ce dangereux poison,
Qui forcenez de sens nous oste la raison,
Ma ieunesse luy plaist frauduleuse & coulpable
D'vn defaut qui me rend de sa grace imcapable,

Grace voluptueuse, & qui n'arriue point
A celles que l'Amour veritablement point:
Ainsi rencontres-tu déloyal ta pareille,
Ainsi de me changer un malheur te conseille,
Que ne tenta iamais un volage desir,
Qui te voudroy sur tous les Monarques choisir:
Barbare donne toy d'exemple ma constance,
Une Alceste en ton lit sera ta penitence,
Il ne me souuiendra de l'infidelle tour,
Feignons penser ailleurs, la voicy de retour.

Celie.

Ce passeport contient que sur la nuit sereine
Sirille autre que toy en ce lieu ne l'ameine,
Seul qui n'ait suite aucune, & ne presume pas
Inconsiderément se payer de ses pas,
Sous l'ombre du discours dauantage entreprendre;
Vers celles de mon grade il ne fait bon méprendre;
Outre que ne sçauoir mes pactions tenir,
S'appelle desormais à n'y plus reuenir.

Felismene.

Madame vous verrez la discretion mesme

Paroiſtre comme aux yeux de ſon iuge ſupréme.
Vous verrez tant ſouffrir à ſi ſainte amitié.

Celie.

Ouy, ouy, n'acheue point, que ce ſera pitié.

Feliſmene.

Ie le retrouue donc tiré d'impatience.

Celie.

Que de diſſimuler tu ſçais bien la ſcience!
Va, mais ſage ſur tout penſe à ce qu'on t'a dit,
Et que tu as chez nous beaucoup plus de credit.

Feliſmene.

Le Ciel telle faueur liberal reguerdonne,
Le Ciel vos bons deſirs guide à vne fin bonne.

Celie.

Croy pour certain qu'alors tu t'en porteras mieux,
Ah ! qu'vn grand mal au ſein me deuale des yeux.

ACTE IIII.

D. FELIX, FELISMENE, CELIE, NOVRICE, PAGE.

SCENE I.

DOM FELIX, FELISMENE.

D. Felix.

TV m'as resuscité, Atlantide qui portes
Ta charmeuse faconde aux Auernales portes,
Dioscure qui viens ma tempeste calmer,
Qu'Ange diuin plûtost qu'homme ie doy nõmer:
La Princesse m'a veu d'vn œil qui se desserre
Ainsi que le Soleil amoureux de la terre,
Alors que le Printemps dissipe les glaçons,
Et prepare l'espoir des naissantes moissons,
Sa face à plein loisir, Tẽple où l'Amour habite,
Fauorisant mes vœux par dessus le merite,

Se laisse contempler, elle ne m'a point dit
Changeõs d'autre discours, cettui-cy m'estourdit,
Discours continué, que l'Aurore vermeille
Dans la couche quitoit son Vieillard qui sommeille,
Mes leures ont osé baiser ses belles mains,
Priuilege enuié des Dieux sur les humains,
Baiser auant-coureur qui sans plus escarmouche
Attendant vn combat general sur la bouche,
Sur le tertre iumeau de ce sein rondelet,
Qui soûpire captif sous vn fascheux colet,
Tairoy-ie? qu'à l'adieu, felicité supréme,
Vn oracle infaillible & sorty d'elle-méme
M'oblige du retour: me promet de la voir,
Pourueu que l'heure exprés tu ailles receuoir,
Agreable Courier qu'honorent ses loüanges,
Qui de ta gaye humeur tous ses ennuis estranges:
Ce sont les propres mots remarquables afin
Qu'vn bon commencement prenne meilleure fin,
Qu'à l'ombre du bouclier de sa grace asseurée
Tu ailles hardiment reuoir ma Cytherée
(Modeste neantmoins toujours plus qu'effronté)
Presser l'occasion, presser sa volonté,

Sur l'heure qui me doit rendre ma belle aurore:
Et faudra que l'esprit y contribuë encore,
Qu'équitable censeur tu repasses soudain
Sans crainte d'offenser, la veuë apres ma main,
Les defauts suppleez de ma lettre amoureuse,
Peine qui te bâtit vne fortune heureuse,
Qui te proufitera, tu t'en peux asseurer,
Plus que ta qualité n'oseroit esperer.

Felismene.

Lourd, inepte, grossier, tel honneur me surpasse,
Honneur incompatible à personne si basse,
Vostre esprit ne peut rien que de rare enfanter,
Qui de si bonne part la sçeut mécontenter.

D. Felix.

Mon vouloir te suffit, n'informe dauantage,
Et ne croy que chacun eust le méme auantage.

Felismene.

Felismene mourra tels larcins publiez,
Se voyant mise au rang des pechez oubliez.

D. Felix.

Quel interest as-tu qui t'induise à la plaindre?

Felismene.

Nul, ie le dy par ieu, l'accident qu'on doit craindre

Mais sur peu d'apparēce, est pescheur haZardeux
Que ce poisson manqué en face perdre deux.

D. Felix.

Le premier trop aquis n'a plus rien qui s'oppose,
Penser pouruoir à tout n'auance aucune chose.

Felismene.

PermetteZ Monseigneur, que ma temerité
Dise ce qu'elle sent auec la verité.

D. Felix.

Pousse, ne te fein point.

Felismene.

La Princesse obstinée
Apeine fléchira sans espoir d'Hyemnée.

D. Felix.

Tant d'espoir qu'on voudra, son amorce souuent
Aux projets amoureux sert de prospere vent,
Plus outre curieux du futur ne t'empéche,
Et dans mon Cabinet vien querir ta depéche.

Felismene à part.

Allons payer ma foy d'une infidelité,
O tardif repentir, folle credulité!

SCENE II.

CELIE, FELISMENE, NOVRICE.

Celie.

Deplorable Celie où te vois tu reduite,
Ta honte virginale autant vaut mise en-fuite?
Esclaue d'vn esclaue, Amour victorieux
Attache tellement son idée à tes yeux,
Elle seule te plaist, elle seule t'anime
Non sans cause valable & plus que legitime,
Sa beauté qu'accõpagne vne fleur de Printemps,
Ces gestes qu'on diroit d'vn Monarque sortans,
Ces deuis qui ne sont que miel & que prudence,
Qui mettent vray tableau l'esprit en euidence,
He! que penses-tu faire à ce rememorer
Furieuse tu vas de noueau t'enferrer?
Tâche tâche plustost, que sa memoire meure,
Tu ne sçaurois, la plaië incurable demeure,

Ce garrot décoché dans le cœur trop auant,
D'issuë que la mort n'a plus dorénnauant,
Pourquoy t'affliges-tu ? releue ton courage,
Tu n'aymes pas vn roc endurcy de l'orage,
Vn hoste Caspien, vn Arabe felon,
Vn Scythe nay parmy les horreurs d'Aquilon,
Le celeste pourtrait qu'idolatre ton ame,
Susceptible aysement de l'amoureuse flame,
Et qui lairra soudain tout le respect à part
Si ta bouche vne fois ses faueurs luy départ,
Si tu romps vne fois le voile de ta honte,
Voile falacieux qui nos plaisirs affronte,
Dérobe l'vsufruit de la verte saison,
Moins heureux en cela qu'animaux sans raison:
O pensers imprudents! ô lasciue entreprise!
Qui veux-tu miserable honorer de ta prise?
Vn seruiteur abject sous la crainte captif?
Vn enfant qui possible Hippolite retif
Méprisera son heur, & stupide nouice
Des Dames volontiers ignore le seruice?
Vaine apprehension, meur de corps & de sens,
Le monde ne tient plus des siecles innocens,
Tu vois à demy mot, las helas! temeraire

Crain-tu que de nature il ne puisse mal faire?
Mal ou bien, le cahos retourne derechef,
Que le Ciel ruineux éclate sur ce chef
Apres le refrigere obtenu de ma flame,
Un veritable Amour ne redoute le blâme,
Et le blâme n'auient où la perfection
Fait le choix d'vn Amant de sa condition,
Fait le choix d'vn Amant que le respect domine,
O Cieux! comme à propos Amour me l'achemine,
Tu viens sur deux sujets que tu ne croirois pas,
Un Myrthe t'aquerir, & perdre aussi tes pas.

Felismene.

Quelque Oedipe, non moy, d'intelligence aiguë
Comprendroit de ces mots l'importãce ambiguë.

Celie.

On te l'éclaircira, he bien que dit le cœur?
Que pretend plus de nous ton maistre ce moqueur.

Felismene.

Ie sçay que vous l'auez Madame, en autre estime,

Et i'apporte dequoy iustifier le crime.

Celie.

Folles impressions, inutiles écrits,
Il pourroit fondre en pleurs & s'éclater en cris,
Qu'aueugle, qu'essourdée, auec semblable peine
Le bon homme cultiue vne sterile areine.

Felismene.

He! Dieux depuis quel temps le traitez vous
Pitoiable l'ayant pris n'aguere à mercy? (ainsi,

Celie.

Ton sujet luy valut l'entreueuë accordée
Sous vne intention dedans l'ame gardée.

Felismene.

Vous ne pouuez garder ne vindicte ne fiel,
La gloire de la terre, & extraite du Ciel.

Celie.

En chose où tu ne peux proffiter à ton maistre
Pense qu'il ne soit plus, mais toy cõmence d'estre.

Felismene.

Ce braue Caualier aymé comme Amoureux,
Mon sort n'aspire point à d'autre plus heureux;

Celie.

Qui te concederoit sa place reseruée?

Felismene.

Vne image de mort sur ma teste leuée
Estouffe ce penser, joint l'inegalité
Qui mes desirs mesure auec ma qualité.

Celie.

La suite des ayeuls plus vieille que le monde,
Plus que le Cheual Grec en braues chefs fecõde,
Des Dardes posseder les lingots épuiseZ,
Sous le grade tenir ses faits autoriseZ,
Ne font à la vertu, ne vallent qu'on estime
Quiconque successeur paroist illegitime,
Maxime tu me plais plus mille & mille fois,
Que ton maistre, qu'issu des Labdacides Rois,
Tes moindres actions m'apparoissent miracles,
Chaque mots profereZ me sont autãt d'Oracles,
Bref, tu m'as desrobé le courage charmeur,
Agreable de face, agreable d'humeur,
Et n'en rougy honteux, plustost ma chere vie
Iouissons des plaisirs à quoy l'âge conuie,
Ne refuse prié mon seruice plus dous,
Nos secrets amoureux ne paßeront qu'à nous.

Felismene.

Quel indice donné d'vn desir sacrilege

Peut ſeruir de ſujet à me tendre ce piege?
Ceſſez de m'éprouuer Madame, qui peu caut
Ne tomberay pourtant d'vn ſi perilleux ſaut.

Celie.

Tu crains, on le void bien, de fait que l'apparence
A de plus releuez oſteroit l'aſſeurance,
Mais jure ſeulement vn reciproque Amour,
Proteſte mes faueurs oncques ne mettre au iour,
Et l'épreuue ſoudain te ſeruira d'oſtage,
Mille baiſers aquis voudrois-tu dauantage?

Felismene.

L'offre m'oblige heureux plus que le propre effet
Appliquable à celuy qui le brigue parfait,
Qui merite ce bien ſi aucun le merite,
Qui mourroit innocent fruſtré de ſa Carite,
Moy criminel, ingrat, perfide rauiſſeur
Soumis à ſa juſtice, ou du Ciel puniſſeur.

Celie.

Scrupule de neant à prouuer ton enfance,
Si ie n'ay rien promis rien tenir ne l'offence,
Et le croy plus parfait que la perfection,
Tu ne peux diſpoſer de mon affection,
Toute ſur ton objet qui la traiſne captiue,

Force

Force donc resolu, ta nature craintiue,
Et laisse clairuoyante à mon soucy pouruoir
Que de te nuire il n'ait volonté, ny pouuoir.

Felismene.

Sur sa perte eriger mon heur ne se doit faire,
Qui d'ailleurs ne verroit aueugle en cett' affaire,
Tel songe passager suiuy d'vn repentir?
L'Amour ne peut durer qui ne sçait s'assortir.

Celie.

Cruel n'abuse plus de ta bonne fortune,
L'occasion deux fois ne retourne oportune,
Où demeure caché ton serein iugement?
De l'honneur embarquée iroy-ie au changement?
Tout repentir aprés tardif & ridicule,
N'empéchant le passé t'est d'importance nulle,
Mien tu nourris l'espoir qui flate sa langueur,
Autre tu me contrains à l'extréme rigueur,
Bref ta felicité sa guerison palie,
M'en parler autrement vaine & pure folie.

Felismene.

Madame par l'honneur que vous eustes si cher,
A ce feu dissolu ne le laissez tacher,
Que sa garde commise à vn Amant capable

D'énorme lâcheté me preserue incapable,
Accident impossible en diuerses façons,
Plustost le Scyrien produiroit les glaçons,
Ou prodigue vers luy de faueurs legitimes,
Non vers vn roturier, l'infime des infimes,
Me voila trop content, voila plus m'obliger,
Qu'à mon sujet ce bien precieux negliger.

Celie.

Ah! peruers impudent, beste plus que farouche,
Ma sensible douleur ta cruauté ne touche,
Ta sordide priere vn second preferant,
La chose manifeste & palpable me rend,
Cōbien, mais des premiers que renōme l'Empire,
Si ma grace daignoit parmy leur nombre élire,
Heureux de la venir à genoux posseder,
Aymeroiēt mieux mourir qu'à d'autres la ceder?
Auise derechef, fay l'option soudaine
Des deux extremitez, ou d'Amour, ou de haine,
Ma patience échappe, il ne faut plus penser
Irresout çà & là de doutes balançer.

Felismene.

Madame, vous pouuez disposer de ma vie,
La fidelité sauue à vn Maistre asseruie.

Celie.

O ſentence mortelle! ô ſuperbe mépris!
Ruſtre tu maudiras l'heure que tu mépris,
Fuy, ne m'approche plus contagieuſe peſte,
Monſtre horrible auorté d'vne Alecton funeſte,
N'atten que ma fureur deplie ces efforts,
He! Nourice, quelqu'vn pouſſez le moy dehors,
Ce petit impudent que le maiſtre peu ſage
Enuoie executeur d'vn amoureux meſſage.

Feliſmene.

He! Madame.

Nourice.

Effronté vuide ſans murmurer,
Ou ces ongles ſanglans te vont défigurer.

Celie.

O Dieu bon Dieu! mon ſang de colere s'alume,
Pour vne fois encor, mais en faire couſtume
M'amie le dépit, le iuſte creue-cœur (cœur.
Me feroient volontiers mordre à meſme ſon

Nourice.

Que vous ne me teniez parauant auertie,
On eut à ce galand dreſſé telle partie,
Que rien ne luy reſtoit entier deſſus la peau,

Et ſemblables ſecrets me taire n'eſt pas beau.

Celie.

La crainte démouuoir vne bourbe ſi ſale,
D'vn rien mal à propos m'attirer du ſcandale,
Ne le preſumant pas deuoir perſeuerer,
M'ont fait iuſques icy l'iniure tolerer,
Iniure qui me va mettre dedans la tombe
Helas! ie n'en puis plus, ſouſtenez ie ſuccombe.

Nourice.

Au ſecours elle paſſe, vne morne paſleur
De ſon viſage eſteint la vermeille couleur,
L'albaſtre de ce front degoute vne eau glacée,
Madame, mon ſoucy, mon eſpoir, ma penſée,
Courage reuenez, c'eſt moy qui veux vanger
L'Empereur auerty, le tort de l'eſtranger,
O malheur! ô malheur! ſa pâmoiſon renforce,
Comment ne l'aſſiſter qu'à vne extréme force?
Venez filles m'ayder, que lon la mette au lit
O cieux! de ſes beaux iours le terme s'accomplit.

SCENE III.

DOM FELIX, FELISMENE, & LE PAGE.

D. Felix.

INquieté d'esprit, mon amour s'accompare
Au Marchand qui expose à l'Ocean barbare
Sa fortune incertaine, & attend chaque iour
La nef qui l'appauurit, ou fait riche au retour:
Un facteur deputé trafique de ma vie,
Demeure outre le terme & outre mon enuie,
Ne sçay quelle tristesse éleuée en vapeur
Me suit inseparable & m'alarme de peur:
Les filles auiourd'huy pour premiere loüange
Veulent des seruiteurs en nombre & à rechange,
N'aiment que l'inconstance & le dissimuler,
Que papillons nous faire à leur flame brusler,

Ioug peſant, ioug fatal impoſé de nature: (re,
Las! mon hõme tout morne accroiſt ma coniectu-
Qu'auons nous obtenu de réponce? dy toſt,
Et purge le ſoupçon que ma poitrine encloſt.

Feliſmene.

Sa belle humeur pareille à la Lune Eclipſée,
Secret particulier, la reprendra laiſſée.

D. Felix.

Ma miſſiue interdite au Soleil de ſes yeux?

Feliſmene.

Receuë, mais non pas d'accueil tant gracieux.

D. Felix.

La raiſon?

Feliſmene.

La raiſon d'elle-méme ignorée.

D. Felix.

Tu as peu voir ſa face, ou gaie, ou colerée.

Feliſmene.

Ouy, colere d'enfant qui termine ſoudain,
Qui paſſe ſans ſujet à moins d'vn tournemain.

D. Felix.

Tu me caches mon mal, ce que ie ne deſire, (pire.
Trop biẽ d'heure y pouruoir de crainte qu'il n'em

Felismene.

Un peu plus patient faites la guerre à l'œil,
Ne vous humiliez qu'à point, sous son orgueil.

D. Felix.

Serue plustost mon chef de placable victime,
Que nourrir sa rancœur iuste, ou illegitime,
L'apparence de viure vn iour & ne la voir?
Encor me feras-tu ses paroles sçauoir.

Felismene.

Elle accuse vn excez d'importune poursuite,
Comme n'ayant de vous que lettres à sa suite,
Qui deussiez plus discret ses faueurs ménager,
La reputation desormais en danger.

D. Felix.

Faute d'auoir connu la pureté de l'ame
D'où mon los principal me resulte le blâme,
Un saint Amour qu'anime & guide la vertu
Ne cherche aucũs destours, prẽd le chemin batu,
Paroist aux yeux de tous sans crainte, sans om-
Quelq; ialoux induit d'vne enuieuse rage (brage
Tâche à me supplanter, traistre qui que tu sois
Tu conspires ta mort découuert vne fois,
Voicy, voicy la Parque à quiconque s'ingere

D'oppoſer à mon heur ſa langue menſongere,
De ſemer entre nous la pomme du diſcort,
Mais ne s'en eſtre enquis plus à plein tu as tort.

Feliſmene.

Sa rigueur n'a voulu de replique entendre.

D. Felix.

Ne peux-tu le ſujet imaginé comprendre?

Feliſmene.

Non pas le plus ſubtil, ces caprices ſouuent
Ampoules d'eau que creue vne haleine de vent.

D. Felix.

Tu viens à la raiſon principale & commune,
Au regard de ce ſexe influé de la Lune,
Malheureux qui le croit, qui le ſert, qui le ſuit.

Page.

O mort épouuentable! ô pauure Amant deſtruit!

Feliſmene.

Le Page acourt vers vous éperdu hors d'aleine.

D. Felix.

Que voudroit plus le Ciel adjoûter à ma peine?
Dequoy peut plus le Ciel acroiſtre ma douleur?
Quel pire deſeſpoir arriue à mon malheur?

Page.

Las ! fuyez Monſeigneur , voſtre maiſtreſſe morte
Du peril de la vie éminent vous importe.

D. Felix.

Ma maiſtreſſe, menteur ? il vient de la quitter.

Page.

Elle va pour iamais vne tombe habiter.

D. Felix.

O ſiniſtre Corbeau! deſaſtreuſe nouuelle!
A ce conte on verroit la Deité mortelle,
De qui tiens-tu cauſeur ton friuole rapport?

Page.

Toute la Cour en dueil lamente ſur ſa mort,
Et veu, chacun diſoit l'Eſpagnole malice
A fait de l'innocence à Pluton ſacrifice,
L'infidelle eſtranger a de neceſſité
Par vn venin ſubtil ſes iours precipité,
Venin que renfermoit la miſſiue trouuée,
Nulle autre occaſion du iour ne l'a priuée,
L'homicide impuiſſant de rauir ſon honneur
Vindicatif employe vn dol empoiſonneur,
Allons enſemble pris le rendre à la Iuſtice

Le faire à la torture appliquer sur l'indice.
Effroié de tels mots qui valent d'y penser,
Mon deuoir ne peut moins que le vous annon-
cer.

D. Felix

O iniques destins! ô terre conjurée!
O Astres que l'on dit de la Voute azurée
Influer nos malheurs, Astres pernicieux!
O mort qui nous rauis la merueille des Cieux,
Desormais, desormais vostre maudite enuie
N'a dequoy m'affliger que me laissant la vie,
Non vie, vn douloureux, vn continu trépas
Qui malgré vous dans peu retracera ses pas,
Si tost que i'auray pris vne vengeance deuë
A mon honneur perdu en Madame perduë:
Sus donc l'espée au poin voy qui dessur les
lieux
T'osera soupconner d'acte tant odieux,
Apres mille ennemis immolez à ta Dame
Verse dans le Palais aupres d'elle ton ame,
Monstre à ces Allemans l'Espagnole vertu,
Quel plus digne sepulchre oncques choisiras-
tu?

Felismene.

Opposez Monseigneur, à l'infortune extréme
Tel desespoir osté la constance de méme,
L'Empereur vo⁹ connoist qui ne permettra pas.

D. Felix.

Où iray-ie trouuer le plus proche trépas?
Ou me perdre chetif? ou assouuir la rage
Qui le iour odieux maistrise mon courage?
Ou ce bras la terreur du monde auant mourir
A ma memoire puisse vn autel aquerir?
N'importe, ma fureur conduite à l'auanture
Va du premier peril faire sa sepulture,
La Parque deffiée, horrible seulement
A ceux de qui les iours se passent mollement.

Felismene.

Soufrez que mon seruice acheue sa carriere,
Que ie perde auec vous la vitale lumiere.

D. Felix.

Non, non demeure amy, cherche fortune ailleurs,
Dessous vn autre Ciel pren les destins meilleurs,
Ma suite la Cohorte infernale desire,
Seulement separé souuienne toy de dire,
Que tu vois à la mort courir vn amoureux

De qui le change fut iustement malheureux.

Felisſmene.

Parle découure toy, ſa faute confeſſée
Le prouue hors des ceps d'vn ombre trépaſſée,
Tu luy diuertiras ce damnable deſſein,
Tu luy arracheras le poignard hors du ſein,
Viue ſubſtituée à ſa defunte Dame
Tu r'alumes l'ardeur d'vne premiere flame,
L'objet meut la puiſſance, ô temeraire! apres
Ces Myrthes à tes yeux conuertis en Cypres
Vouloir faire au deſir pareille violence
Le trait ne ſe pourroit excuſer d'inſolence,
Preſque morte en tes bras, iuge qu'auec raiſon
Il te reputera miniſtre d'vn poiſon,
Et que la jalouſie inſupportable hoſteſſe
Aura precipité les iours de la Princeſſe,
Las! tu deuois pluſtoſt le tenir aduerty,
Qui tel deſaſtre à temps poſſible euſt diuerty,
Euſt de cette Phylis la trame prolongée,
De cette furieuſe en ſon vice plongée,
Rien moins, nous ne pouuons aueugles preuenir
Les malheurs journaliers qui doiuent aduenir,
Toujours, toujours le temps n'eſt conſeiller fidelle

Ne Medecin des maux que la prudence celle,
Chetifue maintenant à quoy resoudras-tu
L'esprit fresle vaisseau de doutes combatu?
Quel dessein t'est meilleur, ou quelle route prise,
De maux d'esesperez & enceinte & surprise?
Sans ton Amant chez toy forclose du retour,
Quitte les vanitez & renonce à l'Amour,
Ne rememore plus ce que tu soulois estre,
Quelque part confinée en vn desert champestre,
Où l'innocence habite, où ferme en ton propos
Le reste de tes iours trouue vn stable repos.

ACTE V.

ADOLPHE, LVPOLDE, FERnande, Felismene, Diane, Dante, Duarde, Sirene, D. Felix, Troupe de Bergers.

SCENE I.

ADOLPHE, LVPOLDE, & FERNANDE.

Adolphe.

L'Honneur, la chasteté, la vertu, les merites,
La gloire, la beauté, l'amour, & les Chari-
Qui viēnent d'expirer, qui dedans les cercueil(tes
Mettent les Cieux, la terre, & l'vniuers en dueil
Nous conuiēnt amis leur querelle espousée,
L'ame d'vne vengeance equitable embrasée,
Ne laisser impuny ce Corsaire estranger
Qui veut le commun los des Germains outrager,

Ce tygre déguise dessous l'humaine forme,
Qui m'a Celie esteinte (ô sacrilege enorme !)
Rauy l'ame, l'espoir, & le desir aussi
De plus traisner mes iours miserables icy ; (bres
O pauure! ó pauure Dame, entre les myrthes sō-
Où tu erres l'honneur des vertueuses ombres,
Tu te resouuiendras que ma prophete vois
Le desastre annonça qu'euiter tu pouuois,
Tu ne le pouuois pas, puisque ta destinée
A ton proche malheur te rendoit obstinée,
Mais du moins laisses-tu, triste & foible confort,
Qui fera ce meurtrier compagnon de ton sort.

Lupolde.

Certaine antipatie à sa premiere veuë
M'aiguillonna le sein d'vne colere émeuë ,
L'occasion depuis cherchée maintefois
Qui me fit rencontrer Alcide vn Achelois,
Hayne à sa nation, cheZ les autres frequente,
Superbe nation, guespe en l'honneur piquante,
Qui la terre ne croit digne de la porter
Mais que plustost ne deust la terre supporter,
Nō pas méme pourrir sa charōgne engloutie(tie.
Sa charōgne aux Corbeaux & aux loups depar-

Felismene.

De la ville esquiué qui gagne le deuant,
Nos menaces ne sont à la fin que du vent,
Si Leuriers animeux attachez à sa suite
Sur ce Lieure on ne presse vne ardante pour-
suite,
Vieil, rusé, qui sçaura trouuer mille détours,
Et que la peur d'aleine entretiendra toujours.

Adolphe.

Le vœu particulier fait aux Manes de celle
Que morte mon Amour ne peut croire mortelle,
Proteste derechef sans relasche courir
Depuis où naist Phœbus iusqu'où il va mourir,
Et qu'onc vn bon sommeil ne clorra ma paupiere
Premier que l'auoir veu sanglãt sur la pouciere
Vomir l'ame butin des rages de l'enfer,
Qui ne veux que mõ bras, qui ne veux que ce fer;
Spectateurs donnez vous le plaisir de sa queste,
L'assistance pourtant à l'extremité preste.

Lupolde.

Nous ne l'attendrons pas, vn lâche suborneur
Du droit des Caualiers ne merite l'honneur,
Ne merite estre pris seul & de galand-homme,

Mais

Mais qu'auec auantage on le prenne, on l'assomme,
Ioint que le cerf peureux, lors qu'il est aux abbois
Ne laisse de coucher en deffense son bois,
Meurtrit chiens & Veneurs, qui ne se donnent garde,
Qui n'attendent rien moins d'vne beste coüarde.
Si qu'ensemble d'abord éperdu le charger
Sera faire auisez iustice sans danger.

Adolphe.

La chose en mon endroit demeure indifferente,
Allons donc éclaircis sur sa fuite apparente,
Prendre langue asseurée, & à la piste apres
Luy chasser poursuiuy les éperons de pres.

SCENE II.

FELISMENE, DIANE, DANTE, Duarde, Sirene, Dom Felix, Adulphe, Lupo de, Fernande.

TROVPE DE BERGERS.

Felismene en Bergere.

Vous auez sceu Bergers la tragique a-uanture
D'vn Amour incroyable à la race future,
Amour funeste Amour, plein de fiel & de pleurs,
Amour qui m'a produit des épines sans fleurs,
L'issuë neantmoins me contente prospere,
Puisqu'icy loin d'ennuis, de soin, de vitupere,
Mon exil a trouué l'âge d'or qui reuit,
Puisqu'icy mon desir libre ne s'asseruit,
Puisqu'icy les presens de la feconde Astrée

Semblent à qui mieux, mieux honorer la cõtrée,
Flore toujours nouuelle y tapisse les preZ,
Vos champs ne sont que lys, que thim, qu'œillets pourpreZ,
L'herbe grande toujours abõde en vos pacages,
La verdure toujours fait ombre à vos bocages,
Où ses plaintes toujours Phylomele redit,
Où de venir iamais l'Hyuer ne s'enhardit,
Où les chesnes de miel, & sans labeur d'auettes
Degoutent nouriciers sur le sein des fleurettes,
Terrestre Paradis où l'innocent Amour
Veritable Elizée establit son sejour,
Ah! que ie te beny auec ta saincte bande
Qui me daigne tirer d'auersité si grande.

Diane.

Elle tient belle Nimphe à supréme bon-heur,
Que d'habiter icy tu luy faces l'honneur
Ta presence éjouït ces bois & ces campagnes
Qui te deussent choisir les Dryades compagnes,
Qui nous fais souuenir du temps qu'vn Dieu Berger
Exilé conuersa le peuple bocager,
Sa veuë produisoit les herbes salutaires

Aux troupeaux affrãchis de bestes sanguinaires,
Affranchis du venin qui nuit contagieux,
Et qu'vn Sorcier malin décoche par les yeux,
Telle tu nous parois, voire plus fauorable,
Dont sans fin le beau los fleurira memorable.

Dante.

Nompareille beauté qui surpasses l'humain,
Que la perfection fabriqua de sa main,
Regne sur nous Pallas, & Pales tout ensemble,
Les discors composez ainsi que bon te semble,
Discords que Cupidon par maniere d'ébats
Nous suscite n'ayant qui l'occupe ça bas,
Düarde que tu vois aussi fiere que belle,
Apres m'auoir aymé s'émancipe rebelle,
Méprise mon seruice offert candidement,
Et n'a de ce mépris qu'vn leger fondement,

Duarde.

Arbitre écoute donc, ô celeste estrangere,
Et apren ce qu'il nomme vne cause legere:
Le superbe iadis mon ame captiuoit,
Mais quoy? la sienne alors chés vn autre viuoit
Les complaintes, les pleurs, les prieres perduës,
Les preuues d'amitié inutiles renduës,

Iusques à negliger pour les siens mes troupeaux,
Les siens que ie menoy aux plus herbus coupeaux,
Mes brebis cependant ça & là dispercées
A la mercy des loups, sans pasture laissées,
Diuers d'affections en telle sorte auint
Qu'au grade coniugal ma riuale paruint,
Courte ioye, d'autant qu'apres fort peu d'espace
Mon homme laissé veuf la voila qui trépasse,
L'impossible depuis mes flames amortit,
Méme que du passé le cœur se repentit,
Telle erreur dans l'oubly du tout enseuelie,
Au lieu que l'indiscret réueille sa folie,
Veut ce qu'il ne peut plus, & ne pourra ia-
mais,
Or voy de prononcer là dessus desormais.

Sirene.

Diane qui d'vn train,

Diane.

Desiste temeraire,

Sirene.

Combien la verité m'est difficile à taire,

Diane.

Tu n'auras plus ingrat dequoy te preualoir,

Sirene.

Mais tu commences tard à te faire valoir.

Dante.

Ie sçay qu'en ma faueur panchera la sentence,
Car quel si grand peché n'esteint la repentance?
Ne purge qui s'abaisse à reparer vn tort,
Deut-on luy imposer les peines de la mort.

Felismene.

L'experience amis, maitresse nous enseigne
Nous qui soldats d'Amour marchons sous son enseigne,
Qu'autres n'apointent mieux tels mécontentemens,
Non pas méme si bien que le couple d'Amans,
Mille difficultez secretes impliquées
Qui veulent en public n'estre communiquées,
Tels iurent vne haine immortelle souuent
Qui seront au partir plus épris que deuant,
De la guerre la paix, & de la paix la guerre
A ceux qui sont frapez de l'Amoureux tonnerre,
Et qui leurs gestes croit compassez de raison
Croira Phœbus couché reluire en l'Orison.

Duarde.

La raison me manquoit, chose trop asseurée,
Lors que ie t'adoroy me sçachant abhorrée,
Comme à luy de penser ces feux d'Amour glacez
Me prendre derechef en des liens cassez,

Dante.

Quelque estincelle encor se couue sous la cendre
D'vne premiere flame, & la fera reprendre.

Duarde.

Puisse plustost la terre ouuerte m'engloutir,
Plustost l'ire celeste en roc me conuertir;

Dante.

En roc? tu l'es déja implacable homicide;
Or Deesse chez qui la clemence preside,
Toy qui sçais mieux la peine au forfait mesurer,
Souffrirois-tu la hayne animeuse durer?
Si le faussaire ingrat qui posseda ton ame
Penitent prosterné aux genoux de sa Dame,
Sur les excez commis te requeroit mercy,
Que le courage peust de rigueur endurcy,
Sa priere éconduire & refuser sa grace?
Ie ne l'estime pas, on la lit en ta face.

Felismene.

Lors comme alors, helas! à peine toutesfois,
Une horrible clameur s'épand parmy le bois,
Escoutons, quelques uns se battent d'asseurance.

D. Felix.

O traitres assassins! le Ciel mon esperance
Pareille lascheté funeste vous rendra,
Et la protection de l'innocent prendra.

Adolphe.

Maudit empoisonneur, une Princesse morte
Que tu es innocent le témoignage porte,
Sus qu'on me laisse amis selon ma volonté
Le meurtre chastier du voleur effronté.

Lupolde.

Rien moins, chacun à coup le charge, l'enuironne,
Cent coups apres sa mort, & cent autres luy donne.

Felismene.

O spectacle effroyable! un seul dedans le bois
Brauement resolu fait ferme contre trois,
Secourons le chetif:

Troupe de Bergers.

Ains fuyons de bonne heure,
Que quelqu'vn ſous leurs coups offenſé ne demeure,

Feliſmene.

Seulle donc opposée à ce laſche aſſaſſin,
Mon trait de ces felons tranſperçera le ſein,
Demeurez Caualiers, he! bon Dieu quelle honte!
Tant contre vn ce n'eſt pas de l'honneur faire conte.

Adolphe.

Folle retire toy ſur peine d'encourir.

Feliſmene.

Tu ſcauras que ie veux, & puis le ſecourir.

Adolphe bleſſé à mort.

O rage! ó deſeſpoir! ó enorme infamie!
Amis vengez ma mort, vne louue ennemie
M'a de ce coup de fléche outre-perçé le cœur,
Qu'au moins n'expires tu ſous vn digne vincœur.

Feliſmene.

Courage Caualier valeureux continuë,
De tes laſches haineurs le nombre diminuë,
Et nous mourrons enſemble, ou vn triple Laurier

Nos chefs couronne apres ce chef-d'œuure guerrier.

D. Felix

O Cieux! quel grand ſecours, vne Nymphe ruſtique
Trebuſche le ſecond au gouffre Plutonique,
Retrace donc les pas de ſa maſle vertu,
Pour ſi peu de labeur te dementirois tu?
Non, le brigand mourra ſans tarder dauantage
Que la perte des ſiens relaſche de courage.

Fernande.

O iniques deſtins! hé faut il que dernier
I'aquite le tribut au fatal Nautonier,
Impuiſſant de vengeance? ah! ie perds la parole
Et dans les flots du ſang ma triſte ame s'enuole.

Felismene.

Inuincible Heros, tes ennemis domptez
Reſpire ſous le faix des trauaux ſupportez,
Repoſe ta vertu de ma dextre aſſiſtée,
Ainſi iadis Hercul du bord Acherontée
Cerbere n'atraina que le Cecropien
N'allaſt contribuant quelque choſe du ſien,

Ainsi prest autrefois de succomber au nombre
Son pere qui voioit les forces ne répondre,
Feit pleuuoir vn orage horrible de caillous
Dessur ces ennemis qui les écrasa tous,
Sourde comparaison, seulement pour te dire
Que peu de chose peut ou profiter, ou nuire,
Qu'vn feminin courage ose prendre au besoin
Du bon droict secouru, de l'innocence soin.

D. Felix.

Sois Amazone, ou bien la chaste Forestiere
Qui preste à l'Vniuers sa nocturne lumiere,
Apres vn ie te dois ce trophée & le iour,
Mais des illusions ordinaires d'Amour
Reuiennent à mes yeux, trauaillent ma pensée,
Derechef m'apparoist Felismene laissée,
Felismene a le front, le corsage, le port,
Quel ver de repentance importune me mord!

Felismene.

Las! pareil accident confuse me fait croire
Voir certain Dom Felix graué dans ma memoire,
Gentilhomme accomply que i'aymeray toujours
Quand Cloton de Nestor me filleroit les iours.

D. Felix.

Tu la vois Dom Felix.

Felismene.

Et luy sa Felismene.

D. Felix.

Un charme en mon esprit occupé se pourmene,

Felismene.

Charme qui neantmoins contient la verité.

D. Felix.

Tu aurois sans l'habit qu'on te creust merité?

Felismene.

Ne vous abuse plus l'indecent equipage,
Felismene est Bergere, & n'agueres fut Page.

D. Felix.

O miracle! ô prodige! ô hazard bien-heureux!

Felismene.

Bergere, il n'y a plus qui vous chasse peureux,
Accourez, venez voir le geollier de mon ame,
Le principe & la fin de ma pudique flame.

D. Felix.

O ma vie

Felismene.

O mon mieux!

D. Felix.

O ma Reine!

Felismene.

O mon tout!

D. Felix.

Que de tant de trauaux tu es venuë à bout?
Que tu as peu souffrir patiente l'iniure
Faite à ta loyauté d'vn volage pariure?
A te trahir toy-mesme & ne te plaindre pas,
Reduite à des tourmens pires que le trépas?
Tu ne peux & ne dois m'aymer plus si coupable,
Desormais, desormais de ta grace incapable.

Felismene.

Ne faisons plus mon heur le passé reuenir,
Qu'ainsi qu'on a des maux plaisant le souuenir,
Le glorieux sujet merita bien ce change,
Or vous autres Pasteurs ne trouuez pas estrange
La priuauté soudaine auec vn Caualier
Que me daigne la foy coniugale lier,
Celuy dont les vertus me tiennent asseruie,
Qui balance vaincœur ma fortune & ma vie,

Qui la nef de mes vœux fait surgir à bon port,
Ou la va repousser naufrageuse du bord.

D. Felix.

Trouppe que l'equité heureuse recommande
Iuge si l'équité s'accorde à sa demande,
Vn ingrat, vn perfide, vn roseau deceuant
Qui plie de plein gré dessous le premier vent,
La fit à petit feu remourir déplorable,
A ses yeux vne moindre estima preferable,
Vn que viue enterrée elle oste du tombeau,
Qui void sous sa faueur le celeste flambeau,
Qui ne peut plus luiter contre la destinée,
Ne doit-il accepter sa grace enterinée?
Ne doit-il reçeuoir content à bras ouuers
La plus rare beauté qui soit en l'Vniuers?
Aucun que la raison Soleil diuin éclaire
Ne voudroit opiner ce croy-ie, le contraire,
Et ma promesse icy derechef deuant vous
Luy iure le deuoir d'vn vertueux épous.

Troupe de Bergers.

Beau pair que reunit l'occulte prouidence
Du supréme destin venuë en euidence,

Beau-pair, l'honneur du monde & la gloire d'Amour
Moissonne desormais le bon-heur à son tour,
Repare en tes plaisirs l'iniurieuse perte
Qu'une sainte amitié separée a soufferte,
Venge toy des trauaux & des ennuis passez,
En ta beatitude à iamais effacez,
Tes pensers, tes desirs facent une armonie
Qui durable ne soit qu'en la tombe finie,
Que Lucine feconde honore apres neuf mois
Ta couche de rameaux d'où surjonnent des Rois,
Chez qui puisse trouuer nostre derniere race
En memoire de vous un Azile de grace.

D. Felix

Nostre felicité veut plus que le discours,
Il faut que les desirs prennent un libre cours,
Il faut que les effets precedent le langage,
Madame ne peut plus se fier sur ce gage
Qui l'affronta iadis, ny mon Amour ardent
Languir pres du fruit meur à son arbre pendant:
Allons donc au prochain hameau brigade chere,
Du sacré Mariage accomplir le mystere,
Puis sur le gazon vert au beau milieu des fleurs

Ou quelque ombrage espois empéche les chaleurs,
Celebrer vn festin qui ramene en vsage
Ce bon-heur innocent qui fut au premier âge,
Qui les mets superflus d'ailleurs n'emprunte point;
Obligez nous amis apres du dernier point,
Qu'vn superbe tableau represente l'Histoire
De nos chastes Amours conseruant leur memoire,
Venerable en ce lieu tant que l'Astre du iour
Dans le Pole fera son ordinaire tour.

EPIGRAME
A MONSIEVR HARDY.

GRand ornement de nôtre France,
Digne ſujet de tant d'autels,
Qui fais parêtre l'éloquence
Sur le Theâtre des mortels ;
Bien que ta forme ſoit humaine,
Se voit-il vne âme ſi vaine
Qui veüille s'égaler à toy?
Non, non, merueille ſans ſeconde,
Apollon doit donner la Loy
A tous les plus doctes du monde.

CIVART.

DORISE,

TRAGI-COMEDIE.

PAR ALEXANDRE HARDY, Parisien.

ARGVMENT.

ROsset en ses Amants volages met cest' Histoire comme veritable, & auenuë de nostre temps, sous noms supposez: Le sommaire est, que Salmacis ieune Gentilhomme extrait d'illustre & riche famille, s'amourache de Dorise, Damoiselle aussi chaste qu'accomplie en beauté, mais inégale quant aux biens de fortune: le pere de Salmacis auerty du mariage que son fils brassoit clandestinement, l'emmeine aux champs, tant pour distraire sa phantaisie, qu'à dessein de luy proposer vn party plus auantageux en Sydere, Damoiselle riche & belle en perfection. Salmacis forcé du vouloir paternel, ratifie sa foy, & promet l'accomplissement du mariage à ſa chere maiſtreſſe au retour du voiage, la recommande à Licanor ſien couſin, qui la ſuborne à ſon abſence, vſant de l'entremiſe de Sydere qui ne reſpiroit que l'alliance de Salmacis : leur fraude reuſſit, de ſorte que Salmacis au retour condamné de ſa credule parauant qu'eſtre ouy, comme deſeſperé ſe confine en la Grotte d'vn vieil Hermite, où il en prend l'habit : Sydere auertie croit le conſeil d'vne vieille Magicienne qui la guide iuſques à l'Hermitage, où oſtant certain charme pendu à l'oreille de Salmacis, elle reconcilie & vnit ce couple d'Amants, qui conſomme le mariage vn peu apres, ainſi que fait Licanor auec ſa chere Doriſe, ce qui ferme le ſujet.

LES ACTEURS.

SALMACIS.
LICANOR.
DORISE.
SYDERE.
NOVRRICE de SIDERE.
L'HERMITE DV DESERT.
PAGE DE SALMACIS.
SOPHRONIE MAGICIENNE.
MELAMPE PERE DE SALMACIS.
CLEON.
LE PERE DE SIDERE.

DORISE,

TRAGI-COMEDIE.

ACTE I.

SALMACIS, LICANOR,
DORISE, SYDERE, NOVRRICE.

SCENE I.

SALMACIS, LICANOR, DORISE.

Salmacis.

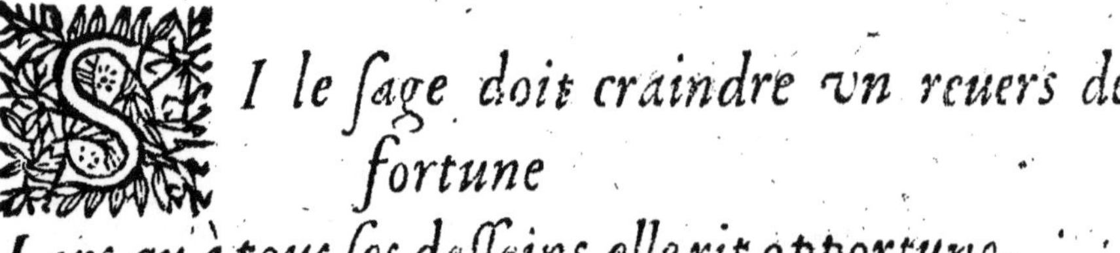

SI le sage doit craindre vn reuers de fortune
Lors qu'à tous ses desseins elle rit opportune,

Si le calme excessif imprime aux Matelots
Une triste fraieur de la rage des flots,
Qui suit inseparable, attrainant pesle mesle
Les vents, les feux, la nuict, le Tonnerre & la
Bref, si quelque démon enuieux suscité (gresle,
Contrepoise nostre heur de plus d'auersité,
Que dois-tu Salmacis, selon la conjecture
Dans peu n'apprehender d'infortune future?
Qui seul sembles tarir la source du bon-heur,
Comblé de biens, d'amis, de richesses, d'honneur,
Qu'vn Monarque cherit, que l'âge fauorise,
Et de qui la valeur le credit autorise,
Et de qui la valeur sans pareille icy bas
Ne laisse aucune preuue à donner aux combats,
Qui des plus vieux guerriers obscurcit la memoi-
Or ne consiste là ta principale gloire, (re.
Là ta beatitude encor ne trouue point
Son centre plus parfait, son veritable point,
Le Phœnix Amoureux d'vne beauté diuine
En est, certes en est la premiere origine,
La baze, le motif, le ferme fondement,
L'Amour plus que le sort a mon cõmandement,
D'vne chaste Cypris, sous le nom de Dorise,

D'vne belle qui tient captiue ma franchiſe, (yeux
Qui ne m'ayme pas moins que ſon cœur , que ſes
Me doit rendre ialoux les hõmes, & les Dieux:
Dautant qu'on ne la peut admirer ſans enuie,
La paſle deffiance accompagne ma vie,
Mille diuers penſers en l'eſprit repaſſez
Intimident mes ſens, & confus & glacez,
Que tout autre méchef (ô Celeſtes,) m'arriue
Pourueu qu'à ſes faueurs Salmacis ne ſuruiue,
Pourueu que mes trauaux moiſſonnent quelque
La palme des dõs faits d'vn mutuel amour, (iour
Pourquoy non? qui iamais oſera temeraire
Entreprendre le rapt de ce juſte ſalaire?
Nul, que ſoudain ma dextre expiant le forfait,
Du deſaſtre preueu ne détourne l'effet,
Oſte, oſte plus remis l'ombrageuſe folie,
Qu'engendrent les vapeurs d'vne melancolie,
L'impoſſible ſuſpet, ha! n'apperçoi-je pas?
Ouy, mon cher Licanor s'achemine au grãd pas,
Licanor de nos feux fidelle ſecretaire,
Peut eſtre m'apportant quelque auis ſalutaire.

Licanor.

La guerre du ſoldat le penſer entretient ,

Celuy des Amoureux à l'objet appartient,
Que l'Enfant de Cypris leur empraint dedans l'ame
Méme alors que l'espoir en augmente la flame,
Qu'vne perfection de diuine beauté
Se monstre ainsi qu'a vous hair la cruauté,
Et m'asseure que seul tel agreable idée
Au change me seroit d'vn Empire cedée,
Qu'importun suruenu trop indiscrettement
Ie vous tire l'esprit de son contentement.

Salmacis.

Ne me dy pas cela, ta presence cherie
Le réjouit ainsi que l'œil vne prairie,
Elle sert de Nepenthe à mes soins journaliers,
Qui n'eus onc & n'auray de soins particuliers,
Qui t'honore, qui t'ayme à l'égal de moy méme,
Certaine sympatie en nos humeurs extreme,
Ou certaine influence occulte de pouuoir
Qui me permet à peine estre vn iour sans te voir.
Sçache qu'ores l'excez de ma beatitude
Presuppose dans peu quelque vicissitude,
Deux Deitez me font volages redouter,
Et leurs faueurs quasi me viennent dégouster.

Licanore.

Nous plaindre ſans ſujet de la bonne fortune
Merite comme ingrats à bon droit ſa rancune,
Vſons du bien preſent, veu que de l'auenir
Nous ne pouuons le cours preſſer ou retenir.

Salmacis.

Tu dis vray, toutesfois la miſere preueuë
N'afflige pas ſi fort que frappant impourueuë.

Licanor.

Sur ce deffy conceu l'homme fait de ſes iours
Vn enfer qui le ſuit miſerable toujours.

Salmacis.

Le ſort ébranleroit à peine ma conſtance,
Amour la trouuerroit foïble de reſiſtance.

Licanor.

Doriſe volontiers decline à la froideur.

Salmacis.

Au contraire elle croiſt en ſa pudique ardeur.

Licanor.

Dont trop d'aiſe éblouit l'ame qui le mépriſe
Mis à méme le choix de Sidere ou Doriſe.

Salmacis.

Sidere n'a que voir ſur mon affection.

Licanor.

Sa riualle pourtant cede en perfection,

Salmacis.

Mes yeux & mon desir le iugent d'autre sorte,

Licanor.

Au iugement commun le sage se rapporte,

Salmacis.

Tu trouueras plustost la nuit parmy le iour,
Que sagesse quelconque où domine l'Amour.

Licanor.

O que le Peintre auoit bien connu sa nature,
Qui le peignit aueugle errant à l'auanture!

Salmacis.

En quoy presumes-tu Sydere, l'exceller?

Licanor.

La chose peut de soy veritable parler,
Receuez à témoin vn monde qui le chante,
Que cette chaste Circe à son aspect enchante,
Qui luy donne le prix des mortelles beautez,
Et dõt vn Dieu voudroit briguer les priuautez.

Salmacis.

Ma main te signera le transport de sa grace
Si tu veux l'occuper & y tenir ma place.

Licanor.

Pleust au Ciel que ce change inspirast son desir,
Qu'elle daignast sans plus. esclaue me choisir.

Salmacis.

Pires difficultez le temps nous facilite,
Ioint qu'elle ne sçauroit faire meilleure élite;
Or proche du sejour de mon bel Orient
Ie le voy sur le sueil m'attendre sousriant,
Ne bouge pas, atten, pareille conference
Où preside l'honneur porte toute asseurance,
Trois mots dits au surplus, tu me retiens qui veux
Te subroger absent à parfaire mes vœux.

Licanor seul.

Tu me vas rauir l'ame, ô voleur homicide!
Sans que i'ose crier sous ta force perfide,
Tu dédaignes l'aquis desirant conquerir
La credule beauté qui me fait remourir,
Resiste iuste Ciel à si grande iniustice
Donnant que sa poursuite en rien se conuertisse.

Dorise.

D'où procede mon heur, que ce front soucieux
Aujourd'huy me dérobe vn Printemps gracieux?
Quel sujet de tristesse altere nostre ioye

Ores que ton retour à peine la déploie,
L'vn des principaux fruits qu'apporte l'amitié
Est que pareil fardeau se diuise à moitié,
Qu'ensemble nous ayons toute chose commune,
Tout accident de bonne ou mauuaise fortune,
Ne me le vueille donc dauantage celer
Et selon mon pouuoir te laisse consoler.

Salmacis.

Ne douleur ne soucy ne m'attristent ma sainte,
Oste de ton esprit cette ocieuse crainte
Vn congé de trois iours permis.

Dorise.

Helas! cruel
Tu files ton exil ainsi perpetuel
Depuis que succombée à l'appas de tes charmes
Vn Soleil accomply ne me passe sans larmes,
Quelque guerre tantost d'excuse te fournit,
Vn voiage renaist de l'autre qui finit,
Vlysse vagabond qui (fiere destinee!)
Veufue me fait gemir parauant l'Hymenée,
Tu nous peux bien barbare au partir de ce lieu
Pour la derniere fois dire vn dernier adieu.

Salmacis.

Ne t'afflige plustost que la verité sceuë,

Dorise.

Plustost que du mensonge ordinaire deceuë.

Salmacis.

Escoute patiente & me condamne apres,

Dorise.

Que ce Myrthe fuitif me couste de Cypres,

Salmacis.

Mon pere aux champs d'escorte à sa suite m'emmeine,
Auise maintenant si cela vaut la peine.

Dorise.

Tu n'oserois iurer.

Salmacis.

Menteur puissent les Cieux
Me bannir à jamais du Soleil de tes yeux.

Dorise.

Ton parjure se donne vne legere amande,

Salmacis.

Mon idolatre Amour n'en connoist de plus grande.

Dorise.

Ne te pourrois-tu pas dispenser ce deuoir?

Salmacis.

Le vieillard me l'enjoint d'vn absolu pouuoir.

Dorise.

Quel terme bornera ton retour desirable?
Quel temps meurtriras-tu ta Dame inexorable?

Salmacis.

Le terme trompera son incredulité,
Bref, & du tout conforme à ma fidelité,
Ne presume au surplus tel voiage inutile,
Là sequestrez du bruit d'vne tourbe ciuile,
Seul que ie sçauray bien l'occasion choisir,
Et le bon homme pris au point de son loisir,
Gagner la volonté paternelle requise
A l'effet d'vne foy mutuelle promise,
Tandis chaque moment nos cœurs se parleront
De lettres tour à tour, que les mains écriront.

Dorise.

Plustost le Ciel perdra ses Nocturnes Estoiles,
Hymette ses odeurs, Amphitrite ses voiles,
Que tu demeures nu de trompeuses raisons:
Au malade en la sorte aualer nous faisons

Sous vn miel apparent vne horrible amertume,
Ainsi se passe en loy ta mauuaise coustume:
Or trois iours expirez, non plus, ne pense pas
A faute de me voir prolonger mon trépas,
Excuse, subterfuge, occasion, cautelle
Ne t'exemptent apres de ma haine mortelle:

Salmacis.

Coupable à deux genoux te requerir mercy
Possible amoliroit le courage endurcy.

Dorise.

Tu reueles déja la trahison braßée.

Salmacis.

Tu soupçonnes a tort, ie meure, ma pensée,
Oncques chose plus vraye oracle ne predit,
Que tu me reuerras dedans le terme dit,
A la charge qu'alors on souffre moins farouche
Ma flame s'amortir sur cette belle bouche,
Qu'au départ chacun sçait me deuoir le baiser,
Dieux faudra-il toujours de violence vser?

Dorise.

Impudent que pourra dire ce Gentilhomme?

Salmacis.

Que Tantale vne soif dans les eaux me consomme,
Approche Licanor à qui seul ie remets
De voir Madame absent le pouuoir desormais,
Mon vertueux Amour te designe vers elle
Es écrits enuoyez son Mercure fidelle,
Auise neantmoins à ne la suborner,
Car on ne la peut voir sans se passionner,

Licanor.

Telle crainte s'éclipse en mon peu de merite,
Vne plus belle image en sa belle ame écrite
Porte toute asseurance & seure mon espoir,
Nous ferons au surplus comme ailleurs le deuoir.

Salmacis.

Adieu ma chere vie, vn pluuieux presage
Me fasche ternissant le Ciel de ce visage.

SCENE II.

NOVRRICE, SIDERE.

Nourrice.

QVe ces profonds souspirs, que ces larmes perduës,
Que ces plaintes en l'air steriles espanduës,
Commencent à lasser mon oreille & mes yeux,
Commencent d'acquerir un tiltre vicieux;
Obtenez dessur vous la plus rare victoire
En l'oubly d'vn ingrat, qu'homme ie ne puis croire,
Que Borée engendra des Rochers Caspiens,
Qui passe en cruauté les Tygres Lybiens,
Plus digne des faueurs d'vne Louue brutale,
Que de vous captiuer sous la torche iugale,
Trop belle, trop pudique, & parfaite pour luy,
Sur qui iamais Phœbus que funeste n'a luy.

Sidere.

Ma coulpe ne sçauroit s'excuser infinie,
Ma gloire n'estre point de mes larmes ternie,
Sans pouuoir neantmoins que dedans le tõbeau
Esteindre auec mes iours vn Amoureux flãbeau.

Nourrice.

Depuis que la vertu s'efforce magnanime,
Il n'y a mon soucy, vice qu'elle n'opprime,
Semez prudente ailleurs vn terroir plus fecond,
Et où la recompense à la peine respond,
Mille heureux à l'enuy de posseder la place,
Preferables de los, de merites, de race,
Suppleent ce defaut, ne faites que choisir,
Ne faites que changer d'illicite desir.

Sidere.

Autre objet ne me peut plaire, estrange manie,
Contente d'expirer dessous sa tyrannie.

Nourrice.

D[illegible]es vous la raison valable qui le fait
A vos sens aueuglez vn miracle parfait.

Sidere.

Quelque charme inconnu me possede reduite
A me pouuoir esclaue, ou plus prendre la fuite.

Nourrice.

Tel charme disparoist soumise à la raison,
Elle brise les fers de semblable prison.

Sidere.

I'approuue ce conseil d'affection sincere,
Qui ne sert neantmoins que d'aigrir mon vlcere.

Nourrice.

Dieux, bons Dieux appliquez vostre puissante
main
Où desormais ne peut aucun secours humain.

Sidere.

Ah! que tu le prens bien pauure amante éplorée,
La guarison du mal s'en va desesperée
Si la Parque ou le Ciel ne donnent par pitié
Quelque prompte allegeance à ma forte amitié.

ACTE II.

SCENE I.

LICANOR, SIDERE, DORISE.

Licanor.

AMant infortuné qui ne ſuis que de flame,
Mille orages à coup ſe leuent dans mon ame
Incertaine, confuſe, & qu'vn aueugle nuit
Atrauers des eſcüeils effroyables conduit,
Mes proiets inſenſeZ meritent qu'on me lie
Coupable conuaincu d'vne pure folie:
Pretendre ſur l'amour de Salmacis abſent?
Croire que Iupiter, d'ailleurs aſſez puiſſant,
Inſpiraſt à ſa Dame vne perfide enuie,
Deſuniſt ce beau pair animé d'vne vie?
L'apparence repugne, & de tes propes yeux
(Souuenir qui mon mal rengrege furieux,)

Tu as veu quel ciment leurs courages assemble,
Veu qu'à peine Clothon les separe d'ensemble,
O grande iniquité des Astres & d'Amour!
Vne chaste beauté, le Soleil de la Cour,
Adore Salmacis qui la dédaigne aquise,
Afin de me rauir ma Palme moins exquise,
Ce superbe Narcis, ains Cerbere enuieux
Arresté sous sa griffe, ou deuore des yeux,
Deuore sans sçauoir ménager sa fortune,
La recompense à deux suffisante & commune:
Or sur ce precipice irresolu pendant,
La mort chaque minute infaillible attendant,
Ma curiosité me porte superfluë,
L'heure & l'occasion plus opportune éleuë,
A vouloir seule à seul, Sidere consulter:
On voit outre l'espoir des choses resulter,
Que les difficultez embrouillent dauantage,
Si l'vne où l'autre au moins m'escheoit en partage,
Ha! la voila qui sort, dont l'œil battu de pleurs
Ne découure que trop ses muettes douleurs.

Sidere.

He! de grace Monsieur, quel bon vent vous

ameine?

Licanor.

Pourueu que le vouliez, vne fertile peine.

Sidere.

Promettre sans sçauoir ne se doit nullement,
Esclaircissez premier le sujet seulement.

Licanor.

L'entreprise d'abord apparoistra hardie,
Remede toutesfois selon la maladie.

Sidere.

N'importe que ce soit, l'honneur sauf proposez
Et de si peu que i'ay de pouuoir disposez.

Licanor.

Un vertueux Amour perseuere en vostre ame
Vers l'ingrat Salmacis que tout le mõde blâme.

Sidere.

La honte sur ce point ma responce interdit,
Ainsi le crime teu du criminel se dit.

Licanor.

Dorise le soustrait, Dorise le possede
Qui de perfections & de beauté vous cede
Autant qu'vn petit fleuue à l'Ocean profond,
Qu'vne Coline basse à vn superbe mont:

Sidere.

Telles comparaisons sentent leur moquerie,

Licanor.

Ha! si dissimulé i'use de flatterie.
M'extermine le Ciel, dissimuler pourquoy?
Ou l'Uniuers témoin, ou la veuë en fait foy.

Sidere.

Salmacis principal à parfaire ce nombre,
Telles opinions me ressemblent vn ombre.

Licanor.

Le sortilege osté qui luy sille les yeux,
Vous & moy d'vn enfer passerōs dans les Cieux.

Sidere.

Mon esprit peu subtil propre à choses friuoles
Encore n'a compris le sens de ces paroles.

Licanor.

Beauté plus que mortelle, inestimable fleur, (heur
Qui me faites compagne heureux en mon mal-
Scachez qu'vn feu secret, (car Dorise l'ignore)
A son occasion mes entrailles deuore,
Méme inique destin modere nos Amours,
Or peut la preuoiance interrompre son cours,
Dorise d'vne humeur ialousement credule,

Seconde Deianire à l'endroit d'vn Hercule,
Sous quelque faux rapport confirmé de nous deux
Qui n'aura du tout rien penible , ou hazardeux,
Sans doute démordra l'hameçon qui l'attire,
Sans doute allegera nostre commun martyre,
Chacun libre à poursuiure vn sujet diuerty,
Et par la jalousie à demy conuerty:

Sidere.

Moyennant que la bouche exprime le courage,
Et que qui le designe execute l'ouurage,
On leur pourroit ietter la pomme de discort,
Vous entr'autres autant ingenieux qu'accort.

Licanor.

Afin de l'attirer dans l'embuche impoureuë,
Madame ne manquez à sa premiere veuë,
Mise sur les discours des diuers Amoureux
Que la Perse renome, ou bien, ou malheureux,
De dire, Salamacis la perfection méme,
N'estoit qu'vn peu changeant sa médisance extréme,
Merite que l'honneur du sexe feminin
Fuie d'heure vn aspic si mortel de venin;
Que l'exemple ne va plus outre que chez elle,

Diffamée au rapport du volage infidelle,
La r'enuoiant chercher mon témoignage exprez
Qui docte sçauray bien la manier aprez.

Sidere.

Ce moyen me plaist fort, & d'heure conuenuë
Actiue ie ne fay qu'attendre sa venuë.
Parlons bas, quelque bruit, ah certes sa voicy,
Adieu, mais demeurez embusqué pres d'icy,

Licanor.

Comment donc, vous commise à détourner la beste,
Piqueur laissez m'en faire vne certaine queste.

Sidere.

I'estime que le Ciel t'enuoie à mon secours,

Dorise.

Et touchant quoy mon ame?

Sidere.

Vn ennuieux discours
Me lassoit desormais auec ce Gentilhomme,

Dorise.

Sa faconde à la Cour neantmoins le renomme,
Sa faconde que suit la courtoise douceur,

Sidere.

Tous ſujets de deuis ne plaiſent pas ma ſœur.

Doriſe.

Ie me doute qu'il veut s'inſtaller en ta grace,
Chez elle s'aquerir vne premiere place,
Ce petit vermillon de honte auant-coureur.

Sidere.

L'imagination te plonge en cet erreur,
Encor que cela ſoit le moins de ſon merite
L'honneur me demeurant de ſemblable pourſuite.

Doriſe.

Tu me confeſſeras Salmacis ſans pareil
Entre nos Caualiers apparoiſtre vn Soleil.

Sidere.

Sans doute ſa vertu n'auroit point de ſeconde,
Mais nul entierement ne vit parfait au monde.

Doriſe.

Ce mais le preſuppoſe eſtre defectueux,

Sidere.

Preſque tous les Amans ont ce vice chez eux.

Doriſe.

Ma mignone oſte moy de ſcrupule éclaircie,
Sur tel ſi qui l'eſprit martelé me ſoucie.

Sidere.

I'aimerois beaucoup mieux qu'vn autre te le dit,

Dorise.

Ma priere importune obtiendra ce credit.

Sidere.

Dispense moy mon cœur, la chose m'épouuante,
Dont l'indiscret selon sa coustume se vante.

Dorise.

Qu'importe sa vantise à qui ne le craint pas?

Sidere.

Elle importe à ta gloire vn vergongneux trépas.

Dorise.

Ha! ne me retien plus sur la gesne estenduë,
Que la facilité trop grande aura perduë,

Sidere.

Ce folastre en public fait courir vn faux bruit
Que ta pudicité luy prodigua son fruit.

Dorise.

Moy?

Sidere.

Si tu es Dorise,

Dorise.

He! d'ou uient la nouuelle?

Sidere.

De ſon propre couſin qui l'abhorre infidelle.

Doriſe.

O execrable monſtre! ô Celeſtes puiſſans!
Qui vangez protecteurs les foibles innocens,
Qu'vn tonnerre du moins me rende la iuſtice,
Ou que l'Erebe ouuert ce peruers engloutiſſe:
Ha! traiſtre Salmacis, homme double, homme feint,
Mon renom pour vn blâme imposteur ne s'eſteint,
L'opprobre du menſonge à ta honte demeure,
Il faut que par ma main ce noir Vipere meure.

Sidere.

Auant qu'vne rancœur plus aſpre conceuoir
Allez de Licanor la verité ſçauoir,
L'affaire ſerieux en merite la peine,
Tout à propos là bas ſeul, Et il ſe pourmeine:

Doriſe.

L'occaſion meilleure on ne ſçauroit choiſir,
Tantoſt ie vous retrouue auec plus de loiſir.

Sidere ſeule.

Onc fourbe à mon ſouhait ne reuſſit pareille.

Le Martel en la teste & la pince à l'oreille,
Mon dedaigneux se peut asseurer qu'au retour
Elle luy garde plus de haine que d'amour.

Dorise.

Dieux! osera ma bouche informer effrontée
Dessur la trahison du barbare attentée?
Osera ta pudeur virginale enquerir,
Sur ce qui ne luy va que du blâme aquerir,
Qui toujours à trauers ton courroux équitable
Montre d'vn trait d'Amour l'atteinte detestable:
Tu le dois, le silence auouë apertement
Ce que le criminel passe tacitement,
Qui n'a fait mal ne craint qu'on censure sa vie,
Du mensonge vaincœur ainsi que de l'enuie:
Monsieur, Monsieur vn mot, vn mot par charité,
Nul ne me dira mieux que vous la verité.

Licanor.

Et nul plus volontiers ne seruira fidelle
Vne chaste beauté des vertus le modelle.

Dorise.

Beaucoup d'autres ne l'ont en ce predicament,

Licanor.

Tel porte qui ne l'est, l'heureux tiltre d'Amant,

Dorice.

Ha! sensible propos, ta premiere ouuerture
Ne renforce que trop ma triste conjecture.

Licanor.

En quoy puis-je seruir la Reine des beautez?

Dorise.

Salmacis m'at-on dit, vante mes priuautez,
Plus grandes enuers luy que l'effet veritable,
Que ne souffre l'honneur, méchanceté notable,
Si tel faux bruit épars le reconnoist auteur,
Sa source ne tirant d'vn vulgaire menteur:
Or la preuue certaine en vostre témoignage,
Comme intimes amis & de méme lignage,
Douteuse me contraint son Oracle informer,
Vueillez donc la dessus magnanime affirmer,
Sans que la parentelle à la verité nuise,
Sans permettre que plus l'innocence on seduise,
Acte que remunere vn beau los immortel,
Qui de suite s'erige en mon ame vn autel.

Licanor.

Madame, pleust au Ciel pouuoir semblable office

Racheter de ma vie offerte en ſacrifice,
La perdre vous ſeruant me contenteroit plus
Que de rememorer les propos ſuperflus,
Qu'à la honte des miens commune reſultée,
Faire de rapporteur la charge deteſtée.

Doriſe.

O pauure! ô pauure fille, à ce commencement
Preſume que Sidere enuieuſe ne ment,
Las! Monſieur excuſez la douleur qui m'emporte,
Et qu'vn diſcours ſuiuy de ce doute me ſorte.

Licanor.

Auienne qui pourra, ne crainte ne reſpect
Ne me rendront iamais de trahiſon ſuſpect,
La conſcience point, la pitié me ſurmonte,
Ouy Madame, vn ingrat volage vous affronte,
Son indiſcretion oſe tant s'oublier,
Que vos chaſtes faueurs, laſciues publier,
O cieux! le ſouuenir me glace la parole,
Deuinez le ſurplus d'vn menſonge friuole.

Doriſe.

Dites, me découurir l'impoſture à demy,
Laiſſe l'honneur en gage és mains de l'ennemy,

Iusques où se preuaut, iusques à quelle grace
Chez ma credulité sa temeraire audace?

Licanor.

Iusques à moissonner d'ordinaire auec vous
Ce que peut sur sa femme vn legitime espous:

Dorise.

Le parjure a menty, le traistre, l'hypocrite,
Où m'ecrase le Ciel de sa cheute subite,
Onç baiser seulement permis qu'à contrecœur,
Sur ma pudicité ne le rendit vaincœur,
Indulgence excessiue, & premiere & derniere
Dont il ne joüit plus, libre de prisonniere,
Sage, bien qu'vn peu tard au scandale reçeu,
Mais quelle autre n'eust pas l'apparence deceu?

Licanor.

L'honneur sauf garanty de ce funebre piege
Ce thresor echappant sa griffe sacrilege,
Substituez quelqu'vn capable gardien,
Que conioingne l'Hymen de son nœud Gordien,
Qui vous sçache adorer à l'égal des merites
Qui porte vos beautez toujours en l'ame écrites,
Qui se donne fidelle vn siecle à esprouuer,

Vous

Vous n'aurez gueres loin grand peine à le trouuer,

Dorise.

Seme l'amour ailleurs ses appas & ses charmes,
Mes feux dorénauant noyez dedans mes larmes,
Ne se rallument plus, tombée en méme erreur
Vne seconde fois sentiroit sa fureur.

Licanor.

Si le change supplée à la perte receuë,
Alors ne serez-vous qu'heureusement deceuë.

Dorise.

Le change proposé se borne du cercüeil,
Adieu, ie ne puis plus resister à ce düeil.

Licanor seul.

Pallas ne pouuoit mieux conduire l'entreprise,
Reste à te preualoir d'vne discorde éprise,
Salmacis ébloüy tellement au retour,
Qu'il ne sçache d'où vient ce charitable tour:
Sçache, ou non, ma valeur ne redoute personne,
Ma fortune à la sienne en tout se parangonne,
La plus belle beauté qui viue sous les Cieux,
Suffise à limiter son vol audacieux;

Maxime qu'en matiere & d'Amour & d'Empire
La seule utilité la foy nous doit prescrire,
Apres sans Corival, Dorise peu à peu
Dessur qui tu as fait estinceler ton feu,
Se lairra subjuger : de sorte poursuivie,
Et d'une affection si candide servie,
Que tu la forcerois induite par pitié,
Ores qu'elle ne pûst conceuoir d'amitié.

ACTE III.

SALMACIS, LICANOR, DORISE,
L'HERMITE, SYDERE, PAGE,
Nourrice, Sophonie.

SCENE I.

SALMACIS, LICANOR.

Salmacis.

Confus, desesperé la misere du monde,
Que déja ne m'enserre une lame profonde;

Dorise me niant les rayons de ses yeux,
Pourquoy m'éclaire plus le Soleil odieux?
Dorise desormais capitalle ennemie,
Retourne le cahos en sa masse endormie.
Dorise te pouuoir (certe trop inhumain)
Cette homicide lettre écrire de sa main?
Recours la derechef: ouy son mauuais courage
Se laisse maistriser d'vne jalouse rage,
Se laisse deceuoir d'vne credulité,
Sans marque expresse., en quoy git l'infidelité,
En quoy l'affection premiere me varie,
Ne quel autre sujet mon desir s'apparie,
Sous ces termes obscurs la phrenetique dit,
Que de sa renommée vn pipeur a médit,
Vous sçauez Immortels, si le forfait me touche,
Si de los que le sien me resonne en la bouche,
Si mes vœux onc ailleurs eurent deuotion,
Si ma foy ne s'égalle à ma discretion,
Las! au moins tu deuois auec la mesme plu-
me
D'écouurir l'imposteur qui ton courroux allume,
Afin de te donner le plaisir de le voir,
Sur l'heure dementy, son guerdon receuoir:

Traistre, qui que tu sois, ah! l'ame suspenduë,
Ma sentence de vie, ou de mort attenduë,
Endure impatiente vn merueilleux effort,
Voicy mon Messager morne triste de port,
Qui me confirme assez l'implacable obstinée
Ordonner que ce fer tranche ma destinée.

Licanor.

Resout n'esperez plus vn courage plier,
De qui la dureté croist à s'humilier,
Le temps l'amolira dissipant cette nuë,
Auec la verité tost ou tard reconnuë,

Salmacis.

O fresle! ô fol espoir plein de déception!
He! ma missiue donc quelle reception?

Licanor.

Onc Lyonne si tost n'a proye déchirée,
Que sa pressante faim rencontra de curée,
Comme la furieuse en pieces a soudain
Mis vostre lettre au feu de l'vne & l'autr main.

Salmacis.

Sans lecture?

Licanor.

Sans voir l'inscription premiere,

Salmacis.

Vien tygresse d'vn coup me rauir la lumiere,
Soule ta cruauté sur ce mourable corps,
Tire son cœur empraint de ton pourtrait dehors,
Boy le sang épuisé qui coule de mes veines,
Et finy t'appaisant mes amoureuses peines.
O peruers animal ennemy de raison!
Tous maux à ton égard sont sans comparaison,
Tu les surpasses tous chez quiconque t'adore,
Quel discours t'a tenu l'impitoiable encore?

Licanor.

Mon chef se herissoit l'entendant proferer,
Et ma bouche quasi n'ose les referer,
Qu'à peine de sentir l'effet de sa rancune,
Dessur vostre sujet, plus on ne l'importune,
Que son principal heur depend à l'auenir
De ne vous voir iamais, & ne s'en souuenir.

Salmacis.

De ne me voir iamais? ô credule homicide!
Dessous le desespoir furieux qui me guide,
Ton souhait auiendra, tu ne me verras plus,
Modere Salmacis tes regrets superflus,

Et bany te relegue en quelque part du monde;
Ains fay que de tes iours la course vagabonde
Ne gouste aucun repos parauant le tombeau,
Qu'elle imite d'erreurs le celeste flambeau.

Licanor.

Opposez vertueux vne braue constance,

Salmacis.

Ma douleur ne veut pas ne conseil n'assistance,
Retiretoy soudain, ce terrestre Vniuers
Ne foissonne infecté que de traistres diuers.

Licanor.

Tu deusses pour le prix en dire dauantage,
Licanor maintenant vse de l'auantage,
Que te donnent le temps, la fortune, & l'Amour,
Va iouir des faueurs de Dorise à ton tour,
Va les feux Cypriens rallumer en son ame,
De celle qui finit commence vne autre trame,
Sage d'experience apres ne souffrant pas
Qu'vn riual frauduleux s'auance sur tes pas.

SCENE II.

DORISE, LICANOR.

Dorise.

O Cieux que ma douleur éprouue d'allegeãçe,
Depuis l'execution de ſa foible vengeance,
Depuis que ce parjure infidelle a receu
Le ſupréme decret de ma volonté ſceu,
Que mes auides mains ont le feu pour ſupplice
A ce papier donné de ſa fraude complice,
Tel Caribde affranchy, Doriſe pourrois-tu
Derechef te ſoubmettre au peril combatu,
Rien moins, Diane fuy le commerce des hommes
Tout fardez de courage au dur ſiecle où nous ſommes,
Licanor toutesfois, quoy que proche parent,
Se monſtre de nature à luy plus different
Qu'vn Lyon genereux du Renard qui ſe gliſſe

Toujours en peur, ou croit profiter sa malice,
Mais à le figurer quelque chose de plus,
Ne te rempestre aussi d'vne nouuelle glus,
Point, cette humeur me plait ouuerte, magnanime,
Cas estrange, vn penser apres l'autre l'anime,
Sus retranche leur donc le cours pernicieux:
Mais voyez que l'Amour archer malicieux,
Represente l'objet redouté de mon ame,
Qui les approches sent d'vne seconde flame,
O pitoiable Ciel! enuoie moy la mort
Plustost que retomber dessous le méme sort.

Licanor.

L'Arrest de son exil prononcé bouche à bouche,
Immobile d'abord, plus muet qu'vne souche,
Ce trompeur découuert fulmine maintenant,
Menace tout le monde, à part soy forçenant,
A peu prez comparable au matin qui abboye
Contre la Lune apres auoir perdu sa proye,
Où au Loup affamé qui hurle de courrous,
Si tost que le Pasteur sa Brebis a recous,
L'Ixion trébuché du Ciel de vostre grace,
Vn veritable amant vous demande sa place,

Un qui a beaucoup moins de discours que d'effet,
Un Phœnix en constance amoureuse parfait :

Dorise.

Le moyen qu'éperduë apres ce coup d'orage,
Qui tremblotte, qui n'ay ne force ne courage,
Neptune me retienne à la mercy des flots,
Un peril retenté premier que d'estre clos ?
L'honneur directement repugne à telle enuie,
Fanal perpetuel qui guidera ma vie :
Quelque temps écoulé alors ne dis-je pas
Que le desir ne croisse & ne gouste à l'appas.

Licanor.

Telle action de soy loüable, vertueuse,
Qui legitime n'a sa fin voluptueuse,
Precipite ne peut naistre hors de propos,
Ne peut que vous causer de l'aise & du repos ;

Dorise.

Telle action merite à loisir digerée,
Iusqu'à l'extremité se traisner differée,
Merite iour d'auis qui ne voudra sentir
D'une premiere faute un second repentir.

Licanor.

Que le temps sur ma foy tire l'experience,

Pourueu qu'vn rais d'espoir aide ma patience,
Que les chastes faueurs de l'Amante à l'Amant
Moderent vn brasier sans cesse s'enflamant.

Dorise.

Voila capituler trop tost pour le salaire,
Qu'vne Dame au labeur disperse volontaire.

Licanor.

Ha! combien le forçat proche des ennemis
Rame mieux, vn guerdon de liberté promis.

Dorise.

Suffit que mon humeur l'ingratitude abhorre,
Quiconque la connuë est à s'en plaindre encore.

Licanor.

Vous me permettrez biẽ vous reuoir chaque iour
Beau temple, où se rendront les vœux de mon
Amour?

Dorise.

Ouy, ouy qu'à cela pres le Ciel en qui i'espere,
M'inspire de mon mieux, & vos desseins pro-
spere:

Licanor.

O parolle diuine! oracle gratieux!
Plus à moy qu'vn Empire asseruy, precieux,

Passe-port qui me vaut desormais la franchise
Qu'obtint la pieté du braue fils d'Anchise,
Qui dans ces Elisez Amoureux m'introduit
Où ne se trouuent point ne d'hiuer, ne de nuit.

Dorise.

Quelque espion pourroit d'vne embusche impour-
ueuë
Surprendre nos discours, à demain la reueuë;
Demain à la méme heure, enuiron sur le soir,
Ne manquez à venir, vous consolant d'espoir.

Licanor.

Adieu mon beau Soleil, precipite ta ronde,
Si tu desires vif me retrouuer au monde,
O long siecle à qui souffre & porte là dedans
Des Vesuues cachez, & des fourneaux ardens!

SCENE III.

L'HERMITE, SALMACIS.

l'Hermite.

Monarque souuerain qui dardes le tonnerre,
Qui fis d'vne parole, & le Ciel & la Terre,
Qui nous formes ainsi, déplorables humains,
Que l'artiste Potier l'Argille entre ses mains,
Cettuy vaisseau de gloire, & cet autre d'ordure
Sans qu'eux puissent vser d'vn rebelle murmure:
Seigneur combien ta grace opera dessur moy,
Alors que ie quittay le monde que i'aimoy,
Que ton seruice pris d'eternel heritage,
Mon Palais orgueilleux fust ce sombre hermitage,
Où le corps maceré donne à l'esprit content
L'vsufruit du bon heur celeste qu'il attend,
Où nulle ambition, que ta gloire chantée,

Que tes faits admirez, ne tient l'ame arrestée,
Où mon œil se rauit de miracles diuers,
Que produit la Nature au champ de l'Uniuers,
Où tout ce qui s'objecte attire ma loüange,
Pauure pecheur crée d'vne bourbeuse fange,
Que deuore ton Zele assez de fois esteint,
Lors que la chair, le monde, & l'ennemy l'atteint:
Pitoiable soustien ma fragilité grande;
Mais quelque homme esgaré son adresse demãde,
Le bel adolescent! volontiers que la nuit
A pouuoir discerner le vray chemin vous nuit?

Salmacis..

Furieux deuoié du sentier salutaire,
Que garde vostre vie en ce lieu solitaire,
Radressez-moy bon pere, où ma sanglante main
Clorra mon desespoir d'vn trépas inhumain.

l'Hermite.

Dieu veuille refrener cette damnable enuie,
Qui tueroit l'ame ostant au corps sa fresle vie,
Possible transporté de haine ou de courroux,
Qu'vn homicide a mis tel desespoir en vous.

Salmacis.

Rien moins, helas! le tan de l'amoureuse rage
Me souffle tel dessein phrenetique au courage.

l'Hermite.

Phrenetique vraiment, que Satan le peruers
Fait naistre en nos desirs à la Luxure ouuers,
Luxure qui iadis les plus saincts personnages
Contraignit perpetrer de terribles outrages;
Or mon fils, la priere & le ieusne opposez,
Nos cœurs au repentir humblement disposez,
On surmonte la chair, on triomphe du vice
Que fomente, qu'accroist l'oisiueté nourrice:
Mais dites si de vœu capable de l'effet,
Vous voulez renoncer au monde tout à fait?

Salmacis.

L'esprit vague n'a pas bien resolu ce doute,
Il y consent, le corps seul infirme redoute
De ne pouuoir long-temps ces fatigues nourrir,
Qui nous font la Couronne immortelle aquerir:

l'Hermite.

Voila bien proceder, l'entreprise importante
Veut auant le combat que ses forces on tente,
Veut que chacun s'esprouue, & ne presume pas,
En la lice venu rebrousser sur ses pas,

Vn vœu promis n'eſt plus par apres reuocable,
Qui s'en aquite mal ſous ſon faix il accable,
Or la nuit arriuée allons enſemblement
En ma grotte vn repas prendre amiablement,
Repas de quelques fruits, de pain noir, & d'eau pure,
Bien fait du Tout puiſſant enuers ſa creature,
Apres ſelon le peu à mes forces permis,
Ie vous conſoleray ſous ſa crainte remis.

SCENE IIII.

SIDERE, PAGE, NOVRRICE, Sophonisbe.

Sidere.

DIs-tu que le regret d'vne Dame perfide
L'emporte vagabond où ſa fureur le guide?
Qu'aucun chez vous ne ſçait la route qu'il a pris,
He! Dieu que ce rapport afflige mes eſprits.

Page.

Chacun le tient perdu, le bon homme de pere
Au sujet entendu luy-mesme en desespere,
Et moy qui ne vous puis tenir plus long discour.
Informer çà & là sans conduite ie cours:

Sidere.

O funebre nouuelle! ô malheureuse fille,
Ta jalouse rancœur deserte vne famille,
Seule, seule tu es l'autrice de sa mort,
Seule, seule tu es le tison de discort,
Seule tu as destruit la merueille du monde,
Et sur toy ta malice execrable redonde,
Qui ne dois, qui ne peux suruiure ce delit:
Nourrice, vistement que lon me mette au lit,
Sur le point d'expirer malade outre mesure,
O que déja ce corps n'est en la sepulture:

Nourrice.

Ma fille d'où prouient ce subit accident?
Qui ce Soleil d'Amour panche à son Occident?

Sidere.

Mon imprudence va deualler criminelle,
L'innocent Salmacis en la nuit eternelle.

Nourrice.

Ma

Nourrice.

Toujours ce Salmacis nous cause du malheur.

Sidere.

Ton blaspheme impieux rengreige ma douleur.

Nourrice.

Mais plustost auouez, que faute de me croire,
Faute d'enseuelir en l'oubly sa memoire,
Mille ennuis soucieux viennent à tous propos
Me rompre la douceur d'vn aymable repos.

Sidere.

Helas! ma temeraire & friuolle entreprise
De sa coulpe legere a trop d'vsure prise,
Trop contre ce chetif de vengeance exercé,
Trop commis d'iniustice & son heur trauersé.

Nourrice.

Comme quoy?

Sidere.

Le secret de mon ame demeure,
Te suffise qu'il faut qu'homicide ie meure,
Que mon assassinat, n'appele du trépas,

Nourrice, on me vient voir, ah! ne le souffre pas,
Qui que ce soit, le mal incroyable m'excuse,

Nourrice.

La sage Sophronie, ou bien mon œil s'abuse,

Sidere.

Sophronie, ha! bon Dieu le nom me réjoüit,
La tristesse du cœur presque s'euanoüit,
Qu'elle entre.

Sophronie.

Tu la vois, pauure fille Amoureuse,
Et si n'éprouueras sa visite qu'heureuse,
Orsus Nourrice allez, retirez vous d'icy,
La malade traitter importe à mon soucy:

Nourrice.

Qui pourroit mieux que vous entreprendre sa cure,
Versée en des secrets surpassans la nature?
Elle n'a plus que plaindre & plus qu'apprehender
Ez mains d'vne qui sçait aux douleurs commander.

Sidere.

Ma mere vous auez choisi l'heure opportune,

Parauant que Cloton borne mon infortune,
Que ie charge l'esquif du fatal Nautonnier,
A receuoir l'adieu qui se donne dernier.

Sophronie.

Admire le pouuoir d'vne oculte science,
Et d'elle tes destins écoute en patience,
Destins que consultez n'agueres m'ont appris,
(Iournallier passetemps) les Nocturnes esprits,
L'Amant desesperé qui cause ton martyre,
Chez l'Hermite deuot du desert se retire,
Nous le trouuerrons là fleichible conuerty,
De l'Amour de Dorise à iamais diuerty;
Or seroit neantmoins la procedure vaine,
Qui n'ostera le charme où s'entretient sa haine,
Charme malitieux que porte l'imprudent,
Et que luy mit Soline à l'oreille pendant,
Voicy l'occasion, cette infame Sorciere,
Qui nourrit Salmacis dés l'enfance premiere,
A cause qu'vn sien fils auec iuste raison
Fut de ton oncle occis, hait dés lors ta maison,
A tes affections contraire le suscite,
Et le futur preueu dauantage l'incite,
Sçachant que l'alliance heureuse de vous deux

Arrache la racine à ce discord hydeux,
Gaillarde leue toy, que dessous ma conduite
Les douleurs, les soucis, on aille mettre en fuite,
Que mon art merueilleux, que ma tendre pitié
T'aillent recompenser d'une sainte amitié.

Sidere.

Venerable Sibile à ta simple parole
Tu me remplis d'espoir, le cœur d'aise s'enuole,
Sidere te suiura la part que tu voudras,
Où l'ingrat fugitif de sejour tu tiendras.

Sophronie.

Certain petit hameau qui joint son Hermitage
Nous donne à l'attraper vn notable auantage,
L'embuscade couuerte, orsus prepare toy,
Donnant à ma promesse vne solide foy.

ACTE IIII.

SALMACIS, SIDERE, SOPHRONIE, l'Hermite, Licanor, Dorise, Melampe, Pere de Salmacis.

SCENE I.

SALMACIS, SIDERE, SOPHRONIE, l'Hermite.

Salmacis.

L'Homme éprouue toujours la Deité propice,
Qui veut des voluptés gauchir le precipice,
Pourueu que son desir s'efforce seulement,
De la victoire il doit ne douter nullement,
La tasche du labeur se parfait insensible,
Tout cede, tout se rend à ses forces possible:
Ma propre experience heureuse me suffit,
Du dommage souffert deriue le profit,

Ce Scorpion d'Amour tué sur sa pointure
Me deliure guery d'vne estrange torture,
L'ame n'a plus de goust aux charnels appetits,
Dans la ferueur du zele à méme heure engloutis,
Qui ne durent non plus qu'en l'ardente fournaise
Quelque goutte d'humeur aliment de sa braise:
Bien fait à ta clemence incomparable deu,
Pere sans qui perdu i'estois plus que perdu,
Refuge des chetifs, iuste arbitre du monde,
En qui plus la pitié que la iustice abonde,
Icy dessous le joug de ta crainte reduit,
I'abhorre ces plaisirs qui trompeurs m'ont seduit,
Ie dépite le chant mortel de ces Sereines,
Qui d'os humains épars blãchissent leurs areines;
Icy les bons discours de ce pieux vieillard,
Douce manne plustost que le Ciel me départ,
Paissent l'esprit content, ores sur la structure
De ce grand Ciel vouté par l'Auteur de Nature:
Tantost sur la rondeur du plus lourd element,
Qui de son contrepois subsiste seulement,
Autresfois il dira la merueille des plantes,
Ores ce qui se trouue eZ minier eZ relantes,
Apres la nuit venuë attire son discours

Sur les feux estoillez, leur assiette, leurs cours:
O trois & quatre fois heureuse solitude!
Ne me separe plus de ta beatitude,
Coule chez toy mon âge, & à l'œuure entrepris
Prepare dans l'Olympe vn victorieux pris,
Mais toy plustost Soleil d'eternelle lumiere,
Ne me laisse faillir d'aleine en la carriere,
Poursuy de bien en mieux, ah! ce petit ruisseau
M'inuite le sommeil au murmure de l'eau,
Vn lit appareillé dessur ce gay fleurage,
Que les saules épois encourtinent d'ombrage,
Laissons passer icy la grand chaleur du iour,
L'heure propre à cueillir le repos à son tour.

Sidere.

Pasle, défiguré, vray squelette qui porte
L'effroyable semblant d'vne personne morte,
Sous cet austere habit, mon œil las ne peut plus
De ces humides pleurs tenir le roide flus,
Que voulons nous tarder? abordez la premiere,
Vne vierge pudeur s'oppose à ma priere.

Sophronie.

Froide retien l'excez du desir violent,
Le dessein reussit par vn moien plus lent,

Attentiue ne bouge & me laisse auançée,
Voir si le somme tient sa paupiere preßée,
Que de suite i'arrache auec vn doux effort
Ce traistre caractere où se cache le sort:
O belle occasion! fauorable fortune!
Endymion attend les baisers de la Lune,
Couché comme on le voit, sus, sus ostons soudain
Cete organe de haine & ce rogue desdain:
Le voila ie le tien, Sidere qui t'asseure,
Au retour du Heros, sa bienveillance seure,
Ne fein plus d'approcher opposeé à ses yeux,
Que quittent les pauots du somme gracieux.

Salmacis.

Quel songe fantastique en sursaut me réueille?
Vne fille paruë à Sydere pareille
Me sembloit arracher doucement hors du sein
Le cœur qui l'a suyuie ainsi que par dessein,
Sidere ah! ce mépris de ton amour pudique,
Bien que tard, d'vn remors equitable me pique,
Tu deuois t'obtenir nompareille beauté,
Sur mes affections vn droit de primauté,
Mais l'imprudence traine à sa suite ordinaire
Tels regrets importuns qu'il n'est plustẽps de faire.

Sidere.

Si, si plus que iamais tu n'as que trop souffert,

Salmacis.

O *Dieu deliure moy de ce fantosme offert.*

Sidere.

Illustre Cauallier n'offence ton courage,
Ta Sidere estimée vne fantasque image,
Elle méme te vient humaine requerir,
Que tu vueilles ta gloire au besoin secourir,
Ta gloire incompatible à telle austere vie;
Ou si de persister te demeure l'enuie,
Termine mes langueurs, ta fauorable main
Fera qu'aucun trépas ne me semble inhumain.

Salmacis.

O *parfait abreigé des merueilles du monde!*
Qu'en beautez, qu'en vertus nulle autre ne seconde,
Quelle inspiration diuine te conduit?
T'a le lieu reuelé où tu me vois reduit?
Certes ton seul objet se presente capable
De fleichir à l'Amour vn courage coupable,
Vn ingrat aueuglé qui te dédaigna tant,
A poursuiure sans plus sa ruine constant,

He! Dieu, bon Dieu, ma veuë encore n'ose croire
Que Sidere tu sois, qui garde ma memoire.

Sophronie.

Appren que ma conduite & mon sçauoir aussi,
Du cercueil preparé te l'ameinent icy,
L'innocente, au rapport de ta fuitte soudaine,
Dessous terre s'alloit deualer ombre vaine,
Sinon que diuertie elle a creu te pouuoir,
Infaillible destin, ranger à ton deuoir:
Ouy, ton Amour luy doit respondre mutuelle,
Eusses-tu d'vn Dragon la nature cruelle,
Le Ciel veut qu'accouplez sous la nopciere loy,
Vostre couple en bon heur n'ait semblable que soy.

Salmacis.

Ton Oracle suffit, sage Magicienne
A repurger du tout vne erreur ancienne,
Tandis que Salmacis, ou aueugle, ou charmé,
Tandis que sa rigueur l'a dedaigneux armé
Contre ce parangon de vertu feminine,
Contre ce beau Soleil dissipant ma bruine ,
Contre ce beau Soleil qui me vient d'arriuer,
N'ayant peu iusqu'icy mon ame captiuer,

Coulpe qu'amendera le futur (i'en atteste
Ce Monarque qui sied dans le throne celeste)
Coulpe que mon seruice expie à l'auenir;
Voicy tout à propos ce bon pere venir,
Vers qui la charité m'oblige incomparable,
Outre vn remerciment à quelque offre honorable.

l'Hermite.

La belle compagnie, he ! mon fils oste moy
Sur pareil incident d'vn soucieux émoy,
Qui ces tentations estranges nous ameine,
Que le plus chaste cœur surmonte à toute peine.

Salmacis.

Sçache pieux vieillard, que ma déloyauté
Ingrate à cette douce & pucelle beauté,
Desire s'aquiter vers elle sans remise,
De l'immuable foy nuptiale promise,
Promise, ou deuë au moins & ie ne doute point,
Que ton prudent aduis ne s'accorde à ce point.

l'Hermite.

Non, puis que le desir vnanime conspire,
Desir saint, que le Ciel en vos ames inspire,
Nous vsurpons le Ciel improprement, au lieu

Des effets infinis de la bonté de Dieu,
Qui vous puisse benir, & qui vous donne ensemble
Un essain de neueux qui ses parents ressemble,
Allez, que lon me viue en sa crainte toujours,
Que sa paix, que sa grace accompagne vos iours.

Salmacis.

Pren de ton seruiteur, non pas en mercenaire,
Quelque petit present comme on fait d'ordinaire,
Qui te laisse de nous l'indigne souuenir,
Nous face en ta priere une place obtenir.

l'Hermite.

Ah ! vous m'offensez trop, ma richesse assez grande
Se reserue là haut & rien plus ne demande,
Là mon tresor ne craint l'embuche des larrons,
Là des biens qui n'ont point de fin nous joüirons,
Or de rechef adieu, demeurer dauantage
Ne feroit qu'attendrir de regret mon courage.

Salmacis.

Remunere le Ciel de ses presens infus
Ton hospitalité charitable au refus,
Adieu mon pere, adieu, vy franc de tous desastres,

Tant que l'esprit heureux s'enuole dans les Astres.

l'Hermite seul.

Tu ne me trompe pas ieune homme à rechercher
Parmy le monde infect les plaisirs de la chair,
Il faut, il faut que l'ame ait sa trempe plus forte,
Qui veut perseuerer à viure de la sorte,
Perseuerer Seigneur, qu'à ta grace ie doy,
Qui me daigne remplir de courage & de foy.

SCENE II.

LICANOR, DORISE.

Licanor.

MOn ame vous dira que l'affection lasse
De voir ses feux glisser sur vne dure glace
Commence à deuenir, non plus froide, mais bien
Desirant ne sçay quoy de plus ferme lien,
Le Laboureur contraint laisse en friche la terre,
Qui l'espoir de Ceres au Printemps ne desserre,

Si du butin conquis on luy soustrait sa part,
Qu'vn ouy proferé pure & simple parole,
Au seruice amoureux de Dorise m'enuolle,
Et que ie souffre apres tout ce qu'elle voudra:
Ma douleur par la voix iamais ne se plaindra.

Dorise.

Mes prodigues faueurs d'heure à autre plus grandes
Font que plus importun de méme tu te rendes;
Ainsi moins desaltere & se creuse vn tombeau
L'hydropique, tant plus on luy augmente l'eau.

Licanor.

O les froides faueurs, puis que ma bouche n'ose
Recueillir vn baiser sur ces levres de rose!

Dorise.

Témoin qu'hier au soir surprise traistrement
Tu m'en dérobas deux:

Licanor.

Qui ne peut autrement?

Dorise.

Où la force absoluë exige le salaire,
De recompense apres il n'est besoin de faire.

Licanor.

Où reside vaincœur vn veritable Amour,
Sans surprise & sans force on moissonne à son tour.

Dorise.

Non premier que le champ du nopcier Hymenée,
Ainsi que meur, en ait la licence donnée,

Licanor.

Ma sainte vueille donc presser l'occasion,
Ne fay plus que nostre heur semble vne illusion,
L'âge fuit à grands pas, subtile larronnesse
Des solides plaisirs que produit la ieunesse,
Ta mere qui te croit ne te dédira point
Du lien proposé qui nos moitiez conjoint,
Où si tu le permets, ma plus humble priere
Luy en fait de ce pas l'ouuerture premiere.

Dorise.

Ce deuoir t'appartient, dire ma volonté
Parauant qu'informée est vn trait effronté;
Or afin que l'effet découure ma pensée,
Qu'on ne m'estime plus insensible & glacée,
Ne pren terme plus long que ce soir à venir
Auec peu de labeur ta demande obtenir,

Quelque propos déja la tiennent asseurée
D'vne amitié secrette entre nous conjurée,
Tu trouuerras vn arbre ébranlé que t'abat
Le moindre petit coup par maniere d'ébat.

Licanor.

Ne crain plus Iupiter, que mon heureuse vie
Porte à ton alliance, ou à ta gloire enuie,
Content, voire content & plus que satisfait,
Ma felicité n'a rien qui manque imparfait:
Mais baiseroy-ie point d'hommage cette bouche,
Qui monstre maintenant que ma langueur la touche?
Qui prononce l'Oracle ainsi que ie le veux,
Qui méleue immortel au comble de mes vœux,
Tu me confirmeras vueilles où non la chose
D'vn baiser languissant pris à leure déclose,
L'ostage me suffit, ostage pretieux,
Qui me consolera l'eclipse de tes yeux.

Dorise.

Temeraire m'vser de telle violence?
Escoute, mon humeur n'ayme pas l'insolence,
Ne t'émancipe plus à cette priuauté,
Où tu m'éprouueras la méme cruauté,

Possible

Possible que quelqu'vn espion nous regarde,
Ainsi ma renommée vn moment le hazarde.

Licanor.

O cruelle! combien les baisers sont plus doux,
Qu'assaisonne l'aigreur de ce petit courroux,
A peine volontiers.

Dorise.

A Dieu, la frenaisie
Recidiue paroist dedans ta fantaise,
Tantost nous te verrons plus sage & plus remis;
Au reste tien pour fait ce que l'on t'a promis.

Licanor.

La Deité ne ment, sa parole donnée
De mon heur accomply porte la destineé,
A Dieu, mais ne croy pas que l'Enfant de Cypris
Qui domine mes sens, te quitte pour le prix.

SCENE III.

MELAMPE, SALMACIS, Sidere.

Melampe.

CHer eſpoir où es-tu? mon fils, ma geniture,
Que m'impute le Ciel d'horrible forfaiture
Comparable à ta perte? au ſiniſtre accident
Qui décharge ſur moy ſon couroux euident?
L'ame ne me paſlit du remors d'vn inceſte,
La fureur ne me tient d'Alcmæon, ou d'Oreſte,
Mon banquet Atreide au Soleil odieux,
D'horreur n'a rebrouſſé ſon coche radieux,
La vertu compaſſa les geſtes de ma vie,
Nuë d'ambition, de rapine & d'enuie,
L'affligé m'éprouua ſecourable toujours,
Vn malheur toutesfois vers la fin de mes iours,
Vne perte encouruë, horrible, irreparable,

Plus que iamais mortel m'a rendu miserable,
L'aueugle desespoir d'vne rage d'Amour,
Mon vnique rauit dans le pasle sejour,
Helas! il ne vit plus, ma vieillesse orpheline
N'a méme ce soulas (influence maline!)
De luy rendre au tombeau les funebres honneurs,
Et d'épandre dessus mon ame auec mes pleurs,
O passion maudite! ô brutalle manie,
Qui l'humaine raison perd sous sa tyrannie!
Ta peste furieuse errant par l'Vniuers,
Le superbe Ilion mit iadis à l'enuers,
Elle infecte le cœur, & se troune passage,
Se coule dans l'esprit hebeté du plus sage,
Force sa resistance; ainsi le preux Thebain,
Tant de monstres diuers abbatus sous sa main,
Ne te peut atterrer ton embuche au contraire;
Mais quelques vns viendront importuns me distraire,
Me priuer du soulas que gouste vn malheureux
Lors qu'il souspire à part son destin funereux,
I'apperçoy Salmacis, où l'ombre trépassée
Veut adoucir mon dueil, de Charon repassée,

Seroit-ce toy ſupport de ton vieil geniteur ?
Toy mon fils que i'embraſſe, ou vn ſpectre menteur ?

Salmacis.

Graces au Tout puiſſant, qui m'a voulu d'organe
Secourable enuoier cette belle Diane,
Vous me voyez Monſieur, qui ne veux deſormais
De vos commandemens me departir iamais,
Qui pour ne plus rechoir en l'offence, deſire
Vne ſtable retraite & heureuſe m'élire,
Sidere concedée à mon élection,
Rendez donc l'entrepriſe à ſa perfection.

Melampe.

Que ce change me plaiſt, en la terre habitable
Tu ne ſçaurois m'offrir de bru plus ſouhaitable,
De bru qui me contente & me plaiſe à l'égal,
Quantesfois diſcourant du lien conjugal
Ay-ie voulu t'induire à preferer Sidere,
Chez laquelle ton mieux preueu ſe conſidere ?
Que Doriſe n'approche indiſcrette d'humeur,
Moindre d'extraction, qui n'a l'eſprit ſi meur,
Qui luy cede en beautez, qui luy cede en fortune:

Mais d'où te vient mon fils, sa rencontre opportune?
Où t'aura fugitif ce bel Ange repris?
Un doute là-dessus trauaille mes espris.

Salmacis.

Ce qui reste du iour ne suffit à l'histoire
Digne d'estre grauée en l'airain de memoire,
Longue, prodigieuse, & pleine d'accidents,
La commune creance estranges excedents,
Que vous sçaurez Monsieur, l'heure propre choisie:
Maintenant vn deuoir exprés de courtoisie
M'oblige à remener Madame chez les siens,
M'oblige à leur offrir le courage & les biens,
La proposition du mariage faite,
Où ma felicité se repose parfaite,
Où trouuent mes desirs leur salutaire port,
Les vostres d'vn enfant le merité support.

Melampe.

Allons, ô Dieu le cœur d'allegresse me vole!
Moy méme en porteray la premiere parole,
Toute autre d'efficace, & plus requise afin
Que l'œuure commencée ait vne prompte fin,

Que vos yeux amoureux ne languiſſent d'attente,
Une moiſſon ſoudaine au double nous contente,
Allons, l'égalité qui ſe trouue aux partis,
D'extractions, de biens, de deſirs aſſortis,
M'aſſeure d'obtenir ſans peine la demande,
Ains le deſtin le veut, le Ciel nous le commande,
Ce mariage ſaint porte vn faire le faut,
Conclu miraculeux premierement là haut.

ACTE V.

DORISE, SALMACIS, SIDERE, LICANOR, MELAMPE, Cleon.

SCENE I.

DORISE, SALMACIS, LICANOR.

Dorise.

BOn Dieu ! qui ne riroit de la feinte grossiere ?
Ce déloial déja mesurant sa carriere,
Du plustost qu'on a dit la bague estre mon pris,
Le courre a refusé par forme de mépris,
Et seule sans salut entre plusieurs laissée,
Une œillade farouche au passer élancée,
Soudain prez de Sidere assis nous l'auons veu,
Courtisan frauduleux, d'artifice pourueu,

Luy baisoter les mains & luy rire à la bouche,
Bien que tel faux semblant le courage ne touche,
Que l'affronteur m'ait dit vn milion de fois,
Ne la pouuoir aymer encore qu'à son chois,
Viue presomption de l'embuche traistresse,
Qu'à la pudicité de l'imprudente on dresse,
Viue presomption qu'vn oyseau passager
Prendra bien tost l'essor desireux de changer:
Déplorable Sidere à mon exemple sage
Tu deusses esquiuer de ce mauuais passage,
Ton conseil te deuroit comme à moy profiter,
Le voicy, ie luy veux quelque atteinte porter,
Quelque mot en passant, qui poigne iusqu'à l'ame:
Vous m'obligez Monsieur, d'vne nouuelle flame,
Qui flambe à mon auis trop aspre pour durer,
Et nous fait plus de peur que de mal endurer.

Salmacis.

La peur qui du peril des autres se soucie,
Negligeant le sien propre, on la nomme Inepcie.

Dorise.

Doncques par ceux qui n'ont aucune charité,
Ou ne sçauent Sidere auoir mieux merité.

Salmacis.

Sa prudence s'oppose à vne folle crainte
Qui les autres pluſtoſt doit plaindre qu'eſtre plainte.

Doriſe.

Vous auez depuis peu bien changé de propos,

Salmacis.

Depuis qu'vn bon auis pouruoit à mon repos.

Doriſe.

L'inconſtance iamais ne s'aquit de loüange,
Or monſtrera le tẽps qui gagne plus au change.

Salmacis.

L'auantage ſera lors tout de mon coſté.

Doriſe.

Sidere n'a qu'vn mets que ie me ſuis oſté.

Salmacis.

Certain prouerbe dit, que tel ſouuent refuſe
Qui le regrette apres, que ſa fineſſe abuſe:

Doriſe.

Doriſe heureuſe vit contente de ſon ſort,

Salmacis.

Du méme à meilleur droit Salmacis ſe fait fort.

Doriſe.

Qui le contentement aux richesses mesure,
Ouy certes, son Amour à meilleure auanture,

Salmacis.

Qui le contentement mesure à la beauté,
A l'honneur, aux moyens, & à la loyauté.

Dorise.

L'hõneur? ostons ce point, ou nulle autre n'excelle,
Nonobstant le faux bruit d'vne langue infidelle.

Salmacis.

Egales en cela, Sidere obtient au moins
L'auantage du reste auec trop de témoins.

Dorise.

Qu'elle le garde bien l'auantage, & chacune
Se tienne desormais à sa bonne fortune.

Salmacis.

N'en doutez pas, he Dieu! credule quelque iour
Vn repentir suiura le parjure à son tour.

Dorise.

Pleust au Ciel voir déja la chose reussie,

Salmacis.

La chose indifferente ores ne me soucie,
Adieu, pareil discours friuole m'arrestant
Ie perds l'occasion d'vn baiser qui m'attend.

Dorise seule.

Comme bouffi d'orgueil le traistre dissimule,
Et brauache forfait sur forfait accumule,
Croyant par son mépris me rallumer au cœur
Quelque desir éclos de jalouse rancœur:
Tu te trompes, premier que le malheur arriue,
Titan se leuera de l'Espagnolle riue,
La Cicongne premier aymera les Serpens,
Qu'vn imposteur iamais se moque à mes dépens:
Licanor plus aymable en sa moindre partie,
A qui ma chasteté doit sa fleur garantie,
Brauera ton audace outre l'espoir conceu,
Aux faueurs d'Hymenée en ma couche receu,
Tout obstacle franchy, toute demeure ostée,
Le voicy mon Soleil, écoute, ce Prothée,
Tu l'auras peu trouuer qui ma presence fuit,
De son ingratitude vne moisson produit,
Son infelicité paruenuë à l'extréme,
Des vœux de nostre Amour accomplit le supréme,
M'entends-tu?

Licanor.

Nullement, ma Reine conte moy

Quels discours l'imprudent auroit eus auec toy.

Dorise.

Ce Renard descouuert rusé, épie, tournoye,
Desesperé, marry d'auoir perdu sa proye,

Licanor.

Non sans cause, & se veut ores iustifier?

Dorise.

Ains plustost comme ayant bien fait glorifier.

Licanor.

Souuent le criminel a l'orgueil de refuge,
Et croit que l'apparence intimide son iuge,
Mais quel heur promets-tu me resulter de là?

Dorise.

Pour accroistre la rage enuieuse qu'il a,
Asseure toy demain la moisson fortunée,
Qu'vn Amoureux dépoüille ez champs de l'Hymenée.

Licanor.

Que demain Licanor passe en son Paradis?
Au plus loing du penser possible tu le dis.

Dorise.

La raison?

Licanor.

Ce charmeur qui te tiendroit reprise,
Crainte que soupçonneux ie sente la surprise,
Conseille tout promettre & ne me rien tenir.

Dorise.

Tu ferois importun ce mensonge auenir.

Licanor.

Ma Deesse, mon mieux, mon desir, ma pensée
Ne m'impute de grace vne ioye insensée,
Qui transporte les sens, qui rauit les espris;
Prononce de rechef ce destin, ma Cypris.

Dorise.

Non, suy moy, que l'effet precede ma parole,
Mes libres actions ne craignent le controole,
Un auis a ma mere inuenté là dessus,
Nos trompeurs ennemis se trouuerront deceus;
Tu possedes Dorise entiere qui desire
Au trosne t'éleuer de l'amoureux Empire,
Qui stable t'aymera iusques dans le tombeau;
Allons donc allumer ce nuptial flambeau.

Licanor.

Le bon soldat ne suit vn braue Capitaine,
Si joieux pour cueillir la victoire certaine,
Que ie fay ma Sibille ez champs Eliziens,

Ains ma chaste Diane aux bois Idaliens.

SCENE II.

SALMACIS, SIDERE.

Salmacis.

CE plaisir a manqué de ta seule presence,
L'indiscrette n'ayant esprit ne suffisance,
Presume retenir de l'antique pouuoir,
Que ma raison se laisse au charme deçeuoir,
Et que le repentir me prendra de bien faire,
De permuter son ombre à ton Aurore claire,
Imbecille cerueau que la vanité suit,
Et que l'opinion de soy-méme seduit:

Sidere.

Toujours as-tu senty quelque foible estincelle
Rejaillir du brandon qui te brula pour elle,
Déplorable en ce point, que credule nous trois,
Sa simplesse grossiere abusons à la fois,
Que la fraude sans plus cause son inconstance,
Qu'vn bon iuge ne peut t'absoudre en cest instãce.

Salmacis.

Veux-tu que ie retourne implorer ſa mercy?

Sidere.

Pourquoy non? l'equité te le commande ainſi.

Salmacis.

L'equité ſon pareil ores luy apparie,
L'equité ma raiſon letargique à guarie.

Sidere.

Apres toy Licanor preferable me plaiſt,

Salmacis.

Et ſon idée apres la tienne me repaiſt,
Doriſe ſans Sidere auroit place en mon ame,
Mais l'Amour coniugal ne diuiſe ſa flame.

Sidere.

Vuidons vn autre point, orſus tu me promets
Ne couuer de rancune encontre luy iamais,
Qui riual te ſupplante heureuſe perfidie,
Ruſe à moy proufitable autant qu'à luy hardie.

Salmacis.

Que ſemblable ſoupçon te ſorte du penſer,
Ma vindicte ne tend qu'à le recompenſer,
Toutes les fois qu'Amour tes lumieres m'oppoſe,
La honte du paſſé le ſilence m'impoſe,

Immobile, confus, ébahy que le ſort
Sur l'intellect humain puiſſe agir le plus fort,
Qu'vn ſiecle m'a tenu ſans veoir la difference
De deux beautez qui n'ont rien plus de conferēce,
Que la roſe vermeille à ces fleurs qu'au printemps
Communes ſous les pieds on foule par les champs:
Ta fraude Licanor ſalutaire merite,
Que rendu poſſeſſeur de ma chere Carite,
I'erige à ta memoire vn temple ſomptueux,
Où ce miracle peint delectera les yeux.

Sidere.

On mettra donc auprés d'ordre la jalouſie
De Doriſe troublant la vague phantaiſie,
Qui ſon chef dépoüillé d'vn Myrthe glorieux,
Le poſe ſur le mien comme victorieux,
O Amour! ô Amour que ta faueur extréme,
Mais qui là bas rauy de merueille en ſoy-méme,
Leue la veuë au Ciel? écoutons le parler,
La ioye dans le cœur ne ſe peut plus celer.

Cleon.

O ſuperbe appareil digne de l'alliance!

Sidere.

Ie me doute que c'eſt ma riualle fiance.

Cleon.

Cleon.

La fleur des Caualiers, ce beau pair assistant
Vn tournoy preparé magnifique l'attent,
Aussi-tost que sorty du Temple:

Salmacis.

Amy, de grace
Approche, & en trois mots nous dy ce qui se passe.

Cleon.

Licanor & Dorise, heureux couple d'Amans,
Acheminent l'effet de leurs contentemens:
Selon le commun bruit la prochaine iournée
Choisie à consommer cet illustre Hymenée;
Aussi que les aprests le témoignent assez,
Aprests à la grandeur des maisons compassez:
Or vn monde qui court au spectacle m'attire,
Sur ce sujet voila tout ce que ie puis dire.

Salmacis.

Peu de chose rauit le peuple curieux,
Le retient de merueille enchaisné par les yeux,
Tu resues mon soucy, tu demeures pensiue,
Apren que ce qui rend leur nopce ainsi hastiue
N'est que l'ambition simple de se vouloir,
D'vn fruit premier cueilly, dessur nous preualoir,

Auantage cruel qui langoureux me tuë.

Sidere.

Auantage de rien pourueu qu'on s'éuertuë,
Que chacun ses parents dispose au méme effet,
De ma part Salmacis croy que cela vaut fait,
Sidere n'obmettra priere, n'artifice
Encore que ce soit le deu de ton office,
Que ma honte repugne à ce proiet qui sent
Vn desir furieux de l'attente impuissant.

Salmacis.

Nous ne pouuons que trop triompher de l'enuie,
Les pouuoir si tu veux, lumiere de ma vie.

Sidere.

Ah! ne m'entame plus ce propos qui suspect
Enfraint l'expresse loy d'vn honneste respect,
Tu puises des faueurs auec pleine licence,
Qu'aucune autre que moy n'accorderoit d'auance;
Pretendre plus s'appelle importun desirer
Ma haine au lieu d'amour, implacable attirer.

Salmacis.

La bouche te l'a dit du courage éloignée,
Vne pudique fleur en ta garde épargnée,
Qui ne me sçauroit fuir nonobstant ce soupçon,

Ie ne voudroy cueillir qu'au temps de sa moisson,
Baisons nous pour t'oster pareille phantaisie.

Sidere.

Quelle ruse voila, ô quelle hipocrisie !
Conuaincu de mensonge, ou onc tu ne le fus,
Ah! qu'il se feroit bon fier à ce refus,
N'espere ta demande à l'épreuue receuë,
Dieux, voicy de qui pend la fauorable issuë,
Et l'accomplissement que respirent nos vœux ;
Prenons l'occasion si presente aux cheueux.

Melampe.

Nous ensemble d'accord, le principal affaire,
De l'ouurage entrepris consiste à le parfaire,
Consiste que plustost aujourd'huy que demain
Le lien nuptial, bon heur du Genre-humain,
Vous unisse à iamais, pourueu que volontaire
(Et l'importance icy ne permet de se taire,)
Chacun libre doit dire en son particulier
S'il veut, ou ne veut pas l'acte ratifier,
La force au mariage est une tyrannie,
Qui ne deust aux parents demeurer impunie,
Est vn ioug inégal où l'horrible discord
Fait à qui le subit, pis que la pire mort,

Declare Salmacis & de cœur ta pensée,
Selon que tu m'en as la parole auancée :

Salmacis.

Inmuable d'auis, la méme intention,
La méme volonté, la méme ambition
Me tiennent & tiendront tant que i'auray de vie,
Si vous Monsieur daignez seconder telle enuie,
A qui ma sainte veut deferer ce pouuoir,
Elle que la prudence instruit de son deuoir.

le Pere de Sidere.

L'Uniuers n'a d'époux à mon gré plus capable,
Et d'orgueil excessif ie la tiendray coupable,
Refusant vn party que luy offrent les Cieux,
Party que la vertu me rend plus precieux,
Party ia dés longtemps éleu dedans mon ame,
Qui m'enuoira content reposer sous la lame,
Tu l'acceptes, non pas? ha! ce sous-ris honteux,
De son contentement ne me tient plus douteux.

Sidere.

Ma volonté Monsieur, à la vostre enchaisnée
Ne desireroit pas telle chose trainée,
Pour euiter le bruit d'vn peuple médisant,

Aspic aux actions les plus iustes nuisant,
Car feindre de n'aymer ce braue Gentilhomme,
Qu'anime la valeur, que la vertu renomme,
Sidere ne le peut : sa fidelle moitié
Elle n'eust & n'aura que pour luy d'amitié:

le Pere de Sidere.

Roy des Rois Tout-puissant qui moderes le mōde,
Fay qu'à l'auspice heureux l'heureuse fin répōde,
Espanche tes faueurs sur ce couple Amoureux,
Fay que de beaux enfans vn germe vigoureux
Réjouisse ma veuë & honore sa couche,
Que iamais ialousie ou discord ne les touche,
Que premier que Phœbus acheue son grand tour,
Quelque mâle, beau fruit d'vn conjugal Amour,
Mon nom perpetué porte ma viue image,
Ne cede à ses ayeuls en gloire & en courage:
Or allons le mystere accomplir de ce pas,
Qui tire ces Amans d'vn assidu trépas,
Allons faire dresser l'appareil magnifique
D'vne pompe nopciere en son espece vnique,
Où les festins publics, les ioustes, les tournois
Ne laissent dauantage à la grandeur des Rois.

CORINE,

OV

LE SILENCE,

PASTORALE.

PAR ALEXANDRE HARDY,
Parisien.

ARGVMENT.

COrine & Melite, ieunes Bergeres, égales en beauté, deuiennent éperdument amoureuſes de Caliſte, Paſteur autãt accõply d'ailleurs, que nouueau en matiere d'Amour, qui par diuerſes ruſes taſche à ſe deffaire de leur importunité: mais cõme il ſe voit reduit à l'electiõ de l'vne des deux pour ſa moitié, & ne s'en pouuant plus dédire, il promet vne preference à celle des Nymphes, qui s'abſtiendra plus long-temps de parler. Elles acceptent la paction, & ſe rendent muettes par ce moyen; ce pendant le Berger Arcas, qui ne cedoit en perfections ruſtiques à aucun autre, apres pluſieurs refus de l'ingrate Melite, qu'il idolatroit, en fait demãde au pere qui la luy acorde ſur le chãp: mais on la trouue ſans parole ainſi que ſa corriuale, les deux Vieillards conſultent ſur ce prodigieux accident le ſçauoir de Merope vieille Magicienne, qui en refere la cauſe au charme donné par Caliſte ſeul capable d'y remedier, on va pour le ſaiſir au corps, luy preoccupé de crainte ſe met en fuite à trauers les châps, où Cupidon aſſiſté de ſa mere apres quelque leger chaſtiment le rameine, & touts les differents des Paſteurs composez, le marie auec Melite, ainſi qu'Arcas auec ſa Corine; d'autres gentils incidents bigarrent ce beau ſujet qui ſe trouuerront à ſa lecture.

LES ACTEURS.

CORINE, Bergere.
MELITE, Bergere.
CALISTE, Berger.
ARCAS, Berger.
MEROPE, Vieille.
SATIRE.
TITYRE, Pere de Melite.
MOELIBEE, Pere de Corine.
MOPSE, Pere de Califte.
VENVS.
CVPIDON.

CORINE, OV LE SILENCE. PASTORALE.

ACTE I.

SCENE I.

CORINE, MELITE, CALISTE.

Corine.

Ve nostre sort se roule déplorable,
Que nous auons le Ciel peu fauorable,
Non pas le Ciel, mais Amour vn Enfant,
Du Ciel, des Dieux, & de nous triomphant,

Ores qu'on voit la Nature feconde
Renouueller la naissance du monde,
Que le Printemps de Zephire conduit,
Des ieunes fleurs la moisson nous produit,
Seules Melite en tristesse plongées,
Seules d'vn feu, d'vn méme feu rongées,
Les yeux noyez d'vn gros fleuue de pleurs,
Nous deuorons nos muettes douleurs,
Nulles d'espoir, veu la ieunesse tendre
De qui ne peut à nos flames se prendre,
Qui ne se paist que d'Enfantins ébats,
Encor nouice ez Amoureux combats,
Que ferons nous? quel conseil ie te prie
Temperera cette ardente furie?

Melite.

Faut se resoudre au vouloir de son choix,
Et consulter l'Oracle de sa voix.

Corine.

Il n'a ne choix, ne plaisir, ne parole,
Regy sans plus d'vne constance fole,
Ores actif à surprendre vn oyseau
Par ses gluans, ou dedans le rheseau,
Qui va tantost sur le bord de la riue

Tendre aux poissons sa ligne deceptiue,
Ie l'ay trouué mille fois innocent,
Un agnelet de sa bouche pressant,

Melite.

Me croiras-tu? hier sur la vesprée
Ie l'apperçeu folastre dans la prée,
Courir apres son ombre qui fuyoit,
Si qu'impuissant de l'atteindre il crioit
Ne plus ne moins que tu ferois la perte
De ton troupeau dessur l'heure soufferte.

Corine.

Laissons à part son enfance, & me dy
Si de ce somme ocieux dégourdy
Ie restoy seule à posseder sa grace?

Melite.

De force alors tu m'ostes de ma place,
De force alors (ce que ie ne crain veoir)
Quelqu'autre part il se faudra pouruoir.

Corine.

Ne fay pas tant de la dissimulée,
Et apperçoy le long de la valée
Quelqu'un venir.

Melite.

C'est Caliste, c'est luy,
Comme attristé de ne sçay quel ennuy.

Corine.

Tenterons-nous sa volonté derniere
Dessur le chois premedité n'aguere?

Melite.

Ouy, i'ayme mieux à cette fois mourir
Que mille morts dauantage nourrir.

SCENE II.

CORINE, MELITE, CALISTE.

Corine.

L'Amour & Pan preseruent d'infortune
De nos Bergers l'esperance commune.

Melite.

L'Amour & Pan, les Graces & Cypris
De nos Bergers gardent le mieux apris.

Caliste.

Pourueu que Pan me prenne en ſa tutelle,
Des autres Dieux ie quitte la ſequelle.

Corine.

Negliges tu le plus puiſſant des Dieux,
Qui te fait viure & loge dans tes yeux,
Qui ſçait punir la fierté des rebelles,
Et guerdonner ceux qui luy ſont fidelles?

Caliſte.

Vous m'amuſez d'vn importun diſcours,
Et ce pendant il s'enfuira toujours.

Melite.

Qui s'enfuira?

Caliſte.

Mon Paſſereau que i'ayme
Plus mille fois (ie penſe) que moy-méme.

Corine.

Pour vn perdu ie t'en redonne deux.

Caliſte.

Autre pourtant que le mien ie ne veux,
Le plus priué, le plus beau qui ſe voye,
Deſſur mon doigt il becquette la proye,
D'vne ceriſe il fera trois repas,
Et l'appellant me ſuiura pas à pas.

Melite.

Tu luy fais part des baiſers de ta bouche?

Caliſte.

Le plus ſouuent auec moy ie le couche.

Corine.

Sans redouter, que Nature & l'Amour
De tes forfaits te puniſſent vn iour?

Caliſte.

Ie ne crain rien que le perdre,

Melite.

Encore
Ne peux-tu pas refuſer, qui t'adore,
D'vne demande,

Caliſte.

He! que me voulez-vous?

Corine.

Rien que ſçauoir, à laquelle de nous
L'affection t'incline dauantage.

Caliſte.

Vous y entrez égales en partage,
Car ie ne hay perſonne.

Melite.

Tu ſçais bien

Si de Iunon tu voulois le lien,
Te marier, laquelle preferée
Se choisiroit à l'autre conferée.

Caliste.

Ie m'en vay donc de mon Pere sçauoir
Laquelle doit la preference auoir.

Corine.

Simplicité ridicule & grossiere,
Seul tu es iuge en semblable matiere.

Caliste.

Chacune m'aille vn boucquet amasser,
De mille fleurs rares le compasser,
Et au plus beau ma faueur concedée,
Dessur le champ la dispute est vuidée.

Melite.

Tu le promets?

Caliste.

Ouy,

Corine.

Iure donc Amour,
Sa douce Mere, & la celeste Cour.

Caliste.

Ie vous les iure, à quoy tant de paroles?

Melite.

Melite.

Sy ce ſerment, infracteur, tu violes.

Caliſte.

Ne me croyez iamais.

Corine.

Touche en la main,

Caliſte.

Que de tourments vous me donnez-en vain.

Melite.

Tu nous viendras retrouuer ſans demeure,

Caliſte.

Premier qu'il ſoit pour le plus vn quart-d'heure.

Corine.

Or ſus, allons Melite, par plaiſir
En ce boucquet eſſaier ſon deſir.

SCENE III.

ARCAS, MELITE.

Arcas.

Pauure Berger tu te trompes de croire
Que ton Amour s'acquiere la victoire,
Tenu craintif en sa flame couuert,
Le cœur sans plus aux complaintes ouuert,
Ce petit Dieu qui tous les autres domte,
Est de nature ennemy de la honte,
Fauorisant ses soldats, qui hardis
Suiuent le siecle innocent de iadis,
Lors que pressez de l'amoureuse rage,
Dessus la langue on portoit le courage
A la beauté qui captifs nous tenoit,
Si que dés l'heure aux effets on venoit:
Bel âge d'or, siecle heureux, hé de grace
Repren chez nous ton Empire & ta place,
O vains regrets! ô souhaits ocieux!

Mais vois ie pas ce Soleil gratieux,
Ce parangon des Nymphes bocageres,
Cette beauté, l'honneur de nos Bergeres,
A chef baissé qui picore les fleurs?
Ouy, ie luy vay redire mes douleurs,
Luy redonner ma priere zelée,
Auec vn peu plus d'audace mélée.

Melite.

Fils de Venus que deuote ie sers,
Duquel ie prise & reuere les fers,
Prince des Dieux qui peuples ce grand monde
Vien fauorable & ma dextre seconde.

Arcas.

A la bonne heure elle inuoque l'Amour,

Melite.

Et me sauuant la lumiere du iour,
En ce boucquet où repose ma vie,
Me fay par luy triompher de l'enuie.

Arcas.

L'obscurité de ce propos confus
M'estonne autant qu'onc estonné ie fus.

Melite.

Ie veux auoir premier que ie le lie

De toutes fleurs vne paire cüeillie.

Arcas.

Elle tend là de ſorte ſes eſpris
Que l'on diroit vn chef-d'œuure entrepris:
Ie ne ſçaurois te plus voir en la peine,
Sans t'aſſiſter dédaigneuſe inhumaine.

Melite.

Mon cher Arcas depuis quand es-tu là?

Arcas.

Mon cher, ô Dieux le beau nom que voila!
Toy, depuis quand me cheris-tu cruelle?

Melite.

L'antique erreur te ſuit perpetuelle
Pour me tenir ſuſpecte ſans raiſon,
De te hair:

Arcas.

Et ſucrer ma poiſon,

Melite.

Oblige moy parmy ces fleurs nouuelles,
De me trier ſeulement des plus belles.

Arcas.

A quel vſage? à quel ſecret deſſein?

Melite.

Que d'vn boucquet,

Arcas.

Qui couronne ce ſein ?

Il n'en faut pas.

Melite.

Pourquoy?

Arcas.

Belle demande,

Les deux boutons qu'il recelle friande,
Meritent plus, & paſſent de beauté
Tout ce que Flore euſt onc de nouueauté.

Melite.

Or ſus cauſeur, dépeſche toy, trauaille,

Arcas.

De quel ſalaire aſſeuré ?

Melite.

Ne te chaille,

Vn iour viendra,

Arcas.

Que tu feras mourir

Le pauure Arcas pour ne le ſecourir.

Melite.

Foible ie n'ay du ſecours qui ſuffiſe,

Non pas à moy,

Arcas.

O ſorciere feintiſe!

Melite.

Or ſus, or ſus, méle tes fleurs icy,

Arcas.

Que fuſſions nous entreméleZ ainſi,

Melite.

Adieu Berger, adieu, ſi ie puis choſe
Qui te rendit la pareille, diſpoſe.

Arcas.

Un ſeul baiſer de recompenſe au moins,
Libres icy d'Argus, & de témoins.

Melite.

Ie n'enten pas bien clair de cette oreille,
Adieu te dy.

Arcas.

O rigueur nompareille!
O trahiſon malicieuſe, helas!
Quelque charmeur l'aura pris en ſes lacs,
Quelque inconnu de ce bouquet s'honore,
Moindre que moy, qui poſſible l'abhorre,
Allons ſçauoir, allons verifier,

Qu'onc à ſexe on ne ſe peut fier.

SCENE IIII.

MEROPE, SATIRE.

Merope.

TOutes les fois que ie penſe au Satire,
Pour mon ſujet plein d'amoureux martire,
Auquel des deux ie ne ſçay m'attacher,
Ou ſoit de rire, ou ſoit de me faſcher;
Qui vit iamais vne plus grand folie?
Ores que l'âge à la tombe me lie,
Comme à bon droit ce plaiſant Amoureux,
De ma beauté s'eſclaue langoureux!
Plus ie le fuy, plus ie moque ſa flame,
Plus l'aueuglé me pourſuit, me reclame,
Si qu'à la fin tel perilleux erreur
Pourroit brutal ſe tourner en fureur;
Mais vne pluie eſteindra ſa luxure:
Ah! le voicy ce vray Monſtre en nature.

Mot, ie le veux aux alteres tenir,
Et d'vn appas moqueur entretenir.

Satire.

Ie te cherchois de tous costez ma belle,

Merope.

As-tu (dy moy) retrouué ta cruelle?

Satire.

La retrouuer, folastre à quel propos,
D'esprit, de corps égallement dispos?

Merope.

Que voulois-tu maintenant? qui t'ameine?

Satire.

L'ardente soif de voir ma souueraine,

Merope.

Ainsi chacun recherche son pareil,

Satire.

Ie t'embrassoy cette nuit au sommeil.

Merope.

Ie t'en liure vne, & ieune & plus priuée,
Que ta beauté martire captiuée.

Satire.

Hyer i'estoy difforme à ton auis,
Auiourdhuy beau les Nymphes ie rauis.

Merope.

Cela ce fait de peur que de Narcisse,
La vanité t'apportast le suplice,
Or en vn mot la belle de nos bois
Pour toy se meurt, elle tire aux abois.

Satire.

Tu me repais ou d'vn charme, ou d'vn songe,

Merope.

Que me reuient de t'vser de mensonge?

Satire.

Dy moy son nom,

Merope.

Melite,

Satire.

Desormais
De la memoire aux yeux ie la remets,
Melite ô dieux, éprise de la sorte?

Merope.

Iusqu'en son sein si tu veux ie te porte,

Satire.

Comment cela?

Merope.

Par coustume le soir,

Lors que la nuit estend son voile noir,
De mille amours & des graces conduite,
Elle se va baigner sans autre suite,
Dans le cristal d'vne source qui est
D'arbres cachée au cœur de la forest,
Proche du Pin, où tu sçais qu'à Cibelle
On sacrifie en la saison nouuelle,
Ne manque donc à point nommé d'aller
Pres de la Nimphe allaigre te couler;

Satire.

Possible exclus de semblable conqueste
Tu conceurois jalouse vn mal de teste,
Qui pour auoir trop osé hasardeux,
Me priueroit en fin de toutes deux.

Merope.

Non, derechef ie iure le contraire,
Que tu me plais t'efforçant de luy plaire.

Satire.

Bien-donc, tantost, puis qu'ainsi tu le veux,
Laué, peigné, de barbe & de cheueux,
Sous ta conduite il faudra que i'essaye
De luy guerir cette amoureuse plaie.

Merope.

Adieu Satyre, & la nuit s'auançant
Resouuien toy de me prendre en passant,

Satire.

N'en doute pas, adieu ma chere vie,
Adieu mon heur, ah! ie brusle d'enuie,
Vn chaud desir me transporte de moy;
Mais patient ores reserue toy
A la moisson d'vne beauté pudique,
Et à charmer son courage t'aplique,
Parmy tes fruits luy choisissant vn don,
Voy de paroistre à ses yeux quelque Adon.

ACTE V.

CORINE, MELITE, CALISTE.

Corine.

IAmais bouquet ne fut de son merite,
Qu'Amour luy-méme arbitre le visite,
De tant de fleurs la rare nouueauté
Entre Amoureux vaut vne royauté:

O beau boucquet, si ta vertu sacrée,
Où de mon mieux l'esperance est ancrée,
Fait que ie viue en cette élection,
Trouue parfaict de la perfection,
Sy tu m'obtiens l'amoureuse victoire,
Ie garderay plus chere ta memoire,
Que ie ne fais du iour que ie nâquis;
Pour monument de ce bien fait exquis,
Vn tous les ans à la méme journée
Se portera sur l'autel d'Hymenée:
Or l'heure presse assignée au combat,
Et qui ma ioye en la sienne rabat,
Voicy venir Melite resoluë,
Comme déja victorieuse éleuë.

Melite.

Ie te croioy plus fine à ce ieu là,
O quel boucquet de nouice voila!

Corine.

Monstre le tien qui se cache de honte,

Melite.

Mais qui ne peut souffrir qu'on luy affronte
Vn ennemy de si peu de valeur,

Corine.

Il n'en aura que trop à ton malheur.

Melite.

Non pas pourueu qu'on me rende iustice,

Corine.

Est-ce de fleurs qu'il manque, ou d'artifice?

Melite.

En tous les deux ie le iuge imparfait
L'ordre & la forme en laquelle il est fait
Ne m'a que plus en l'espoir confirmée,
De vaincre, & voir Corine suprimée.

Corine.

Que de langage, allons vers le coupeau,
Où d'ordinaire il meine son troupeau.

Melite.

Hola, ne bouge, vn qui fort luy ressemble,
Là bas repose à l'ombre de ce Tremble.

Corine.

Remarque vn peu que nous aperceuant,
Il gagneroit volontiers le deuant.

Melite.

Or sus, courons l'attraper au passage,

Corine.

Meschant demeure, où fuirois- tu volage?

SCENE II.

CALISTE, MELITE, CORINE.

Califte.

VOus vous pourriez cent fois mettre encou-
Ie ne penfois deformais plus à vous. (rous

Corine.

N'en iure point, la verité notoire
Témoigne affez de ta courte memoire.

Califte.

Car la douleur de l'oifeau m'a tranfy,
Que i'ay perdu n'aguere en ce lieu cy.

Melite.

Sy dans deux iours ie m'offre de te rendre
Un Paffereau plus priué? te l'apprendre?

Califte.

Un plus priué dans deux iours, he comment?
Depuis deux mois, de moment en moment
Toujours apres c'eft ce que iay peu faire,

Melite.

Cela Berger, consiste en peu d'affaire,
I'ay le secret de les appriuoiser,
Vueille sans plus vn debat accoiser,
Vueille sans plus ta promesse tenuë
Me couronner de la Palme obtenuë,
Car tu vois trop raisonnable combien
En toute sorte il surpasse le sien.

Caliste.

L'vn & l'autre a si peu de difference,
Qu'on ne sçauroit asseoir de preference.

Corine.

Ce peu qui panche à l'imperfection,
Du mien toujours te donne élection.

Caliste.

Que voulez-vous que ie die autre chose?
L'égalité me tient la bouche close,
Viuons ainsi qu'au precedent amis.

Melite.

D'en accepter vne tu as promis.

Caliste.

Bien, i'aymeray celle qui plus legere
M'ira querir vn peu d'eau la premiere,

Pasmé de ſoif, tantoſt priſe à courir
Apres l'oyſeau qui me fera mourir.

Melite.

Ne penſe plus à ta perte friuole,
Où tu as dit preſentement ie vole.

Corine.

Moy tout de méme, or aduiſe au retour
De m'adiuger la primauté d'Amour:

Caliſte seul.

O le grand coup? ô la ruſe oportune
Pour me tirer de leur preſſe importune!
Mal aſſeuré ie n'attendois que voir
Les coups ſur moy de ces folles pleuuoir:
Ores prenons de bonne heure la fuite
Pour éuiter leur faſcheuſe pourſuite.

SCENE III.

ARCAS, MEROPE.

Arcas.

Vous l'auez veu ce prodige mes yeux,
Qui deut armer le tonnerre des cieux
Vous auez veu la perfide ébontée,
A vn enfant bouche à bouche affrontée:
O déloialle! ô aueugle en ton chois,
Tu as trouué le mal que tu cherchois,
Vn aprenti des amoureuses peines,
Qui moquera tes esperances vaines,
Au lieu qu'en moy du iour au lendemain
Hymen romproit ce seruage inhumain;
Du moins tygresse auray-je l'allegeance
Que ce riual doit faire la vengeance
De ton erreur: mais n'apperçoy-je pas,
S'acheminer Merope au petit pas?
Il n'y a point de doute que c'est elle,
Qui m'aura veu n'agueres en ceruelle.

Merope.

Comme Amoureux tu t'entretiens toujours,
Seul écarté de fantasques discours.

Arcas.

Tu le connois sage d'experience,
Qui sçais guerir par ta noire science
La plus grand part des mortelles langueurs,
Sous toy Cloton differe ses rigueurs,
L'Auerne tremble, & la Lampe Nocturne
Cede au pouuoir d'vn charme taciturne:
Preste moy donc Merope le secours,
Qu'aux affligez tu concede toujours.

Merope.

N'espere point que ta flame s'allege,
Si tu ne tends à ta rebelle vn piege.

Arcas.

Quel piege encor?

Merope.

Bastant de la plier,
Eust elle vn cœur insensible d'acier.

Arcas.

Sinon l'erreur obstiné qui maistrise
Cette beauté de qui la fuit éprise,
Ie ne voudrois desesperer du tout,

Que par le temps nous n'en vinssions about.

Merope.

Le connois-tu le riual qu'elle affecte?

Arcas.

Trop, & n'aurois son enfance suspecte,
Pourueu que l'âge en vn point s'arrestast,
Qui du desir plus outre n'attentast.

Merope.

Nomme le moy.

Arcas. *Caliste.*

Merope.

Pren courage,
Tu forceras la rigueur de l'orage,
Caliste neuf en l'école d'Amour,
Simple, honteux, ne la tiendra qu'vn iour;
Or ie retourne au moien que te donne
Le Paphien de fleichir la felonne,
Car qui ne sçait qu'à force de bien faits,
Les plus ingrats fauorables sont faits?
Que peu à peu vne pluie qui dure,
Caue des rocs la substance plus dure,
Beaucoup de gloire, & fort peu de danger
Peuuent hardy la Nimphe t'obliger.

I'exposeray mon honneur & ma vie,
Si son seruice à cela me conuie.

Merope.

Escoute donc, vn Satire insolent
De la rauir machine violent,
Lors que le soir elle voudra seulette
Lauer au bain sa charneure molette,
Dans la Forest où ce bouquin paillard
A sa coustume obserué de hazard,
Pour mon deuoir i'allois trouuer Melite,
Et l'auertir que l'embuche elle éuite;
Mais maintenant ie iuge que tu peux
L'occasion prise par les cheueux,
Donner secours à ta belle maistresse,
La preseruant de si honteuse oppresse,
Qui luy fera le courage amolir,
Et d'vn enfant la memoire abolir,
L'approuues-tu? parle, auise, regarde
Qu'vn de nous deux de l'encombre la garde.

Arcas.

Ma voix sans plus se reserre de peur,
Que ce ne soit vn mensonge pipeur.

Merope.

Tu ne m'as onc menteuse reconnuë,
Franche toujours, & de fallace nuë;
Or te dois-tu resouuenir où est
Vne fontaine au cœur de la Forest,
Non gueres loing de l'arbre de Cibelle,
Qui là nos vœux tous les ans renouuelle.

Arcas.

Tres bien, i'irois à clos yeux de ce pas,

Merope.

Pren neantmoins vn moderé compas
A te conduire & n'eclore à la haste
Rien d'auortif qui l'entreprise gaste.

Arcas.

Deuers quelle heure est il bon de marcher?

Merope.

Lors que Phœbus commence à se coucher.

Arcas.

Ie vay tenir ma Houlette ferrée,
Pour ce duel Amoureux preparée.

Merope.

Tu as affaire au plus lâche vilain
Qui se vid-onc.

Arcas.

Aussi ie ne le crain,
Mais en tout cas la preuoiance est bonne,

Merope.

Tu as raison, va sans dire à personne
Ce qui se passe.

Arcas.

Adieu Merope, & croy
Que ta faueur ne s'oublira chez moy.

SCENE IIII.

MELITE, CORINE.

Melite.

TIen vistement Caliste,

Corine.

O la finesse
De preceder d'vne voix menteresse
Celle qui t'a, ie pren ses yeux témoins,
Plus de dix pas precedé pour le moins!

Melite.

Ce sont discours faciles au pariure,
Qui de iamais ne dire vray coniure.

Corine.

Caliste vien (que sert de te cacher?)
Nos differents & ta soif estancher.

Melite.

Reçoy la mienne & plus franche & plus nette.

Corine.

Là ton enuie aparoist indiscrette,

Melite.

Mon beau Caliste, où es-tu mon soucy?

Corine.

Allons chercher aux enuirons d'icy,

Melite.

Echo, respond seule mise en sa place.

Corine.

Ta moquerie à la par fin nous lasse,

Melite.

Folles cent fois de se plus amuser
A qui ne sçait de la victoire vser.

Corine.

Tels vœux à part des la premiere veuë
Qu'on le tiendra surpris à l'impourueuë,

Faut garroter ce Prothée inconstant,
Si que l'Oracle il profere à l'instant.

Melite.

Nous ferons mieux, or de pouciere pleine,
Et de sueur ie cours à la fonteine,
Où i'ay le soir apris de me lauer.

Corine.

Moy cependant mon troupeau retrouuer:

ACTE III.

SCENE I.

SATIRE, MEROPE.

Satire.

HEureuse nuit aux Amours fauorable!
Nuit des labeurs le charme secourable,
Nuit destinée à ma felicité,
Qui du cercueil m'aurois ressuscité,
Tu es venuë ô mere du silence,
Qui ja muet de tous costez s'élance:
Auise donc Satire à te munir,

D'vne vigueur capable de tenir,
D'vne vigueur amoureuse qui dure,
Et te confirme en la grace future
De ce Phœnix de beauté gracieux,
Qui te commet à son plus precieux ;
Or paruenu à l'huis de ma Sibile,
I'aiguiseray d'vne façon subtile
Mon sifflement afin de l'appeler,
A peu de bruit luy parlant sans parler.

Merope.

I'entends qui c'est, allons tu viens à l'heure,
Qui se pourroit appeller la meilleure.

Satire.

Ma douce vie, hé bien, n'ay-je tenu
Promesse au terme entre nous conuenu ?

Merope.

Ta diligence admirable merite
Ce qu'elle aura d'vne chaste Carite ;
Or sus de loing qu'on suiue au petit pas,
Si que de l'œil tu ne me perde pas,
Et où du doigt ie fais signe arrestée,
Cours te ietter sur ta proie apprestée.

Satire.

Oncques garot ne partit plus leger
Que tu me vois au signal déloger.

SCENE II.

MELITE, ARCAS.

Melite.

L'Infinité de ces gauches presages,
Ebranleroit les plus fermes courages,
M'acheminant, la funereuse voix
D'vne Cheueche a souspiré trois fois,
Apres du pied sur l'herbage glissée,
Vne Couleuure à longs plis élancée
M'a poursuiuy auec tant de fureur,
Qu'au souuenir ie herisse d'horreur,
Trembler aussi la fieure continuë
De chaque chose à presage tenuë?
Iamais, iamais, l'innocence fera
Que mon dessein se paracheuera.

Arcas.

I'entr'-oy l'accent de quelque voix humaine,
Et le bon-heur ſans doute me l'ameine.

Melite.

Mon arc tendu aupres de moy ie veux
De ce ruban me traſſer les cheueux.

Arcas.

Ouy la voila, qui ſans doute murmure,
Diane ren ta lampe plus obſcure,
Qu'à pas larrons preZ d'elle paruenu,
Tant de beauteZ ie puiſſe voir à nu.

SCENE III.

SATIRE, MELITE, ARCAS, MEROPE.

Satire.

BElle Bergere,

Melite.

O Dieux!

Satire.

N'ais point peur,

Arcas.

Comme adoucit ſon appeau le pipeur!

Satire.

Ie ſuis,

Melite.

N'aproche, ou,

Satire.

Que voudrois-tu dire,
Méconnois-tu ton fidelle Satire?

Melite.

Qui t'a donné l'audace de venir?

Satire.

Ton mandement,

Melite.

Moy?

Satire.

Souffre vn peu tenir.

Melite.

Retire toy Monſtre infect de luxure,
Si tu ne veux que ie te deffigure.

Arcas.

Crainte de pis allons la ſecourir,

Satire.

Un baiser pris ie consen de mourir,

Melite.

Ie baiseroy plustost la Parque bléme,

Satire.

I'appliqueray la rigueur à l'extréme,

Melite.

A l'aide, au meurtre, on me force, au voleur,

Satire.

Me resister t'aporte du malheur,

Arcas.

Demeure infame, arreste, ou ie te tuë,

Merope.

Arcas aux mains sa parole effectuë,

Satire.

Au moins enten mes raisons.

Arcas.

Quitte la,

Satire.

Bien ie le veux.

Arcas.

Ouy forcé,

Satire.

La voila:

Arcas.

Tu laisseras tes cornes sur la place.

Satire.

Escoute vn peu,

Arcas.

Mon oreille en est lasse.

Satire.

Helas! mercy, ie me rends, que veux-tu?

Arcas.

Qu'il te souuienne auoir esté battu,

Melite.

Tien le Pasteur que ma part ie luy donne.

Merope.

I'enten des coups l'orage qui resonne
Dessur le dos de mon bel Amoureux,
Quelle risée au sortir d'auec eux
Ie me prepare.

Satire.

Au meurtre, on m'assasine,
Rompu de bras, de teste, de poitrine,
Secours ô Pan, secours, ie n'en puis plus.

Melite.

Une autre fois ne t'enpiege à ta glus.

Arcas.

Laissons-le aller,

Satire.

He ie vous en suplie,

Melite.

Non, non, premier ma vengeance acomplie,

Arcas.

Va sauue toy, ne nous promets-tu pas ?

Satire.

Ouy, retrouué donnez moy le trépas,

Melite.

Ah ! si la force égalloit mon courage,
Tu vomirois l'ame pour cet outrage.

Satyre échapé.

Loue, ruffien, quelque iour, quelque iour
On vous reserue à beau ieu beau retour.

SCENE IIII.

ARCAS, MELITE.

Arcas.

IE rends Melite vne grace commune,
Tant à l'Amour qu'à ma bonne fortune,
D'auoir sauué du naufrage prochain
Ta chasteté, qui resistoit en vain,
Telle à peu pres que la barque qui flote
A la mercy des vagues sans Pilote,
Dessur le point de s'abismer au fond,

Melite.

Ouy, mais Berger tel bien-fait se morfond,
Per de son lustre & l'on n'a plus de grace,
Quand son auteur la memoire en repasse,
Il ne doit pas méme s'en souuenir,
Où le merite est nul à l'auenir.

Arcas.

Qui le diroit par forme de reproche?

Qui

Qui n'auroit pas à miner vne roche,
De cruauté, d'orgueil & de mépris?
Qui ne sçauroit qu'vn ingrat a le pris
De mes labeurs, de mes fidelles peines,
Qui ne sçauroit qu'au supplice tu meines
Son innocence? ah! ces points exceptez
I'auroy trop-tost mes seruices vantez,
Trop-tost beny l'heure si fortunée
Que ie sauué ta pudeur butinée.

Melite.

Entretien-toy desperance toujours,
Et à son temps reserue mon secours,
Tandis ie vay diuulguer la victoire
Qui te promet vne immortelle gloire.

Arcas.

Sans m'élargir la faueur d'vn baiser,
Soit, mes yeux ont eu dequoy s'appaiser,
Dequoy repaistre vne ardeur curieuse.

Melite.

Qu'auance là ta langue injurieuse?

Arcas.

La verité,

Melite.

Quelle?

Arcas.

N'importe pas,

Melite.

Dy franchement,

Arcas.

I'admiroy ce repas
Pris de la veuë; ah! tu veux que d'enuie
A ce reçit ie souspire la vie.

Melite.

Qu'aurois-tu veu?

Arcas.

Deux montaignes de laict
Qu'vn beau bouton decore vermeillet.

Melite.

O le menteur! de ma tresse épanchée,
I'estoy dans l'eau plus qu'à demy cachée;
Adieu, adieu.

Arcas.

Ie te reconduiray,
Crainte de pis.

Melite.

Moy donc i'obeiray.

SCENE V.

SATIRE, MEROPE.

Satire.

Meurtry de coups, à peine helas! à peine
Ie puis marcher & r'auoir mon aleine,
Encore plus affligé de l'affront
Qui me demeure imprimé sur le front:
O faulse vieille! ô mille fois traistresse!
Tu m'as vrayment bien pourueu de maistresse,
Tu m'as ioué d'vn tour de ton mestier,
Mais à mon rang ie te veux chastier,
Si sur le champ de l'attentat purgée,
D'vn tel supçon ie n'ay l'ame alleigée,
Or ne pouuant la rejoindre depuis,
Ie l'attendray sur le sueil de son huis,
I'entr'-oy marcher, ce l'est qui s'achemine,
Nous iugerons du courage à la mine.

Merope.

Tu es donc là Satire, hé bien, comment
Va ton Amour à ce commencement?

Satire.

Tres-mal.

Merope.

Pourquoy tres-mal?

Satire.

Ta gausserie
Pourroit changer mon Amour en furie.

Merope.

Que te faut-il? est-ce le grand mercy
De t'auoir fait d'elle joüir ainsi?

Satire.

Ie ne veux plus de telle iouissance,

Merope.

On te l'auoit liurée en ta puissance,
De faire plus le moyen que veux tu?

Satire.

Onc pour vn coup, ie ne fus tant battu.

Merope.

Ces petis coups qu'vne fille desserre
Ne sont que fleurs en l'amoureuse guerre.

Satire.

Certain Pasteur suruenu de renfort,
Las de fraper m'a rendu comme mort.

Merope.

Malheur pourtant inopiné qui monstre
Que tu n'estois que bien sans la rencontre.

Satire.

Point, ie renonce à semblable amitié,
Taste mauuaise, & iuge par pitié,
S'ils m'ont battu d'vne cruelle sorte.

Merope.

Dedans le cœur tes bléceures ie porte,
Mais tu voudrois induire à te prier.

Satire.

Tu n'oserois demain me défier,
Donne sans plus auant que ie te quite,
Pour me guerir quelque drogue d'élite.

Merope.

Entre dedans ie feray mon pouuoir,
Ioint qu'à loisir ie desire sçauoir
De point en point le progrez de l'histoire,
Veu l'accident presque impossible à croire.

Satire.

Helas! trop vraye à mon plus grand regret,

Tu le ſçauras, mais tien le cas ſecret.

ACTE IIII.

SCENE I.

CORINE, MELITE.

Corine.

Pauure Melite, ah ! que ie ſuis ioyeuſe
De te pouuoir informer ſoucieuſe,
Sur ce que bruit la commune rumeur,
Que tu courus fortune de l'honneur,
Que le ſecours d'Arcas ton plus fidelle
T'a conſerué ce beau nom de pucelle,
Acte de ſoy ſi braue & genereux,
Qu'il doit atteindre au Ciel des Amoureux
Qu'il ne ſe peut aſſez louer & dire,
Plaiſe toy donc au vray me le déduire :

Melite.

Tu te ſouuiens lors de noſtre depart,

Comme chacune euſt pris quartier à part,
Que de ſueur & de poudiere pleine,
Ie reſolus d'aller à la fontaine,
Où mille fois, & mille en ſeureté
I'oſay fier ſeule ma chaſteté;
Là dans le bain à peine ie me plonge,
Et pour lauer le corps ces bras i'allonge,
Qu'vn grand Satire eſlancé plus ſoudain
Que le Lion ne court deſſur vn Dain,
Vient l'œil flambant d'vne lubrique rage,
Par la priere eſſaier mon courage.

Corine.

D'effroy quaſi ie pâme t'écoutant,
Ainſi que mien le cas repreſentant.

Melite.

I'eus bien ma part d'vne frayeur extréme,
Et neantmoins retournée en moy méme,
A reſiſter ma dextre s'appreſtoit,
Empoignant l'arc d'arme qui l'arreſtoit,
Mais ce Bouquin me la preuint ſaiſie,
De mes refus croiſſant ſa frenaiſie,
Alors qu'à coup ce Perſée arriué,
Que mon Amour long-temps a captiué,

Surprend le monſtre, & en telle ſurpriſe,
Bon gré mal gré le contraint lâcher priſe,
Si qu'il me donne à méme temps loiſir
De chaſtier le ruſtre à mon plaiſir.

Corine.

Mais quel guerdon remunera la peine
De ce vaincœur que tu fuis inhumaine?

Melite.

L'offre des biens que ie dois poſſeder
Si les parents viennent à déceder.

Corine.

Tu l'offençois, car ce bienfait ſi rare
Ne compatit auec vn prix auare,
Et qui m'auroit conſerué cette fleur,
La cueilleroit bien deuë à ſa valeur.

Melite.

Ie tien l'auis d'vn autre tolerable,
De toy rien moins ſeule alors preferable.

Corine.

Bon gré mal gré tu viendras toujours-là,

Melite.

Allons preſſer l'Oracle ſur cela,
Allons ſçauoir la volonté derniere,

De qui nostre ame a chez soy prisonniere.

Corine.

Pren d'vn costé, moy de l'autre, de peur
Qu'il nous échape encore ce pipeur.

Melite.

Bien ie feray par le pré mon enceinte.

Corine.

Moy par ce bois image de ma crainte.

SCENE II.

CALISTE, CORINE, MELITE.

Caliste.

ENseignez moy Forests quelque rocher
Creux & secret où me pouuoir cacher,
Quelque cauerne au Soleil inconnuë,
Telle qu'ou feist la Deesse cornuë,
Son beau Pasteur vn siecle sommeiller,
Encore là faudroit s'émerueiller,
Si ie n'auoy ma retraitte peu seure:

Dieux ! en voicy quelqu'vne ie m'asseure,
Et comment donc, ie voy Corine, & faut
Se preparer à vn nouuel assaut,
L'extremité d'inuentions feconde
M'en a fourny la meilleure du monde,
Pour l'asseurer de l'espoir mal conceu,
Et déceuoir qui croit m'auoir deceu,

SCENE III.

CORINE, CALISTE, MELITE.

Corine.

EN fin trompeur, tu nous l'as donné belle
Auec ta soif si pressement cruelle,
Pour te vouloir au besoin secourir,
Et l'vne & l'autre a lors cuida mourir,
Lasses (Dieu sçait) sueuses, hors d'aleine:
Vn'autre fois épargne nostre peine,
Quitte vn chemin d'orgueil que tu poursuis,
A nous tramer ces Amoureux ennuis.

Califte.

Apres beaucoup d'attente, que ia l'ombre
Croiſſant par tout amenoit la nuit ſombre,
Contraint ie fus mon troupeau remener,
Et vous deuez à l'heure pardonner.

Melite.

Demain, demain ie croiray ta deffaite,
N'en parlons plus, c'eſt vne choſe faite,
On te pardonne à la charge pourtant
De ſe reſoudre à cett' heure conſtant.

Califte.

Tenez-le ainſi, que du Trepié Delphique,

Corine.

Garde toy bien d'vne ſentence inique.

Califte.

Celle qui plus ſe tiendra de parler,
A mon Amour, que ſert de le celer?

Melite.

Qui iamais vit pareille felonnie?
Qui iamais vit aucune tyrannie,
Nous vſurper ce naturel bien fait?
Repenſe au mal premier que l'auoir fait.

Califte.

Le voulez-vous, ou non, dites Bergeres,
Que ie m'en aille?

Corine.

A ces preuues legeres,
Qu'elle refuse accepter, ne dois-tu
Me couronner du Mirthe debatu?
Qui vay passer au milieu de la flame,
Si tu le veux chere ame de mon ame.

Melite.

Elle en sera premier lasse que moy,
Sus, il suffit, mais borne nous ta loy.

Caliste.

Qu'appelez vous borner?

Corine.

S'entend l'espace
Du temps prefix, que muettes on passe.

Caliste.

Tant que i'impose à ce silence fin.

Melite.

Fais donc veiller nos actions afin
Que la premiere infractaire trouuée
Soit de l'espoir de ta grace priuée.

Caliste.

N'en doutez point, adieu Nymphes,

Corine.

Adieu
Puis que la voix chez nous n'a plus de lieu.

SCENE III.

ARCAS, TITIRE, MOELIBEE.

Arcas.

CHetif Arcas ta prudence ſommeille
Tu entretiens ta torture pareille
Au criminel de l'Erebe dolent,
Toujours la rouë enflameé ébranlant,
Tu es ainſi, tandis que ta pourſuite
Penſe adoucir les rigueurs de Melite,
Veut à pitié l'impiteuſe émouuoir,
Il faut d'ailleurs t'obtenir ce pouuoir,
Il faut deſſous l'autorité d'vn pere
Auquel ſelon Nature elle obtempere,
Humiliée en tirer la raiſon:

Ah! le voicy sortir de sa maison
Qui ne sçauroit refuser ma demande,
Si l'equité plus forte luy commande,
Si sa vieillesse affecte le repos,
Que ie te trouue ô Tityre à propos!

Tityre.

Braue Pasteur des Arcades la gloire,
Digne d'vn los d'eternelle memoire,
Dy librement ce que pour toy ie puis.

Arcas.

Tu peux en vn guerir tous mes ennuis,
Moy pris de gendre appuy de ta famille,
Car sans mentir i'idolatre ta fille.

Tityre.

Tu me rauis d'aise en ce tien desir,
Qui ne sçauroy de party luy choisir
Plus desirable, & à son auantage,
N'eusses-tu pris de fortune en partage
Que ta vertu dont l'effet genereux
La retira d'vn pas si dangereux.

Arcas.

Humble à genoux de cœur ie te rend grace,
Mais las, helas! vne frayeur me glace.

Tityre.

Quelle frayeur ? te doutes-tu de moy,
Comme inconstant qui vacille en sa foy ?

Arcas.

Ie crain qu'elle ait autre part sa pensée,

Tityre.

Toute ame ainsi de Cupidon blecée,
Se fantastique vne jalouse peur,
Que ie te vay dissiper en vapeur :
Melite ho ! Melite vien te di-je:
Scais-tu que c'est? ce Berger nous oblige
De te venir d'Espouse demander,
Chose que i'ay voulu trop accorder
Ainsi que iuste, honorable & vtile,
Auise d'estre à mon vouloir docile,
Or sus de bouche, & de cœur veux-tu pas
Viure auec luy iointe iusqu'au trépas ?
Quel accident la parole t'arreste,
Que tu réponds des mains & de la teste ?
O Cieux ! d'où vient ce desastre soudain,
Elle s'efforce à nous parler en vain.

Arcas.

Ou c'est vn charme, ou (cruelle malice)

Du mariage elle fuiroit la lice.

Titire.

Croy que plustost la forte impression
De ce peril cause l'affliction,
Remis aux yeux de sa vague pensée,
Pour voir presente vne chose passée,
Mais qui là bas se lamente si fort?

Arcas.

C'est Mœlibée,

*M*œlibée.

O secourable mort!
Ne fay languir vn déplorable pere,
Qui plus de ioye en ce monde n'espere,
Sa race vnicque ores quant à la vois,
Pareille au tronc immobile d'vn bois.

Titire.

Sur quel sujet lamente Mœlibée?

*M*œlibée.

Sur la parolle à celle dérobée,
Qui fut l'espoir de ses caduques ans.

Titire.

Donc ma douleur commune tu resans,
Qui desastreux méme perte regrette,

Contagieuse

Contagieuse à ma fille muette,

Arcas.

Vn sort malin produit là ses effets,
Sort qui les sens nous peut rendre imparfaits.

Mœlibée.

I'alloy trouuer Merope la Deuine,
Pour l'informer de quelque Medecine.

Tityre.

Tous d'vn accord allons la requerir,
Et le motif du desastre enquerir.

SCENE IIII.

MEROPE, SATIRE.

Merope.

DEmons reclus dans la demeure pâle,
Par les replis de l'Onde Stygiale,
Par le pouuoir du Prince des Enfers,
Par ces pauots que ie luy brusle offers,
Venez quittant les gouffres de l'Auerne,

Vous tenir prests icy dedans mon cerne,
Prests de punir vn bouc luxurieux
Qui le futur me represente aux yeux,
Ah, le voicy qu'vne brutale rage
A son malheur espoint dans le courage:

Satire.

Dispos, gaillard, plus propre au ieu d'aymer
Qu'oncques, ie vien ta promesse sommer,
Apres l'epine il faut auoir la rose,
Tu ne dis mot, pensiue à autre chose.

Merope.

De vray ie pense à ta brutalité,
A ta folie, à ta stupidité,
Qui reçeuront des coups pour leur salaire,
Ne desistant de cet honteux affaire.

Satire.

Te mocques-tu?

Merope.

Satyre ton plus seur
Est d'esquiuer mon couroux punisseur.

Satire.

I'espere auec vn long baiser humide
Me l'adoucir dédaigneuse homicide.

Merope.

Or ſus à coup fauorables eſprits
Apprenez luy que vaut s'eſtre mépris.

Satire.

Au meurtre, au meurtre, au ſecours, on me tuë,

Merope.

Cela va bien, mon vouloir s'effectuë,

Satire.

Pardon Merope, & ie renonce à tout,

Merope.

Non, pour ſi peu tel crime ne s'abſout,
Retire toy chere Troupe Auernale,
Va retrouuer ta demeure fatale,
Et que ſa forme en vn Arbre échangeant,
I'aille le fiel de ſa haine changeant,
Vif à ſouffrir des tortures extrémes:
Ores conuient retournée à moy-mémes,
Expedier ces Paſteurs affligez
Sur vn erreur qui les tient aſſiegez,
Qui les contraint recourir à l'Azile
De ma ſcience aux innocents vtile.

SCENE V.

MOELIBEE, TITIRE, ARCAS, MEROPE.

Mœlibée.

COmme auertie on diroit qu'elle attent,
L'œil dessur nous pitoyable iettant,
Abordons là d'vne humble reuerance;
Sybille en qui pose nostre esperance,
Vn incident nous ameine vers toy
Peres chetifs :

Merope.

Amis attendeZ-moy,
De la douleur qui vous presse inspirée,
Ie vay chercher sa cure desirée,
Ie vay l'auis du destin consulter
Et ce qui doit de tel cas resulter,
Tandis portez dans le Ciel vos prieres,
Contre vn méchef de vertus singulieres.

Titire.

Dieu des Bergers Pan qui prends le ſoucy
De leurs troupeaux, & deux mémes auſſi,
Grande Pales, toy fruitiere Pomone
Qu'à nos meſfaits voſtre bonté pardonne,
Ne vueillez pas benignes Deitez
Retribuer les tourmens meritez,
Ne veuillez pas repeter noſtre offence
Sur des enfans, ains deſſur l'innocence:
Pluſtoſt helas! que pluſtoſt l'vn de nous
Tombe victime au celeſte courous.

Mœlibée.

Ie tremble au cœur d'entendre ce murmure
Qui de Pluton le noir peuple conjure,
Qui de Merope irrite la fureur,
Dieux! la voicy, mon chef dreſſe d'horreur,
O quels regards ſon œil flambans nous darde
Pour enfanter du démon qu'elle garde!

Merope.

Paſteurs courage, apres bien peu de temps
Ce triſte Hyuer vous écloſt vn Printemps,
Leur mal paruient d'vn charme de ſilence,
Mais volontaire & hors de violence,

Es mots suiuans l'Oracle vous dira
L'auteur, les Cieux & qui les guerira.

Oracle.

Du plus beau des Bergers que sçache l'Arcadie,
N'agueres fut ietté se sort malicieux,
Arrestez moy sa fuite, & telle maladie
Prendra fin par celuy qui maistrise les Cieux.
Voila quelle est la volonté diuine,
Qu'à l'acomplir chacun donc s'achemine.

Mœlibée.

Helas! supplée à nostre infirmité,
Qui ne pourroit (double calamité)
Iamais trouuer, veufs de ton assistance,
Le sens obscur de pareille sentence.

Merope.

Allons suiuez, que la commune voix
Iuge à present du plus beau de nos bois,
Allons, d'indice en indice la chose
Nous deuiendra manifeste declose,
Et du surplus qui doit à ce besoin
S'executer, i'embrasseray le soin.

ACTE V.

SCENE I.

VENVS, CVPIDON.

Venus.

MAuuais garçon, volage, incorrigible,
Et aux douleurs de ta mere insensible,
Quelle malice inhumaine te meut
De tourmenter vn peuple qui ne veut,
Parmy ces bois où l'innocence habite,
Que t'honorer pardessus ton merite?
Que t'obeir tributaire à tes lois,
Si ta puissance éprouuer tu voulois,
Dresse ton vol, aiguise tes sagettes
Pour subjuguer les Scytes ou les Getes,
Qui suiuent Mars, rebelles à l'Amour,
Victorieux choisi là ton sejour
Sans outrager (cruauté tirannique)

Nos bons ſujets de ce monde ruſtique,
Ie te deffen de les plus moleſter,
Où ne te penſe à moy repreſenter.

Cupidon.

Voila que c'eſt, l'impreſſion mauuaiſe
Ne me permet rien faire qui vous plaiſe;
Vous condamnez à faute de ſçauoir,
L'equité méme, ainſi que l'allez voir:
Un arrogant porté de vaine gloire
Oſe en ces bois diſputer ma victoire,
Fuit deux beautez reduites aux abois,
Et ſur luy preſque épuiſant mon Carquois,
Reſte qu'il s'aille eriger vn trophée
De ma puiſſance en ces lieux eſtouffée:
Moy donc atteint d'vne iuste pitié,
Pourrois-je moins l'orgueilleux chaſtié,
Que diſſiper la diſcorde naiſſante
En exauçant vne troupe innocente,
Afin qu'icy voſtre Empire & le mien
Ferme eſtablis ne redoutent plus rien.

Venus.

Tu as raiſon, pourueu que tu ne mentes
Que le diſcord chez eux tu ne fomentes,

Mais quand as-tu resolu de punir
Ce temeraire & au Ciel reuenir ?

Cupidon.

L'œuure de peu s'accomplit sans demeure,
Permettez-vous le plaisir d'vn quart-d'heure,
A tel spectacle autant delicieux,
Et voire plus qu'aucun dedans les Cieux.

Venus.

Mon indulgence accorde ta demande,
A ce qu'apres où ie veux on se rende.

Cupidon.

Apres ie suis entierement à vous,
Qui n'aurez plus de sujet de courous:
Chacun son Arc encoche d'vne fleiche,
A qui mieux mieux, que chacun face breiche
De dans son cœur de rocher apperçeu,
Du méme espoir que Narcisse deçeu.

SCENE II.

CALISTE, CVPIDON, VENVS.

Caliste.

DIeux le peril qu'incroiable i'éuite,
Vn monde armé fondoit à ma pourſuite
Dans le logis paternel, n'échapant
Que cette voix, empoignez le méchant
L'empoiſonneur, le Sorcier, l'infidelle,
Qui ſous vn front modeſte de pucelle
Ne laiſſe pas d'vſer pernicieux
D'vn ſortilege abominable aux Cieux ;
Lors élancé du haut d'vne feneſtre,
Ie me recous à la Parque peut eſtre,
De retourner point de nouuelle, il faut
Prendre vn Azile, où ſe ſoit ne m'en chaut,
Mais où choiſir de retraite aſſeurée,
Ie ne ſçauroy l'ame trop égarée,
Suiuons où veut le haZard nous mener,

Las! quel ſcadron me vient enuironner,
D'enfans aiſlez? chacun l'Arc pour ſon arme,
Franc de peril ie retombe en vn charme,
Helas! mercy, prenez de moy pitié.

Cupidon.

Tu l'obtiendras ton crime chaſtié,

Caliſte.

Qu'ay-je commis?

Cupidon.

Qui te cauſe la fuite?

Caliſte.

La iuſte peur d'vne iniuſte pourſuite,

Cupidon.

Frapons toujours tant qu'il ait confeſſé.

Caliſte.

O Cieux! de coups inuiſibles preſſé
Le cœur me fend, & ne ſçay quelle flame
Coule parmy iuſqu'au profond de l'ame,
Pardonnez-moy, quiconques ſoiez vous,
Sans me connoiſtre acharnez de courous.

Venus.

L'âge mon fils merite qu'on modere
Ce chaſtiment, ſa coulpe plus legere.

Cupidon.

Pourquoy souuent ne m'excusez vous donc?
Plus foible d'ans vous ne le fistes onc.

Venus.

Foible de corps tu es fort de malice,
Que trop de fois ie tolere complice,
Or ne fais plus estat de me fleichir,
Si tu ne veux de peine l'affranchir.

Cupidon.

Cruel, ingrat, à genoux remercie
La Deité qui de toy se soucie,
Vouë vne offrande à la mere d'Amour,
Car tu luy dois la lumiere du iour:
L'ame au surplus d'vn repentir outrée,
En reparant l'iniure perpetrée,
Tu promettras la guarison du sort
Des deux beautez qui panchent à la mort,
L'vne d'Espouse à cette heure choisie;
Parle, as-tu pas changé de fantaisie?

Caliste.

Helas! ouy si Corine iamais
Me receuoit en grace desormais,
Ie luy serois autant ou plus fidelle,

Que le paßé dédaigneux & rebelle,
Mais qui vous a diuulgué l'accident?
Il faut qu'alliez le mortel excedant.

Cupidon.

Simple tu vois la Deesse qui donne
Aux vrais Amants une heureuse Couronne,
Tu vois son fils qu'elle appaise irrité,
Pour t'honorer d'vn bien non merité.

Caliste.

Donc à ce coup voicy la prophetie,
Que m'annoncoit Corine, reussie,
Reste vn scrupule en mon ame douteux,
Que nos Bergers m'accablent impiteux.

Cupidon.

Ne le crain pas, ie t'ay pris en ma garde,
Et vostre paix commune me regarde,
Allons suy moy, allons leur au deuant,
Un tel ouurage imparfait acheuant.

SCENE III.

MEROPE, MOPSE, MOELIBEE, TITYRE.

Merope.

Ruse tournoye & déguise faussaire,
Tu respondras de ta race Corsaire,
Tu patiras de son impieté,
Qui sans toy sceu iamais n'auroit esté,
Le fils ne suit que l'exemple du pere,
Partant sortir de nos liens n'espere,
Que luy rendu, joint que tout receleur,
Au double encourt la peine du voleur.

Mopse.

Si ie puis dire en quelle part du monde
Le miserable à l'heure vagabonde,
Que sous mes pieds l'Erebe s'entr'ouurant,
Aille mon crime & ma teste couurant,
Helas! chetif pleust au vouloir Celeste,

Toy hors des dards de la Parque funeste,
Conduit en lieu d'asseurance bien loing,
Que ce mien chef te pleigeast au besoing.

Mœlibée.

A son defaut il y va de ta vie,
L'vne pour l'autre en eschangerauie,
Où la rancon de ta prochaine mort
Gist à guerir le venin d'vn tel sort.

Mopse.

Sains de renom, & purs de conscience,
Ne luy ne moy n'eusmes onc la science,
Qui perilleuse à tous les animaux,
Tanstost enuoie, ores chasse les maux,
Vn seul secret pratiquer ie desire,
Qu'vtile à tous nul ne me puisse nuire.

Titire.

La veritécontraire te dement,

Mœlibée.

Vn faux soupcon l'opprime iniustement.

Merope.

Silence amis, faites trêue aux querelles,
Une Coulombe a du bruit de ses aisles
Donné l'augure & calmant à la fois,

Marque le lieu, le ſaint lieu dans les bois,
Où ie preuoy l'aſſiſtance Diuine,
Sus qu'à genous deſormais on chemine,
L'alme Venus & ſon fils découuerts
A voſtre mieux tendent les bras ouuerts.

SCENE DERNIERE.

MEROPE, VENVS, CVPIDON, CALISTE, CORINE, MELITE, Arcas, Tityre, Mopſe, Mœlibéé, Satire.

Merope.

DOuble ornement de la Troupe immortelle,
Qui de Nature embraſſe la tutelle,
Faiſant durer la race des humains,
Nous te joignons nos ſuppliantes mains
Pour appaiſer vne guerre amoureuſe
Que tu peux faire en vn moment heureuſe.

Venus.

Prononce

Prononce toy mon fils ce iugement,
Qui de leurs maux porte l'alleigement.

Cupidon.

Caliste joint à sa belle Corine,
En est la fin comme il fut l'origine:
Arcas, Melite aura pour sa moitié,
Rare Phœnix d'vne ferme amitié,
De ce tresor possesseur legitime,
Que sa valeur conserua magnanime:
Sus donnez vous reciproques la foy,
Que veut d'Hymen l'inuiolable loy.

Caliste.

Chere Corine, helas! ie te demande
L'oubly premier de ma coulpe trop grande,
Ne t'en souuien Bergere, & ie promets
En recompense estre tien desormais.

Corine.

O agreable! ô celeste parole!
Par ta vertu tout mon malheur s'enuole,
Pour t'obtenir ie n'estimeroy pas
Auoir assez enduré d'vn trépas,
Caliste mien? ô Amour! ie rends grace
A ta bonté, qui tout autre surpasse.

Melite.

La larme aux yeux, le repentir au cœur,
Ie te ſuplie ne garder de rancœur
A ta Melite, Arcas ma douce vie,
Ne ſoyons plus qu'vne ame, & qu'vne enuie,
Et reparons de plaiſirs amoureux
Le temps perdu qui nous fit langoureux.

Arcas.

O quel miracle aux nepueux incroiable !
Melite mienne ores d'impitoyable,
Vous l'auez fait puiſſantes Deitez,
Et le faiſant vous me reſſuſcitez,
Si comblé d'heur, ſi tranſporté de ioie,
Que de l'excez, peu s'en faut, ie larmoie.

Cupidon.

Reſte aſſoupir chez vous autres parens,
Ce qui pourroit nourir les differens,
S'entre-promettre vne amitié qui dure
Egalement iuſqu'à la ſepulture.

Tityre.

Moy ie le veux, Mopſe pardonne nous
L'effort commis d'vn imprudent couroux.

Mopſe.

Qui se fust pû garder sur l'apparence
De méme faute en pareille occurrence?
Nul des mortels, veu que le bien present,
D'abolir tout est plus que suffisant:

Mœlibée.

I'accepteray ma part de cette grace,
Comme coupable auec luy ie l'embrasse,

Cupidon.

Encor faut-il vous sceller ce bien fait,
De ne sçay quoy de passetemps parfait,
L'arbre changé que voyez, en Satire.

Satire.

Qui hors de terre immobile me tire?
Qui m'a rendu ma figure & ma vois?
Quels nouueaux Dieux habitent dans nos bois?

Cupidon.

Contente toy de ta forme reprise,
Sans plus donner à tes vices de prise
Sur tes desirs iustement chastiez,
A l'aduenir de la raison liez.

Satire.

A ce bandeau ie n'en fay plus de doute,

C'est le vaincœur que l'Olympe redoute;
O Paphien, ie proteste à genoux
Ne prouoquer iamais plus ton couroux,
Epris de vieille, ou de ieune qui viue,
Tant i'ay souffert pour ma fureur lasciue.

Venus.

Allez Bergeres à bon heure cüeillir
Nos fruits plus doux, qui ne peuuent vieillir,
Allez germer vne suite feconde
De beaux enfans qui repeuplent le monde,
Allez iouir d'vn asseuré repos,
Et d'vn courage allaigrement dispos,
En nostre honneur, sur vos flutes rustiques,
Iusques au Ciel pousser mille Cantiques,
Nous vous serons fauorables toujours,
D'heur accomplis en vos saintes Amours.

Merope.

Nous le iurons venerable Deesse;
Sus que chacun dépouillé de tristesse
Vienne à l'enuy celebrer ce beau iour,
Que tous nos bois ne parlent que d'Amour,

De ris, de ieux, de caresſes mignardes
Que de baiſers, & de dances gaillardes,
Apres auoir dans leurs ſacrez Autels
Remercié les puiſſans Immortels.

FIN.

Extraict du Priuilege du Roy.

PAR grace & priuilege du Roy il eſt permis à Iacques Queſnel, marchand Libraire à Paris, d'imprimer ou faire imprimer en telle forme & caracteres que bon luy ſẽblera, vn liure intitulé. *Le Theatre d'Alexãdre Hardy, Pariſien*, Tome 3. cõtenãt *Achile*, Coriolan, *Cornelie*, *Arſacome*, *Mariãne*, *Alcée*, *le Rauiſſement de Proſerpine*, *la Force du ſang*, *la Gigantomachie*, *Feliſmene*, *Sidere*, *& le Iugement d'Amour*, auec defenſes à tous Libraires, Imprimeurs, & autres, de quelque qualité & cõditiõ qu'ils ſoiẽt, d'imprimer, ou faire imprimer, vendre ny debiter ledit liure de Theatre d'Alexãdre Hardy, Tome troiſieſme, ny aucunes des ſuſdites pieces, ſeparément, ou en aucune forme que ce ſoit, pendant le temps & eſpace de ſix ans, à peine de confiſcation des exemplaires, & de cinq cens liures d'amende, comme il eſt plus au long contenu en l'original. Donné a Paris le 28. MAY, mil ſix cens vingt cinq, & de noſtre regne le ſeizieſme, Seellé du grand ſceau de cire jaune, & ſigné, Par le Roy en ſon Conſeil.

LE LONG.

Acheué d'imprimer le 20. Decembre, 1625.

www.ingramcontent.com/pod-product-compliance
Lightning Source LLC
LaVergne TN
LVHW010522100826
845148LV00001B/66